J.B.METZLER

KINDLER KOMPAKT
ENGLISCHE LITERATUR
19. JAHRHUNDERT

Ausgewählt von
Vera und Ansgar Nünning

Verlag J.B. Metzler

Kindler Kompakt bietet Auszüge aus der dritten, völlig neu bearbeiteten Auflage von *Kindlers Literatur Lexikon*, herausgegeben von Heinz Ludwig Arnold. – Die Einleitung wurde eigens für diese Auswahl verfasst und die Artikel wurden, wenn notwendig, aktualisiert.

Dr. Vera Nünning ist Professorin für Englische Philologie an der Ruprecht-Karl-Universität Heidelberg, Dr. Ansgar Nünning ist Professor für anglistische und amerikanistische Literatur- und Kulturwissenschaft an der Justus-Liebig-Universität Gießen; beide waren Fachberater bei der 3. Auflage von *Kindlers Literatur Lexikon*.

Inhalt

VERA NÜNNING & ANSGAR NÜNNING
Die englische Literatur im 19. Jahrhundert 9

JANE AUSTEN
Verstand und Gefühl / *Sense and Sensibility* 31
Stolz und Vorurteil / *Pride and Prejudice* 33

MARIA EDGEWORTH
Meine hochgeborene Herrschaft / *Castle Rackrent. An Hibernian Tale. Taken from Facts, and from the Manners of the Irish Squires, Before the Year 1782* 36

SIR WALTER SCOTT
Waverley, oder Schottland vor 60 Jahren / *Waverley. Or, 'Tis Sixty Years Since* 39
Ivanhoe / *Ivanhoe. A Romance* 43

WILLIAM WORDSWORTH / SAMUEL TAYLOR COLERIDGE
Lyrical Ballads 47

WILLIAM WORDSWORTH
Das lyrische Werk 51

GEORGE GORDON LORD BYRON
Don Juan / *Don Juan* 56

JOHN KEATS
Das lyrische Werk 59

PERCY BYSSHE SHELLEY
Das lyrische Werk 63

MARY WOLLSTONECRAFT SHELLEY
Frankenstein oder Der moderne Prometheus / *Frankenstein: or, The Modern Prometheus* 70

CHARLOTTE BRONTË
Jane Eyre / *Jane Eyre* 73
Shirley / *Shirley. A Tale* 76

ANNE BRONTË
Agnes Grey / *Agnes Grey* 78

EMILY BRONTË
Die Sturmhöhe / *Wuthering Heights* 80

WILLIAM MAKEPEACE THACKERAY
Jahrmarkt der Eitelkeiten / *Vanity Fair. A Novel Without a Hero* 84
Die Geschichte des Henry Esmond, Oberst im Dienste seiner Majestät, Königin Anna, von ihm selbst verfasst / *The History of Henry Esmond, Esq., a Colonel in the Service of Her Majesty Q. Anne, Written by Himself* 87

CHARLES DICKENS
Oliver Twist / *Oliver Twist, or, The Parish Boy's Progress* 90
Große Erwartungen / *Great Expectations* 93

BENJAMIN DISRAELI
Sybil. Sozialpolitischer Roman / *Sybil, or The Two Nations* 97

CHARLES KINGSLEY
Alton Locke, Schneider und Dichter. Eine Autobiographie / *Alton Locke. Tailor and Poet: An Autobiography* 100

ELIZABETH GASKELL
Ruth. Ein Roman / *Ruth. A Novel* 102

JOHN RUSKIN
Sesam und Lilien / *Sesame and Lilies. Two Lectures Delivered at Manchester in 1864* 104

ROBERT BROWNING
Dramatische Monologe 107

ELIZABETH BARRETT BROWNING
Sonette aus dem Portugiesischen / *Sonnets from the Portuguese* 111

CHRISTINA ROSSETTI
Markt der Kobolde und andere Gedichte / *Goblin Market and Other Poems* 113

ALFRED TENNYSON
Das lyrische Werk 116

CHARLES ROBERT DARWIN
Über die Entstehung der Arten im Thier- und Pflanzenreich durch natürliche Züchtung oder, Erhaltung der vervollkommneten Rassen im Kampf um's Daseyn / *On the Origin of Species by Means of Natural Selection. Or The Preservation of Favoured Races in the Struggle for Life* 122

GEORGE MEREDITH
Richard Feverel. Eine Geschichte von Vater und Sohn / *The Ordeal of Richard Feverel* 126

MARY ELIZABETH BRADDON
Lady Audley's Geheimnis / *Lady Audley's Secret* 129

LEWIS CARROLL
Alice im Wunderland / *Alice's Adventures in Wonderland* 131

WILKIE COLLINS
Der Monddiamant / *The Moonstone. A Romance* 134

GEORGE ELIOT
Die Mühle am Floss / *The Mill on the Floss* 137
Middlemarch / *Middlemarch. A Study of Provincial Life* 139

ANTHONY TROLLOPE
Wie wir heute leben / *The Way We Live Now* 143

EDWARD BULWER-LYTTON
Das kommende Geschlecht / *The Coming Race* 146

WILLIAM MORRIS
Kunde von Nirgendwo oder ein Zeitalter der Ruhe / *News from Nowhere. An Epoch of Rest, Being Some Chapters from a Utopian Romance* 149

H. G. WELLS
Die Zeitmaschine / *The Time Machine. An Invention* 152

WALTER PATER
Marius der Epikureer / *Marius the Epicurean. His Sensations and Ideas* 155

OSCAR WILDE
Das Bildnis des Dorian Gray / *The Picture of Dorian Gray* 157
Bunbury oder Ernst sein ist wichtig. Eine triviale Komödie für ernsthafte Leute / *The Importance of Being Earnest. A Trivial Comedy for Serious People* 159

ROBERT LOUIS STEVENSON
Der seltsame Fall von Dr. Jekyll und Mr. Hyde / *The Strange Case of Dr. Jekyll and Mr. Hyde* 163

ARTHUR CONAN DOYLE
Sherlock Holmes 166

THOMAS HARDY
Tess / *Tess of the d'Urbervilles. A Pure Woman Faithfully Presented* 169

GEORGE GISSING
Die überzähligen Frauen / *The Odd Women. In Three Volumes* 172

ARTHUR WING PINERO
Die zweite Mrs. Tanqueray / *The Second Mrs. Tanqueray. A Play in Four Acts* 175

GEORGE BERNARD SHAW
Frau Warrens Beruf / *Mrs. Warren's Profession* 177

SAMUEL BUTLER
Der Weg allen Fleisches / *The Way of All Flesh* 180

HENRY RIDER HAGGARD
König Salomons Schatzkammer / *King Solomon's Mines* 183

RUDYARD KIPLING
Das lyrische Werk 186
Das Dschungelbuch. Das zweite Dschungelbuch / *The Jungle Books* 190

BRAM STOKER
Dracula. Ein Vampirroman / *Dracula* 192

JOSEPH CONRAD
Herz der Finsternis / *Heart of Darkness* 196

Die englische Literatur im 19. Jahrhundert

Vera Nünning & Ansgar Nünning

Obgleich deutsche Leserinnen und Leser von der britischen Literatur des 19. Jahrhunderts nicht nur durch den Ärmelkanal, sondern auch durch inzwischen weit über hundert Jahre getrennt sind, stößt man hierzulande auch heute noch auf bemerkenswert viele Autoren und Werke aus dieser Epoche. So erfreuen sich die Verfilmungen zahlreicher Romane etwa von Jane Austen und Charles Dickens großer Popularität. Das gleiche gilt für Robert Louis Stevensons Roman *The Strange Case of Dr. Jekyll and Mr. Hyde* (*Der seltsame Fall von Dr. Jekyll und Mr. Hyde*, 1886), Arthur Conan Doyles Kriminalgeschichten über Sherlock Holmes und Bram Stokers *Dracula* (*Dracula*, 1897), die alle durch zahlreiche Verfilmungen und Adaptionen im kulturellen Gedächtnis präsent geblieben sind. Viele weitere Autorinnen und Autoren dieser Epoche zählen ebenfalls noch heute zu Klassikern der Weltliteratur: Die Spannbreite reicht von den historischen Romanen Sir Walter Scotts über die weiblichen Bildungsromane der Brontë-Schwestern bis zu Ikonen wie Oscar Wilde.

Die Fülle und Vielschichtigkeit der Literatur des 19. Jahrhunderts ist unter anderem darin begründet, dass literarische Werke damals einen außerordentlich hohen Stellenwert hatten. Die Angehörigen der englischen Mittelschicht lasen gern und viel – und selbst Arbeiter, die es schafften, Lesen zu lernen, lasen häufig viel mehr, als man angesichts der langen Arbeitszeiten erwarten könnte. In einer Epoche, in der es weder Radio noch Fernsehen oder Computerspiele gab, ganz zu schweigen von Mobiltelefonen oder Internetangeboten wie YouTube, hatten Romane ungefähr den Status von heutigen populären Fernsehserien oder »Soaps«; sie waren ein beliebter Zeitvertreib und genossen ebenso wie Gedichtbände zudem hohes Ansehen. Im 19. Jahrhundert besaß allein die Literatur das Privileg, Leserinnen und Leser in faszinierende fiktionale Welten zu entführen.

Obgleich das 19. Jahrhundert aus der Rückschau oft als eine Einheit erscheint, gab es zwischen 1800 und 1900 nicht nur in den Lebens- und Arbeitsbedingungen große Veränderungen, sondern auch in der Literatur. Jane Austen lebte um 1800 zu einer völlig anderen Zeit als Oscar Wilde in den letzten Dekaden des 19. Jahrhunderts; ihre Bücher scheinen geradezu aus verschiedenen Epochen zu stammen. Literarische Werke – besonders der Roman, aber auch das populäre Melodrama und die Lyrik – waren sehr eng mit dem kulturellen Kontext verbunden. Und dieser Kontext wandelte sich während des Jahrhunderts so dramatisch, dass es einem Menschen, der zu Beginn des 19. Jahrhunderts aufwuchs, sehr schwer gefallen wäre, sich zu Ende des Jahrhunderts zurechtzufinden. Der Alltag von Mitgliedern der mittleren und oberen Schichten war zu Anfang noch recht beschaulich. Die große Mehrheit der Bevölkerung lebte auf dem Lande in einem überschaubaren gesellschaftlichen Umfeld, die Marotten der Nachbarn waren gut bekannt, und die Ankunft eines neuen Pfarrers war ein wichtiges Ereignis. Selbst Reisen innerhalb von England erforderten um 1800 nicht nur das Wechseln von Kutschen und Pferden, sondern dauerten Tage bzw. Wochen. Um 1900 war das Schienennetz der Eisenbahnen hingegen schon so gut ausgebaut, dass man sich mit Schwindel erregenden 50 bis 60 Meilen pro Stunde fortbewegen konnte. Dampfschiffe überquerten die Ozeane, und Telegraphen übermittelten Nachrichten in Sekundenschnelle. Die Industrialisierung trug dazu bei, dass am Ende des 19. Jahrhunderts bereits drei Viertel der englischen Bevölkerung in rasch wachsenden Städten lebten. Diese rasanten und tiefgreifenden Veränderungen schlugen sich nicht nur in den Arbeitsbedingungen und in der Lebensgestaltung nieder, sie beeinflussten auch die Literatur der Zeit.

Die britische Literatur des 19. Jahrhunderts wird in mindestens zwei Epochen unterteilt. Die ersten Dekaden des 19. Jahrhunderts standen weitgehend im Zeichen der Romantik, zu deren Meisterwerken vor allem die Schriften großer Dichter wie William Wordsworth, Lord Byron, John Keats und Percy B. Shelley gehören. Die zweite große Epoche, das viktorianische Zeitalter, begann offiziell im Jahre 1837 mit der Thronbesteigung der jungen Viktoria, die seit 1877 zugleich Kaiserin von Indien war und deren goldene und diamantene Thronjubiläen 1887 bzw. 1897 weltweite Beachtung fanden. Die konservativen Werte, die Viktoria und ihr deutscher Gemahl, Prince Albert, verkörperten, prägten auch die damalige Literatur. Die Epoche des Viktorianismus wird zudem häufig eingeteilt in die »frühviktorianische« Zeit, die von beginnender Demokratisierung und Sozialreformen geprägt ist, und die »hochviktorianische« Zeit, deren Anfang auf die späten 1850er Jahre datiert wird. Im Jahre 1859 erschienen gleich mehrere Epoche machende Werke, allen voran Charles Darwins *On the Origin of Species (Über die Entstehung der Arten)*, das viele bis dahin akzeptierte Gewissheiten in Zweifel zog. In den letzten zwei Jahrzehnten des 19. Jahrhunderts gerieten zentrale viktorianische Werte zunehmend in die Kritik. Wie stark das »Fin de Siècle« mit viktorianischen Traditionen und bis dahin rigide durchgesetzten Wertvorstellungen wie Pflichtbewusstsein, Selbstaufopferung, Keuschheit und Ernsthaftigkeit brach, wird schon in der Bezeichnung der 1890er Jahre als »Naughty Nineties« deutlich. Als Königin Viktoria 1901 im damals fast unermesslich hohen Alter von 82 Jahren starb, hatte bereits eine Übergangsphase zwischen Viktorianismus und Modernismus begonnen.

Neben den tief greifenden Wandlungen gibt es jedoch auch einige Kontinuitäten, die das Profil der englischen Literatur des 19. Jahrhunderts prägten. So erfreute sich der Roman über das gesamte Jahrhundert großer Beliebtheit. Die Romane der großen Autorinnen und Autoren wurden von einem breiten Lesepublikum meist gleich nach Erscheinen verschlungen. Auch die Lyrik fesselte über die gesamte Epoche hinweg einen für heutige Verhältnisse kaum noch vorstellbar großen Leserkreis. Einen besonders hohen Stellenwert hatte Lyrik zweifellos im Zeitalter der Romantik, die maßgeblich durch neue Vorstellungen von Dichtung bestimmt ist, welche von Samuel Taylor Coleridge, Wordsworth, Keats und Shelley propagiert wurden. Doch auch in der viktorianischen Zeit – insbesondere bei den Präraphaeliten, aber auch darüber hinaus – genossen so unterschiedliche Dichter wie Christina Rossetti, Dante Gabriel Rossetti, Matthew Arnold, Robert Browning, Alfred Lord Tennyson und Rudyard Kipling sehr hohes Ansehen. Im Vergleich zum Roman und zur Dichtkunst fristete das Drama hingegen im England des 19. Jahrhunderts – abgesehen von damals sehr populären Melodramen – ein eher stiefmütterliches Dasein. Selbst in den großen Städten gab es zu Beginn des Jahrhunderts nur wenige Theater, und später vergrößerte sich vor allem die Zahl von Theatern, die populäre Stücke darboten. Insbesondere Melodramen, die mit viel Spektakel und Musik inszeniert wurden, zogen einen großen, sozial gemischten Zuschauerkreis an; sie sind jedoch heute eher von kulturgeschichtlichem als literarischem Interesse. Gegen Ende des Jahrhunderts begann mit Autoren wie George Bernard Shaw, Arthur Wing Pinero und Oscar Wilde eine Renaissance des britischen Theaters.

Neben den drei großen Gattungen erreichten im 19. Jahrhundert auch

Essays, Predigten und Werke der Geschichtsschreibung hohe Auflagen. Essays erfüllten das Bedürfnis nach Informationen und Stellungnahmen zu den bedeutenden Themen der Zeit. Die Bandbreite der Themen reichte von literarischen Neuerscheinungen über die drängenden sozialen Probleme bis hin zu philosophischen Fragen. Dass die Auflagenhöhen von Predigten die von Romanen zu Beginn des Jahrhunderts teilweise noch übertrafen, zeugt vor allem von der großen Bedeutung der Religion. Von vielen Protestanten, die die große Mehrheit der englischen Bevölkerung bildeten, wurde die Freude, die Literatur bereiten sollte, mit Argwohn betrachtet; schließlich war es die erste Pflicht des Menschen, ein gottgefälliges Leben zu führen. Gerade angesichts der damals noch sehr hohen Kindersterblichkeit, der akuten Gefahr, die von Krankheiten wie Scharlach, Masern, Mumps oder der Grippe ausging, und der niedrigen Lebenserwartung war es unerlässlich, schon kleine Kinder mit dem Gedanken an den Tod vertraut zu machen. Auch und gerade in der Kinderliteratur finden sich rührende Todesszenen, in denen sterbende Kinder ihre wenigen Habseligkeiten an die Geschwister verschenken und die beispielhaft vorführen, wie man sich auf das Jenseits vorbereitet. Sogar in berühmten Werken von Charles Dickens und Charlotte Brontë gibt es solche Szenen, die Leserinnen und Leser zu Tränen rührten.

Die englische Romantik lässt sich aus unterschiedlichen Gründen schwer definieren. Zu heterogen sind die literarischen Werke und auch die Auffassungen vom Wesen der Kunst, die in den ersten drei Dekaden des Jahrhunderts in Großbritannien kursierten. Das Bild der Romantik wird heute vor allem von fünf englischen Dichtern bestimmt, von Wordsworth, Coleridge, Shelley, Keats und Lord Byron. Ungeachtet der Unterschiede zwischen den Werken dieser Dichter zeichnet sich die Romantik durch die große Bedeutung von Emotionen sowie die Vorliebe für die Vergangenheit, das Primitive und Exotische aus, die schon die Kultur der Empfindsamkeit im späten 18. Jahrhundert geprägt hatte. Die Beziehung zur Natur, in der das einsame lyrische Ich intensive Erfahrungen macht, wurde in der Romantik noch stärker betont als in den vorausgegangenen Dekaden. Zu den weiteren Merkmalen der Romantik zählen die Aufwertung von Subjektivierung und Psychologisierung, das Interesse an Wahnzuständen und die Erfahrung von Entfremdung im Zeitalter fortschreitender Industrialisierung, Modernisierung und Urbanisierung. Auch das große Interesse an der Natur sowie an den Erfahrungen von Landarbeitern und Kindern zeigt, dass die Lyrik der Romantik nicht zuletzt als Reaktion auf die sich verändernden Verhältnisse – etwa die Ablehnung sozialer Hierarchien im Zuge der Französischen Revolution – zu verstehen ist. Allerdings kam es in England angesichts des Blutvergießens in Paris rasch zu einer Ablehnung des *Terreur*; britische Radikale wurden rigoros verfolgt und deren Zusammenkünfte verboten oder niedergeschlagen. Die britische Lyrik der Romantik oszilliert zwischen revolutionären und antirevolutionären Impulsen.

In der Romantik verbreitete sich ein neuartiges Verständnis von Literatur, das über die zuvor vorherrschende Auffassung, literarische Werke sollten belehren und erfreuen, hinausging. Die veränderte Konzeption von Literatur wurde prägnant von William Wordsworth formuliert, der im Jahr 1800 der zweiten Auflage des von ihm und Coleridge verfassten Gedichtbandes *Lyrical Ballads (Lyrische Balladen)* ein Vorwort beifügte, das die Rolle der Dichtkunst neu bestimmte. Wordsworth zufolge bestand Lyrik in der sprachlichen Repräsentation von intensiven Gefühlen, deren Ursprung »emotion recollected in tranquillity« (»Gefühl, in Muße erinnert«) sei. Durch ihre poetologischen Schriften und ihre Gedichte etablierten die Lyriker der Romantik eine Hochschätzung der Einbildungskraft (»imagination«) und der Originalität von Dichter-Genies. Wordsworth forderte auch, dass sich der Schreibstil an der einfachen Sprache der Landarbeiter orientieren sollte, die allerdings zuvor bereinigt (»purified«) werden solle. Diese Auffassungen wurden freilich nicht von allen Dichtern der Romantik geteilt. Byrons großartige Verserzählungen, die vielen Lesern vor allem aufgrund der attraktiven und mysteriösen männlichen Hauptfiguren im Gedächtnis bleiben, lassen sich mit den Gedichten Wordsworths kaum vergleichen. Der jung verstorbene Keats griff in seinen sehr einflussreichen Gedichten auf Traditionen wie die der Ode und des Sonetts zurück und stellte Reflexionen über das Verhältnis von Leben und Kunst an. Die in dieser Epoche kursierenden Ästhetikvorstellungen waren ebenso vielfältig wie die Sprache, Formen und Inhalte der Gedichte.

Die wohl berühmteste englische Autorin zu Beginn des 19. Jahrhunderts passt hingegen so gar nicht in die Epoche der Romantik. Im Kontrast zur aufdringlichen Moral vieler anderer Romane sind die Werke Jane Austens durch einen ironischen Ton und eine solche Ambivalenz gekennzeichnet, dass über die Einstellungen der Autorin bis heute ebenso gestritten wird wie über den »konservativen« oder »fortschrittlichen« Gehalt ihrer Romane. Ihre Werke kreisen um die Erfahrungen und Gefühle einer begrenzten Zahl von Figuren, wobei meist ein oder zwei Protagonistinnen im Zentrum der Handlung stehen. Austens Romane sind gekennzeichnet durch spritzige Dialoge und die virtuose Wiedergabe von Gedanken und Gefühlen der Figuren. Der auktoriale Erzähler meldet sich zwar nur selten mit teilweise ironischen Kommentaren zu Wort, prägt aber zusammen mit der erlebten Rede die Erzählkunst und den Stil der Autorin. Die großen Themen der Romantik spielen in Austens Werk, ebenso wie in den Romanen ihrer Zeitgenossinnen, allenfalls eine untergeordnete Rolle. Bei der Wahl des Partners sind nicht allein Gefühle und Liebe ausschlaggebend, sondern die Heldinnen müssen lernen, ihre Emotionen und ihre Sinnlichkeit zu beherrschen und Verstand und Gefühle bzw. *Sense and Sensibility* (*Verstand und Gefühl*, 1811), so der Titel ihres ersten veröffentlichten Romans, in Einklang zu bringen. Zudem beruht eine gute Ehe in Austens Werken auch auf gegenseitigem Respekt und nicht zuletzt auf einem guten Einkommen, wie auch die fünf Töchter der Familie Bennet in Austens häufig verfilmtem Roman *Pride and Prejudice* (*Stolz und Vorurteil*, 1813) lernen müssen.

Die Gattung des Schauerromans steht der Romantik dagegen insofern recht nahe, als tiefe Gefühle und mittelalterliche oder exotische Schauplätze oft eine große Rolle spielen. In Mary Shelleys berühmtem Roman *Frankenstein* (*Frankenstein*, 1818) spielt die Handlung teilweise sogar an Orten, die mit sublimen Naturerfahrungen verbunden werden, in den Alpen und im ewigen Eis der Arktis. *Frankenstein* steht in der Tradition des Schauerromans, bereichert die Gattung aber insofern, als Gut und Böse nicht mehr klar voneinander unterschieden werden können. In früheren Schauerromanen wurde der Schrecken meist dadurch domestiziert, dass die Schurken – oft durch übernatürliche Ereignisse – überwältigt und die von ihnen verfolgten guten Figuren gerettet wurden. Am Ende war die Ordnung wieder hergestellt. Dies ändert sich insofern in Schauerromanen des 19. Jahrhunderts, als es darin keine poetische Gerechtigkeit gibt, sondern Schrecken und Horror bis zum Ende bestehen bleiben. Zudem sind Bösewichter und Opfer nicht mehr klar voneinander zu trennen. So ist der Wissenschaftler Viktor Frankenstein, der seiner Wissbegierde freien Lauf lässt und aus Leichenteilen ein Monster erschafft, nicht über alle moralischen Zweifel erhaben. Als er sich weigert, dem Monster einen Lebenspartner zu geben, rächt sich die Kreatur einerseits zwar auf grausame Weise an ihm und seiner Familie. Andererseits erzählt das Monster in einer ungewöhnlich verschachtelten Erzählung auf rührende Weise, wie es sich um Liebe, Partnerschaft und ein gutes Leben bemühte, aber aufgrund seines Aussehens von allen zurückgewiesen wurde. Somit wird klar, dass das Monster Täter und Opfer zugleich ist. In seiner ungebändigten Rachelust gleicht es Frankenstein so sehr, dass sich am Ende im Eis der Antarktis beide als Doppelgänger gegenüberstehen, deren Psyche und Seelenleben fast identisch sind.

Schauerromane blieben im gesamten 19. Jahrhundert hindurch populär. In der Romantik ragen neben Shelleys *Frankenstein* vor allem Charles Maturins hoch gelobter Schauerroman *Melmoth the Wanderer* (*Melmoth der Wanderer*, 1820) und, wenngleich in geringerem Maße, John Polidoris *The Vampyre* (*Der Vampir*, 1819) hervor. In Sheridan Le Fanus Kurzgeschichte *Carmilla* (1871) betritt sogar eine weibliche, lesbische Vampirin die Bühne. Im Gegensatz zu diesen vergleichsweise wenig komplexen Werken werden in Bram Stokers auch erzählerisch sehr anspruchsvollem Roman *Dracula* (1897) heterogene Diskurse des ausgehenden Jahrhunderts – von der Medizin über Religion bis zu technischem Fortschritt, der Rolle der Frau, Sexualität und den Folgen der imperialen Expansion – in spannender Weise kontrastiert und verknüpft.

Ähnlich erfolgreich wie Schauerromane waren historische Romane, deren Siegeszug mit Sir Walter Scotts *Waverley* (*Waverley, oder Schottland vor 60 Jahren*, 1814) begann. Schon im Jahre 1800 hatte Maria Edgeworth mit *Castle Rackrent* (*Meine hochgeborene Herrschaft*, 1800) einen Roman über die Generationen übergreifende Geschichte einer anglo-irischen Familie verfasst. Im Unterschied zu Scotts Werken wird dieser Roman, in dem das Geschehen aus der Sicht eines schrulligen und unzuverlässigen Bediensteten geschildert wird, jedoch meist als Regionalroman eingestuft. Erst die Werke Walter Scotts vermochten die Aufmerksamkeit eines breiten Publikums in ganz Europa zu erlangen. Zu Scotts Bewunderern zählten etwa Johann Wolfgang von Goethe und Leo Tolstoi, die selbst zur Entwicklung des Genres des historischen Romans beitrugen. Ein Indikator für das große Interesse an Geschichte sind auch die historischen Romane von Autoren wie Charles Dickens, William Thackeray, Elizabeth Gaskell, Edward Bulwer-Lytton, Charles Kingsley, George Eliot und Walter Pater. Im Gefolge von Scotts *Waverley; or, 'Tis Sixty Years Since* waren diese Werke zumeist realistisch und beruhten oft auf intensiven historischen Recherchen.

Die historischen Romane der ersten Schaffensphase Scotts, die ein weitgehend realistisches Panorama der damaligen Gesellschaft zeichnen, befassen sich mit der schottischen Geschichte des 17. und 18. Jahrhunderts. In seiner zweiten Schaffensphase verarbeitete Scott populäre mittelalterliche Stoffe, bei deren Ausgestaltung er seiner Phantasie freien Lauf ließ. Heutige Kritiker erachten diese Werke als weniger gelungen als die früheren Romane, aber beim damaligen Lesepublikum erfreuten sich alle 27 Romane Scotts großer Beliebtheit. Der mittelalterliche Held etwa, der dem Roman *Ivanhoe* (Ivanhoe, 1819) den Namen verleiht, faszinierte das Publikum über die Jahrhunderte hinweg und ist heute noch als »schwarzer Ritter« in Comics anzutreffen. Dieses Nebeneinander von realistischer Geschichtsdarstellung und einer Verklärung von Heldenstoffen des Mittelalters verweist auf Ambivalenzen, die das 19. Jahrhundert ebenso prägten wie die viktorianische Literatur.

Obgleich die Übergänge zwischen der Romantik und der viktorianischen Epoche fließend sind und das Jahr der Krönung der jungen Königin Viktoria keine Zäsur in der Entwicklung der Literatur markierte, hat der Viktorianismus doch ein eigenes Profil. Zu zentralen viktorianischen Wertvorstellungen zählen Ernsthaftigkeit, Pflichtbewusstsein, die strikte Orientierung an moralischen Werten und die Hochschätzung von Autoritäten und großen Helden (»hero worship«). Religiosität und sittsames Verhalten spielten insbesondere für Frauen eine große Rolle. Sehr wichtig war auch die Hochschätzung der Familie, in der die engelsgleiche Frau und Mutter, der »Angel in the House«, sich für das Wohl der anderen aufopferte und aus dem Heim einen Hort der Geborgenheit schuf. Obgleich viele Frauen und Kinder der Arbeiterschicht zu Beginn des Jahrhunderts täglich zehn bis zwölf Stunden in Fabriken schuften mussten, wurde das Ideal des »Engels im Hause« hoch geschätzt. Da Frauen, so meinte man, von Natur aus unfähig zu intellektueller und körperlicher Anstrengung, dafür aber mit intuitiver Religiosität und Moral begabt seien, wies man ihnen die Rolle der aufopferungsvollen Ehefrau bzw. pflichtbewussten Tochter zu, für die Keuschheit das wichtigste Gebot war. Wer sich einer Liaison hingab, galt als gefallene Frau und wurde rigoros bestraft. Der vorherrschenden sexuellen Doppelmoral entsprechend galt bei Männern eine Affäre hingegen als Kavaliersdelikt, und ihre Chancen auf eine respektable Eheschließung wurden dadurch nicht eingeschränkt.

Dieses Nebeneinander von heterogenen Werten und Verhaltensregeln deutet schon an, dass das viktorianische Zeitalter von einer Fülle von Gegensätzen durchzogen war. Einerseits gingen die rasanten technischen und kulturellen Veränderungen einher mit dem Glauben an Fortschritt. Andererseits waren die negativen Folgen der Industriellen Revolution, die sich vor allem in den schnell wachsenden Armenvierteln manifestierten, unübersehbar. Das Festhalten an Traditionen und die Verherrlichung des Mittelalters standen unvermittelt neben einer weitreichenden Modernisierung und der Überzeugung von den Vorzügen des technischen Fortschritts. Als Reaktion auf die katastrophalen Arbeitsbedingungen in Fabriken wurden bahnbrechende Reformen in Arbeitsgesetzgebung und Sozialfürsorge vorangetrieben. Zugleich wurden diese Reformen oft genug von Konservativen und Adligen mit dem Ziel vorangebracht, traditionelle Wertvorstellungen zu bewahren. Sozialreformen waren auch deshalb umstritten, weil sie dem Ideal der *self-help* widersprachen, dem zufolge staatliche Hilfe den Charakter verdarb.

Solche Ambivalenzen zeigen sich nicht nur in vielen Industrie- und Sozialromanen, sondern auch im lyrischen Werk von Alfred Lord Tennyson, der 1850 zum »Hofdichter« (*poet laureate*) ernannt wurde und als typischer Repräsentant der viktorianischen Epoche gilt. Tennyson übernahm Stoffe aus den Artusepen und aus Homers Werken, befasste sich aber auch mit zeitgenössischen Themen. In seiner ebenso berühmten wie umstrittenen Ballade *The Charge of the Light Brigade* verherrlicht er ein militärisches Debakel, in dem 1854 im Krimkrieg Soldaten aufgrund eines Fehlers der Führung völlig sinnlos in den sicheren Tod geschickt wurden. Daneben verfasste Tennyson emotional rührende Gedichte. Ebenso beliebt wie typisch für die Epoche ist etwa *In Memoriam* (*Zum Gedächtnis*, 1850), eine Elegie, die in Erinnerung an einen früh verstorbenen Freund entstand und aus 132 Einzelgedichten besteht, die durch die Thematik des Todes und der Trauer verbunden werden. In einer Zeit von tiefgreifenden Veränderungen vermochte diese Elegie Trost zu spenden. Zudem war Tennyson bekannt für seine dramatischen Monologe, eine Gattung, in der auch Robert Browning brillierte.

Zu den großen Werken des 19. Jahrhunderts zählen die in vielerlei Hinsicht außergewöhnlichen Romane der drei Brontë-Schwestern, die gemeinsam mit drei früh verstorbenen Geschwistern isoliert in einem Pfarrhaus in einem kleinen Dorf im Westen Yorkshires aufwuchsen und später als Gouvernanten ein – wenngleich spärliches – Einkommen hatten. Als ihre ersten Werke im Jahre 1847 veröffentlicht wurden, erschienen sie, wie damals bei Autorinnen vielfach üblich, unter Pseudonym. Sowohl Anne als auch Charlotte Brontë befassen sich in ihren Romanen mit sozialen Fragen, insbesondere mit dem Schicksal junger Frauen aus der Mittelschicht, die sich ihren Lebensunterhalt als schlecht bezahlte und oftmals schlecht behandelte Gouvernante verdienen müssen. Anne Brontës Werke enthalten zudem einige tief greifende Dialoge um Glaubensfragen und die Auslegung der Bibel.

Aufsehen erregte Charlotte Brontës erster weiblicher Bildungsroman, *Jane Eyre* (*Jane Eyre*, 1847), vor allem aufgrund der Darstellung der Heldin, der jungen Jane, die dem etablierten Frauenbild in zentralen Bereichen widersprach. Schon ihr Aussehen durchkreuzt gängige Erwartungen, denn Jane ist keine schöne Heldin, sondern eine rebellische junge Frau, die schon als Kind ihre Angst überwindet, um sich gegen Unrecht zu wehren. Später ist sie mit ihrer Stelle als Hauslehrerin nicht glücklich, weil sie keine Freunde hat und es ihr verwehrt bleibt, andere Städte und Länder zu bereisen. Außergewöhnlich ist auch die selbstbewusste Stimme der Ich-Erzählerin, der mittlerweile gereiften und verheirateten Heldin, die ihre früheren Sehnsüchte und Gefühle erklärt und rechtfertigt.

Während die Konflikte der Entstehungszeit in *Jane Eyre* noch eine relativ starke Rolle spielen, verfasste Emily Brontë mit *Wuthering Heights* (*Die Sturmhöhe*, 1847) ein Werk, das weder den Werten des Viktorianismus noch den Erzählkonventionen der Zeit entsprach. Dieser thematisch und formal gleichermaßen innovative Roman, der noch einige Anklänge an die Romantik aufweist, durchkreuzt die damals vorherrschenden Moralvorstellungen. Die Hauptfiguren Heathcliff und Catherine handeln, als ob keine moralischen Werte und Normen existierten. Der Umgang in dem alten Landhaus auf der *Sturmhöhe*, wie der Titel des Romans auf Deutsch heißt, ist von Rache, Brutalität und Zerstörungswut geprägt; Recht und Sittlichkeit sind außer Kraft gesetzt, und die in der viktorianischen Literatur ansonsten vorherrschende poetische Gerechtigkeit ist allenfalls in Ansätzen vorhanden. Noch außergewöhnlicher sind die literarischen Formexperimente, die verschachtelte Erzählweise, die Vermittlung der nur mühsam zu rekonstruierenden Handlung durch zwei unzuverlässige Erzähler und die komplexe Zeitdarstellung.

Im Rückblick erscheint vor allem ein Romancier als prototypischer Repräsentant des viktorianischen Zeitalters: Charles Dickens, der sich damals einer heute kaum noch vorstellbaren Popularität erfreute. Seine Romane erschlossen der Literatur ganz neue Leserkreise: Vom Straßenkehrer über die begeisterte Mittelschicht bis hin zur Königin wurden seine Werke in der gesamten Bevölkerung hoch geschätzt. Seine Romane verkörperten zentrale Werte seiner Zeit ebenso wie viele ihrer Ambivalenzen und Widersprüche. Häuslichkeit und familiäre Wärme waren Dickens sehr wichtig. Dazu passte die Hochschätzung des Weihnachtsfests, das zu Beginn des 19. Jahrhunderts aus der Mode gekommen war und dessen Wiedereinführung maßgeblich auf Dickens' Weihnachtsgeschichten zurückging. Seine frühen Werke, die Züge von Märchen, Melodramen und Komödien tragen, werden von statischen, oft karikaturartig und grotesk überzeichneten Figuren bevölkert, die klar in Gut und Böse unterteilt sind. Das Frühwerk von Dickens ist ferner geprägt durch Sentimentalität und durch die Mitleid erregende Darstellung ausgebeuteter Kinder wie Oliver Twist oder »little Nell«, die kleine Nell aus *The Old Curiosity Shop* (*Der Raritätenladen*, 1840–1841). Darüber hinaus prangerte Dickens in seinen Romanen viele soziale Missstände an, von den Zuständen in Armenhäusern und der Not von Straßenkindern bis hin zu den katastrophalen Hygieneverhältnissen, den Folgen utilitaristischer Sozialpolitik und der Verschmutzung der Themse. Seine komplexer strukturierten späten Romane wie *Bleak House* (*Bleakhaus*, 1852–53) sind zudem durch einen düsteren Ton gekennzeichnet. Märchenhafte Züge fehlen und familiäre Beziehungen erscheinen nun als fragil und gefährdet. Ferner bereicherte Dickens mit *David Copperfield* (*David Copperfield*, 1849–1850) und *Great Expectations* (*Große Erwartungen*, 1860–1861) die im 19. Jahrhundert beliebte Gattung des Bildungsromans.

Dickens war auch einer der ersten Autoren, die ihre Romane auf eine für die viktorianische Zeit typische Weise veröffentlichten. Statt sie wie heute üblich als fertiges Produkt in einem Band zu veröffentlichen, publizierte er die Kapitel eines Romans in regelmäßiger Folge in Zeitschriften, bevor die Werke am Ende als *three-deckers* in drei Bänden in Buchform erschienen. Das Schreiben für Zeitschriften stellte Romanciers unter hohen Druck, denn die Kapitel mussten in schnellem Takt geliefert werden, eine vorgegebene Länge sowie Struktur haben und mit einem auch als »Cliffhanger« bezeichneten Spannungshöhepunkt enden. Außerdem mussten die Figuren und Geschichten Lesern über einen Zeitraum von einem oder sogar zwei Jahren im Gedächtnis bleiben, weshalb entsprechende Signale zur leichten Wiedererkennbarkeit in die Kapitel eingefügt werden mussten. Zugleich erfuhren Autorinnen und Autoren noch während des Schreibprozesses, was den Lesern gefiel und was nicht, und konnten entsprechend reagieren. Als ein Roman von Dickens einmal nicht ganz so gut ankam und es kritische Leserbriefe gab, schickte Dickens den Helden kurzerhand nach Amerika und fesselte seine Leser mit einer neuen Ausrichtung der Handlung.

Dieser Einfluss, den der Geschmack des Publikums auf die Literatur ausübte, weist bereits auf die Bedeutung einer Art »inoffizieller Zensur« hin. Dass Romanciers bestimmte Grenzen nur schwerlich überschreiten konnten, hatte vor allem zwei Gründe: Zum einen bestimmte der Geschmack der Mittelschichten, was verkauft bzw. aus Leihbibliotheken ausgeliehen wurde. Wer vom Schreiben bzw. Verlegen von Büchern leben wollte, war daher dazu gezwungen, die Moralvorstellungen der Mittelschichten zu respektieren. Zum anderen konnte man, wie etwa der englische Verleger der Romane Émile Zolas erfuhr, nach der Veröffentlichung anstößiger Werke vor Gericht gebracht und verklagt werden. Es gab also mehrere Gründe, dafür Sorge zu tragen, dass literarische Werke die geltenden Werte und Normen möglichst nicht verletzten.

Insbesondere während der Hochzeiten des Viktorianismus verlangte man von Literatur, dass sie nicht nur erfreuen, sondern auch belehren solle. Versinnbildlicht wurde die Auffassung, dass Literatur im Dienste der Moral stehen sollte, durch die Figur der Mrs. Grundy. Ursprünglich entstammte diese Dame einem Drama des späten 18. Jahrhunderts, in dem sie die strikte Einhaltung moralischer Prinzipien einfordert. Im Viktorianismus trat Mrs. Grundy, die in Karikaturen oft als stämmige Matrone mit grimmigen Gesichtszügen dargestellt wird, ihren Siegeszug an. Erschwerend kam hinzu, dass die vermeintlich höchst verletzliche und fragile Psyche junger Leserinnen als Maßstab dafür diente, was ohne Gefährdung der Moral veröffentlicht werden konnte. Alles, was eine Schamesröte in die Gesichter junger Frauen hätte treiben können, hatte wenig Aussichten darauf, breite Resonanz zu finden oder auch nur gedruckt zu werden. Auf diese Situation reagierten Autorinnen und Autoren sehr unterschiedlich. Im Gegensatz zu William Makepeace Thackeray und Thomas Hardy, die sich von dem Druck, der öffentlichen Meinung entsprechen zu müssen, eingeengt fühlten, fiel es Dickens nicht sonderlich schwer, sich an den viktorianischen Wertekodex zu halten und Themen zu meiden, die damals als Tabus galten. Alle körperlichen Phänomene, insbesondere die Beschreibung von Anzeichen der Schwangerschaft oder Sexualität, aber auch Flüche oder Gotteslästerungen sucht man nicht nur bei Dickens, sondern auch bei den meisten anderen Autoren der Epoche vergeblich.

Zugleich bemühten sich neben Dickens zahlreiche Romanciers seit den 1830er Jahren durch die Veröffentlichung von Industrie- und Sozialromanen darum, die mittleren und oberen Schichten auf die äußerst schlechten Lebens- und Arbeitsbedingungen eines großen Teils der Arbeiterschaft und die Situation der Armen aufmerksam zu machen, um eine Verbesserung ihrer Lage zu erreichen. Viele Romane von Elizabeth Gaskell oder Benjamin Disraeli zeichnen einerseits ein genaues Bild der damaligen Lebensbedingungen. In *Sybil* (*Sybil*, 1845) verwendete Disraeli sogar Ausschnitte aus Parlamentsberichten über die Situation der Arbeiter. Andererseits waren der realistischen Darstellungsweise dadurch Grenzen gesetzt, dass das Ziel darin bestand, Mitleid für die Armen zu erwecken. Daher wurden zentrale Figuren aus der Arbeiterschaft oft idealisiert dargestellt; sie verkörpern Tugenden der Mittelschicht und ertragen ihr Los, ohne zu klagen oder im Alkohol Zuflucht zu suchen. Zudem wird im Handlungsverlauf deutlich, dass diejenigen Figuren, die auf politische Rechte der Armen pochen oder sich an Streiks beteiligen, letztlich nichts Gutes bewirken können und am Ende zu den Verlierern gehören. Die der Mittelschicht angehörenden Autoren wollten auf die Situation der Arbeiter aufmerksam machen und die Mittelschicht zu Mitleid und persönlichem Einsatz bewegen – politische Änderungen werden in den Werken jedoch nicht befürwortet. Dies gilt auch für Charles Kingsleys bahnbrechenden Roman *Alton Locke, Tailor and Poet: An Autobiography* (*Alton Locke, Schneider und Dichter. Eine Autobiographie*, 1850), in dem erstmals das Leben eines Arbeiters und Autodidakten, der sich in seiner kleinen fensterlosen Dachstube nachts sogar Latein beigebracht hat, aus dessen eigener Sicht geschildert wird. Aber auch in diesem Roman gibt es kein glückliches Ende für den strebsamen Arbeiter, denn der Held muss auswandern. Er sieht ein, dass anstelle der Politik die Religion die Leitlinie des Handelns bilden muss, und stirbt auf der Seereise nach Amerika.

Wie bedeutsam die christliche Religion für die viktorianische Literatur und Gesellschaft war, zeigt sich in einem breiten Spektrum religiöser Romane, die ihrerseits vom Janusgesicht der Epoche zeugen.

Einerseits blieb die Religionszugehörigkeit ein sehr wichtiger sozialer Faktor, andererseits verbreiteten sich im Laufe des 19. Jahrhunderts religiöse Zweifel. Die Skepsis gegenüber überkommenen Glaubensgewissheiten wurde genährt durch die neue Bibelkritik und durch Charles Darwins Epoche machendes Buch On the Origin of Species by Means of Natural Selection (1859), das mit seinen Thesen Über die Entstehung der Arten, wie der deutsche Titel heißt, viktorianische Glaubensvorstellungen zutiefst erschütterte. In diesem außerordentlich einflussreichen Band formulierte Darwin die Grundzüge der bis heute weitgehend anerkannten Evolutionstheorie, die schon deshalb ungeheure Brisanz besaß, weil sie eine wissenschaftliche Alternative zur wörtlichen Auslegung der biblischen Schöpfungsgeschichte bildete. In der Literatur wurden religiöse Zweifel auf verschiedene Weise verarbeitet: Während *novels of faith* die jeweilige (christliche) Glaubensrichtung gegenüber der wachsenden Kritik verteidigten, rechtfertigten *conversion novels* den Übertritt zu einer anderen Konfession. Hingegen artikulierten *novels of doubt* religiösen Skeptizismus und beleuchteten die Implikationen der Skepsis gegenüber etablierten Glaubensinhalten. Religion und wachsender religiöser Skeptizismus stehen etwa im Zentrum vieler Werke von James Anthony Froude, Henry Newman, Geraldine Jewsbury, Charles Kingsley, George Gissing, Mrs. Humphrey Ward, William Hale White und Samuel Butler.

Neben Religion und Sozialkritik bildeten auch die Rolle der Frau und deren Verpflichtung, sich ganz für die Belange der Familie aufzuopfern, zentrale Themen der viktorianischen Literatur. Diese Thematik, mit der sich bereits Anne und Charlotte Brontë in ihren weiblichen Bildungsromanen kritisch auseinandersetzten, wurde in verschiedenen Gattungen kontrovers behandelt. In seinem mehrbändigen Gedicht The Angel in the House (Der Engel im Haus, 1854–1863) malte Coventry Patmore das idealisierte Frauenbild der Epoche detailliert aus. Demgegenüber spielen *fallen women*, die vor der Ehe von einem Mann verführt oder vergewaltigt wurden, in der Literatur bis zur Mitte des Jahrhunderts allenfalls Nebenrollen. Erst Elizabeth Gaskell schuf in ihrem Roman Ruth (1853) eine Protagonistin, die als unschuldige junge Frau allzu leichtgläubig ist, verführt wird und ein uneheliches Kind bekommt. Nach der Geburt des Kindes führt Ruth ein gottgefälliges Leben, nimmt die Schuld auf sich und entwickelt viele Tugenden eines »Angel in the House«. Dieses außergewöhnliche Werk wurde auch deshalb scharf kritisiert, weil es daraufhin abzielt, Sympathie mit der gefallenen Heldin zu erwirken.

Trotz der rigiden Sexualmoral und der vorherrschenden Auffassung, dass Romane im Dienste von Belehrung und Erziehung zu stehen haben, gelang es einigen Autorinnen, Werke zu publizieren, die sich vorherrschenden Erwartungen an das Verhalten von Frauen widersetzten. So verfasste Elizabeth Barrett Browning, die nach einer Flucht nach Italien den Dichter Robert Browning heiratete, mit *Sonnets from the Portuguese* (*Sonette aus dem Portugiesischen*, 1850) einen Zyklus von 44 Gedichten, in dem sie die klassische Form des Sonetts für Liebesgedichte verwendete und zudem die herkömmliche Rollenverteilung umkehrte. In ihren Werken ist es eine Frau, die als lyrisches Ich ihren Gefühlen für den Geliebten Ausdruck verleiht. Auch Christina Rossetti, für die Barrett Browning ein großes Vorbild war, widersetzte sich viktorianischen Normen. In ihrem Gedicht *Goblin Market* (*Markt der Kobolde*, 1862) beschreibt sie, wie ein junges Mädchen von Kobolden, die auf einem Markt lustvoll Früchte und Speisen anpreisen, verführt und danach von ihrer Schwester gerettet wird. Während *Goblin Market* damals aufgrund des Stoffs und der anschaulichen Sprache vor allem als Kindergedicht gelesen wurde, versteht man die Schilderung der Verführung durch die sinnliche Beschreibung von Speisen heute oft als eine unüberhörbare Anspielung auf Sexualität.

E s ist bezeichnend für die Dynamik und Komplexität der literarischen Entwicklung im 19. Jahrhundert, dass sich viele viktorianische Werke nicht klar einer etablierten Gattung zuordnen lassen. Lewis Carrolls *Alice's Adventures in Wonderland* (*Alice im Wunderland*, 1865) ist einerseits ein Kinderbuch, aber es richtet sich keineswegs nur an Kinder. Vielmehr spielt dieses zu Recht berühmte Werk mit dem kulturellen Wissen der Zeit und fordert auch Erwachsene zum Nachdenken heraus. Auch viktorianische Melodramen widersetzen sich trotz ihrer Konventionalität schematischen Kategorisierungen. Einerseits üben sie oft auf sentimentale Weise Sozialkritik und haben damit eine Affinität zu viktorianischen Sozialromanen. Andererseits widersprechen eine ganze Reihe populärer Dramen dem vorherrschenden Frauenbild. So entsprechen etwa die (Anti-)Heldinnen meist in keiner Weise dem Typus der passiven, treu sorgenden Ehefrau, wie er nicht nur von Patmore sowie dem Kunstkritiker und Sozialreformer John Ruskin idealisiert wurde. Stattdessen durchkreuzen diese aktiven und unabhängigen Frauenfiguren insofern herkömmliche Geschlechtsstereotype, als sie sogar mit dem Revolver umgehen können, ihre männlichen Gefährten retten und sogar Dynamit verwenden, um sich gegen ihre Verfolger zur Wehr zu setzen.

Nicht zuletzt aufgrund der unkonventionellen Frauenfiguren wurden auch die damals ebenfalls äußerst populären *sensation novels* ab den 1860er Jahren zu Skandalerfolgen. Diese Romane, deren prominentester Vertreter Wilkie Collins, der lange unterschätzte Freund von Dickens, war, kreisen um Schrecken erregende Ereignisse, die sich im Milieu der oberen Mittelschicht abspielen. Im Verlaufe der Handlung wird schnell klar, dass die scheinbare Anpassung an viktorianische Normen eine bloße Fassade bildet, während die gutbürgerliche Welt tatsächlich durch ein vergangenes dunkles Geheimnis aus den Fugen gerät. So sind die vermeintlichen Hausherrinnen und Hausherrn oft keineswegs die, die sie zu sein vorgeben, sondern haben sich ihre Stellung durch Betrug, List oder sogar Mord erschlichen. Meist haben die Bösewichter eine falsche Identität angenommen und gerieren sich nun als Ladies und Gentlemen. Die wahren Heldinnen und Helden fristen hingegen ein kümmerliches Dasein und bemühen sich zunächst vergeblich darum, die üblen Machenschaften der Betrüger aufzudecken. Kulturgeschichtlich aufschlussreich ist, dass in Romanen wie Wilkie Collins' The Woman in White (Die Frau in Weiß, 1860) oder The Moonstone (Der Monddiamant, 1868/1871) sozialer Status und der gute Ruf nicht mehr dafür bürgen, dass die Figur die ist, die sie zu sein vorgibt. In einer Zeit raschen sozialen Wandels entscheiden nun Ärzte und Anwälte über die Aufdeckung der wahren Identität der Figuren und des Hergangs von Verbrechen. Dass die Identität von Personen zum Problem geworden ist und die zur Schau getragene Integrität bloßer Schein sein kann, zeigt auch die Geschichte von Robert Louis Stevensons The Strange Case of Dr. Jekyll and Mr. Hyde (Der seltsame Fall von Dr. Jekyll und Mr. Hyde, 1886), in der das Motiv des Doppelgängers eine große Rolle spielt.

Das 19. Jahrhundert ist zudem die Blütezeit des realistischen Romans, insbesondere des realistisch erzählten Gesellschaftsromans. Dieses Genre eröffnete Autoren die Möglichkeit, eine große Bandbreite von Gesellschaftsschichten sowie sozialen, politischen und religiösen Konflikten zu behandeln. Typische Beispiele dafür sind etwa die noch immer sehr lesenswerten Romane von Anthony Trollope und William Makepeace Thackeray, der in seinem in monatlichen Fortsetzungen erschienenen Roman *Vanity Fair: A Novel Without a Hero* (*Jahrmarkt der Eitelkeiten*,

1847–1848) den sprichwörtlich gewordenen Jahrmarkt der Eitelkeiten mit Mitteln der Satire schonungslos bloßstellt.

Zu den Meisterwerken der Erzählkunst des 19. Jahrhunderts gehören die Romane von George Eliot, dem Pseudonym von Mary Ann Evans. Deren Werke zeugen von ihrer breiten Bildung, der Kenntnis von sieben Fremdsprachen und von Disziplinen wie der Medizin und der Philosophie. Ihre sehr vielschichtigen Romane setzen sich mit wichtigen politischen, sozialen, religiösen und wissenschaftlichen Themen auseinander. Besonders großer Beliebtheit erfreut sich bis heute ihr doppelter Bildungsroman *The Mill on the Floss* (Die Mühle am Floss, 1860) und ihr wohl anspruchsvollstes Werk *Middlemarch* (Middlemarch, 1871–1872), das Virginia Woolf als einen der wenigen englischen Romane bezeichnete, die für Erwachsene geschrieben wurden.

Während realistische Gesellschaftsromane ein Panorama englischer Lebensverhältnisse entwerfen, setzen sich andere viktorianische Werke aus verschiedenen Genres mit dem Aufstieg Großbritanniens zur imperialen Weltmacht auseinander. Bedeutende historische Siege oder Niederlagen konnte man gegen Ende des Jahrhunderts – meist in patriotischer Überhöhung – im Theater betrachten, und zahlreiche Gedichte feierten die Erfolge der britischen Flotte sowie die politische Großmachtstellung Großbritanniens. Auch eine große Zahl von Abenteuerromanen schilderte stolz, wie junge englische Helden sich in exotischen Gefilden im Kampf gegen eine Übermacht von Einheimischen bewähren, tapfer für das Richtige und Gute einstehen, um am Ende mit Ruhm und Geld überhäuft siegreich nach England zurückzukehren. Ebenso wie mittelalterliche Romanzen, in denen die Tugenden von Rittern inszeniert wurden, galten solche damals sehr populären Romane zudem als erbauliche Lektüre für Jugendliche, die auf diese Weise lernen sollten, wie man ein »guter Soldat« und ein »guter Brite« wird. Schriftsteller wie George Alfred Henty und der oft unterschätzte Henry Rider Haggard widmeten sich der Empire-Thematik, die später in den Romanen von Robert Louis Stevenson und Joseph Conrad zunehmend kritisch betrachtet wurde.

Die letzte Phase der englischen Literatur der 19. Jahrhunderts, das Fin de Siècle, ist durch eine Loslösung von viktorianischen Werten und Normen sowie einen Übergang hin zur Moderne gekennzeichnet. Literatur und Kultur dieser Phase sind dadurch geprägt, dass von zentralen viktorianischen Werten wie der Ernsthaftigkeit und der Hochschätzung der

Familie über das Empire bis hin zur Auffassung von Literatur als Mittel der Belehrung und moralischen Erziehung vieles in Frage gestellt wurde. Was in Frankreich als »l'art pour l'art« populär wurde, figurierte in Großbritannien unter der Strömung des Ästhetizismus. Dass alternativ dazu auch der abwertend gemeinte Begriff »Dekadenz« verwendet wurde, zeigt bereits, dass die Mehrheit der Viktorianer den neuen Tendenzen kritisch gegenüberstand.

Zu denjenigen, die in den 1890er Jahren zentrale viktorianische Werte in Zweifel zogen, gehörte Thomas Hardy, dessen Wessex-Romane sich bis heute großer Beliebtheit erfreuen. In seinem Roman Tess of the d'Urbervilles: A Pure Woman Faithfully Presented (Tess, 1891) wagte Hardy es jedoch, eine Heldin als »rein« zu bezeichnen, die unehelich schwanger wird, sich dann rührend um ihr Baby sorgt und nach dessen Tod versucht, ihr Glück in der Ehe zu finden. Bereits die positive Darstellung von Tess, die aus heutiger Sicht ein Opfer der damals vorherrschenden sexuellen Doppelmoral ist, rief eine Welle der Empörung hervor. Dass Tess schließlich im Affekt ihren Peiniger ersticht und bald darauf verhaftet wird, entspricht insofern dem viktorianischen Gebot der poetischen Gerechtigkeit, als die Heldin zum Tode verurteilt und hingerichtet wird. Im Kontext des Romans scheint dieses Ende jedoch eine tragische Ironie des Schicksals zu markieren. Ebenso wie Tess zeigen auch Romane wie Hardys Jude the Obscure (Herzen in Aufruhr, 1894–1895) und Oscar Wildes The Picture of Dorian Gray (Das Bildnis des Dorian Gray, 1891), wie sich der viktorianische Bildungsroman in den 1890er Jahren zum negativen Bildungsroman entwickelt.

In der Literatur des Fin de Siècle wurden auch das Empire sowie die Folgen von Kolonialismus und Imperialismus zunehmend ambivalent dargestellt. Im Gegensatz zur Glorifizierung der imperialen Expansion in viktorianischen Abenteuerromanen zeugen etwa die späten Erzählungen von Robert Louis Stevenson von einer Skepsis gegenüber der imperialen Ideologie, der zufolge die überlegenen, kultivierten Engländer vermeintlich unterentwickelten Nationen die Errungenschaften von Zivilisation, Aufklärung, Christentum und Moral übermittelten. Einen Meilenstein in der kritischen Darstellung des Empire bildet Joseph Conrads Klassiker Heart of Darkness (Herz der Finsternis, 1899), dessen Titel schon andeutet, dass es sich nicht um eine Verherrlichung imperialer Heldentaten handelt, und dessen Erzählweise auf den Modernismus vorausweist.

Auch Rudyard Kipling, dem 1907 der Literaturnobelpreis verliehen wurde, beleuchtet in seinen Werken die zwiespältigen Folgen von Kolonialismus und Imperialismus. Seine *Barrack-Room Ballads* (*Balladen aus dem Biwak*, 1892) stellen das Soldatenleben auf volksnahe Weise dar und untermauerten seinen Ruf als Volksdichter des Empire. Auch in den *Jungle Books* (*Das Dschungelbuch/Das zweite Dschungelbuch*, 1894, 1895), die zahlreiche Adaptionen und Filme inspirierten, findet sich noch keine Kritik an der Expansion des britischen Herrschaftsbereichs. Sein Gedicht »The White Man's Burden« (1899) ist demgegenüber weit weniger patriotisch, als der Titel anzudeuten scheint. Kipling beschwört zwar »die Bürde des weißen Mannes«, der die Pflicht hat, sein Leben der Zivilisierung fremder Völker zu widmen; bei genauerem Hinsehen zeigt sich jedoch, dass dieses Unterfangen für beide Seiten hohe Kosten hat.

Im Fin de Siècle zeugte auch die Weiterentwicklung von etablierten Genres von Zweifeln an viktorianischen Gewissheiten. So genannte »invasion scare novels« kehrten gängige Handlungsverläufe um und beschrieben Szenarien, wie überlegene Mächte in England einfallen. H.G. Wells' *The War of the Worlds* (*Krieg der Welten*, 1897) gehört in diesen Kontext, auch wenn es hier Wesen vom Mars sind, die England erobern. Außerdem entwickelte sich eine neue Form von Utopien, in der die Handlung sich nicht mehr im U-topos (im »Nicht-Ort«) vollzieht, sondern in der Zukunft. So spielt William Morris' Utopie *News from Nowhere* (*Kunde von Nirgendwo*, 1890), die sozialistisches Gedankengut verarbeitet, im London des Jahres 2000. Utopien von Autoren wie Edward Bulwer-Lytton übten nun Zeitkritik, indem sie politische, soziale und kulturelle Alternativen zur viktorianischen Gegenwart in der Zukunft ansiedelten.

Zudem verbreitete sich im Gefolge Darwins die Furcht vor Degeneration und Dekadenz. In den 1880er Jahren wich der vormals feste Glaube an Fortschritt zunehmend der Vorstellung des Verfalls. So wurde befürchtet, dass nicht die besten überleben würden, sondern sich im Gegenteil degenerierte Tendenzen durchsetzen könnten. Befeuert wurden solche Ängste von Max Nordaus Werk *Entartung*, das in der englischen Übersetzung *Degeneration* (1895) große Popularität erlangte. Die Befürchtung, dass England den Höhepunkt seiner Entwicklung erreicht haben könnte und nun vor dem Niedergang stünde, prägt auch H.G. Wells' Roman *The Time Machine* (*Die Zeitmaschine*, 1895). Dieser versetzt den Zeitreisenden in eine ferne Zukunft, in der sich die »Eloi« in das Stadium von Kindern zurück entwickelt haben und nicht mehr dazu in der Lage sind, die Grundlagen ihrer Zivilisation zu verstehen – geschweige denn, sie gegen die unter der Erde hausenden Arbeiter, den affenähnlichen, bestialischen »Morlocks«, zu verteidigen. Hier vereinen sich Ängste vor der Degeneration und einer Rückentwicklung zum Status von Kindern und Tieren mit Sozialkritik, denn in England schien die Kluft zwischen Arm und Reich immer größer zu werden.

Ebenso wie Max Nordau hielten viele Engländer vor allem einen Künstler für das Sinnbild von Degeneration und Dekadenz: Oscar Wilde, dessen Kunstauffassung ebenso gefährlich schien wie seine Pose als Dandy. Dieser geistreiche, gebildete, hoch begabte Autor provozierte das viktorianische Theaterpublikum in seinen bis heute viel gespielten Komödien auf amüsante und unterhaltsame Weise. Der aus Irland stammende Wilde gab sich als Genießer und Dandy; er lief mit Blumen im Revers von knallig bunter, auffälliger Kleidung durch London und stellte mit seinen Aphorismen voller Paradoxa viele Gewissheiten und Prinzipien viktorianischer Kultur – einschließlich der vorherrschenden Geschlechtsstereotypen – infrage. Geschickt zwischen Provokation und Anpassung an den damaligen Geschmack oszillierend, gelang es Oscar Wilde einerseits immer wieder, Theatersäle zu füllen und sein Publikum glänzend zu unterhalten. Andererseits schienen seine Werke insofern zum Niedergang englischer Moral beizutragen, als in seinen Dramen oft Figuren reüssieren, die viktorianische Werte der Lächerlichkeit preisgeben. Die für den Ästhetizismus kennzeichnende Trennung von Kunst und Moral zeigt sich auch in dem Verzicht auf poetische Gerechtigkeit, in der ambivalenten Sympathieverteilung und dem Schicksal Dorian Grays, dessen Porträt die Spuren seiner Degenerierung trägt, bis er durch eigene Hand stirbt.

Genauso provokativ wie Wildes Pose als Dandy war sein Eintreten für den Ästhetizismus. In seinen Essays widersprach Wilde sämtlichen Grundannahmen viktorianischer Ästhetik. Aufbauend auf Gedanken von Walter Pater forderte Wilde, dass Literatur weder das Leben nachahmen noch Leser belehren solle: Literatur stehe nicht im Dienst der Moral, sondern literarische Form und künstlerische Schönheit seien ein Wert an sich. Dennoch wurden, als Wilde sich vor Gericht gegen den Vorwurf der Homosexualität verteidigen musste, Aussagen aus seinen Werken dazu verwendet, die Anklage gegen ihn zu untermauern. Als Wilde zu einer äußerst harten Strafe verurteilt wurde, die ihn als gebrochenen, schwer kranken Mann zurückließ, feierte die britische Boulevardpresse dies als Triumph über den Hohepriester von Ästhetizismus und Dekadenz.

Ähnlich wie die Dandys durchkreuzten auch die als *new women* bezeichneten »neuen Frauen«, die im Zentrum vieler Romane und Dramen des Fin de Siècle standen, vorherrschende Bilder von Weiblichkeit und Männlichkeit sowie das viktorianische Ideal der Familie. In Essays, Streitschriften und Romanen von Autorinnen wie Sarah Grand, George Egerton, Mona Caird und Grant Allen, in denen solche Frauen als Protagonistinnen fungieren, wurde nicht nur das Wahlrecht gefordert, sondern auch das Recht auf Bildung, finanzielle Unabhängigkeit und Sexualität vor und außerhalb der Ehe. Ebenso wie in vielen naturalistischen Romanen spielte in solchen Werken zudem das Thema der Degeneration eine große Rolle, das oft am Niedergang der Heldinnen exemplifiziert wird. Auch für die im Titel genannten »überzähligen« Frauen in George Gissings Roman *The Odd Women* (*Die überzähligen Frauen*, 1893) gibt es kein gutes Ende. Als George Bernard Shaw in seinem Drama *Mrs. Warren's Profession* (*Frau Warrens Beruf*, 1894 geschrieben) nicht nur das Thema der Prostitution verarbeitete, sondern auch eine Figur einführte, die Züge der *new woman* trägt, wurde die Aufführung des Stücks verboten; zur Uraufführung kam es erst im 20. Jahrhundert.

Insgesamt verdeutlichen die Werke des Fin de Siècle, wie sehr sich die englische Literatur, Kultur und Gesellschaft im Laufe des 19. Jahrhunderts wandelten. Die Literatur der letzten beiden Dekaden des Jahrhunderts leitet eine auch als *Age of Transition* bezeichnete Übergangsphase zwischen Viktorianismus und Moderne ein, die auf die ästhetischen Innovationen des Modernismus vorausweist, welche in einem separaten Band der Reihe Kindler Kompakt dargestellt werden.

Der Reichtum der englischen Literatur des 19. Jahrhunderts ist in diesem bewusst selektiven Band durch rund 50 Klassiker repräsentiert, die in kurzen, aussagekräftigen Kindler-Artikeln vorgestellt werden. Um einen Einblick in die Fülle und Bandbreite der Werke zu geben, wurden neben den hoch geschätzten Meisterwerken der Epoche auch einige Werke aufgenommen, die eine große Popularität genossen oder repräsentativ für eine bestimmte Subgattung sind. Obgleich der Schwerpunkt auf der Gattung des Romans liegt, sind natürlich auch die Lyrik, insbesondere die Dichtung der Romantik, und das Drama vertreten. Leserinnen und Leser, die gerne weitere englische Autorinnen, Autoren und Werke kennen lernen möchten, seien auf den parallel erscheinenden und erheblich umfangreicheren Band *Kindler Klassiker – Englische Literatur aus acht Jahrhunderten* verwiesen. Es bleibt zu hoffen, dass diese kurze Einführung und die nachfolgende Auswahl es Leserinnen und Lesern erleichtern mögen, einen ersten Überblick über die wichtigsten Genres und Entwicklungslinien der englischen Klassiker des 19. Jahrhunderts zu gewinnen.

Weiterführende Literatur

Bode, C. / S. Domsch (Hgg.): *British and European Romanticisms: Selected Papers from the Munich Conference of the German Society for English Romanticism*, 2007.

Curran, S. (Hg.): *The Cambridge Companion to British Romanticism*, ²2010.

David, D. (Hg.): *The Cambridge Companion to the Victorian Novel*, ²2012.

Ermarth, E. D.: *The English Novel in History 1840–1895*, 1997.

Feldman, D. / C. Krug (Hgg.): *Viktorianismus: Eine literatur- und kulturgeschichtliche Einführung*, 2013.

Gilmour, R.: *The Victorian Period: The Intellectual and Cultural Context of English Literature 1830–1890*, 1993.

Kullmann, T.: *Vermenschlichte Natur: Zur Bedeutung von Landschaft und Wetter im englischen Roman von Ann Radcliffe bis Thomas Hardy*, 1995.

Marshall, G. (Hg.): *The Cambridge Companion to the Fin de Siècle*, 2007.

Müllenbrock, H.-J.: *Der historische Roman des 19. Jahrhunderts*, 1980.

Nünning, V. (Hg.): *Kulturgeschichte der englischen Literatur: Von der Renaissance bis zur Gegenwart*, 2005.

Nünning, V.: *Der englische Roman des 19. Jahrhunderts*, ³2007.

Pfister, M. / B. Schulte-Middelich (Hgg.): *Die Nineties: Das englische Fin de siècle zwischen Dekadenz und Sozialkritik*, 1983.

Reinfandt, C.: *Englische Romantik: Eine Einführung*, 2008.

Reitz, B. (Hg.): *19. Jahrhundert II: Das Viktorianische Zeitalter*, 1982.

Schabert, I.: *Englische Literaturgeschichte: Eine neue Darstellung aus der Sicht der Geschlechterforschung*, 1997.

Seeber, H. U. (Hg.): *Englische Literaturgeschichte*, ⁵2012.

Tucker, H. F. (Hg.): *A New Companion to Victorian Literature and Culture*, 2014.

Weber, I.: *Der englische Schauerroman: Eine Einführung*, 1983.

Jane Austen

* 16. Dezember 1775 in Steventon (Großbritannien)
† 18. Juli 1817 in Winchester (Großbritannien)

1783 Schulbesuch mit der Schwester Cassandra in Oxford und Southampton, 1785 in Reading; 1786 Rückkehr nach Steventon; Leben im Familienkreis; erste literarische Versuche bis 1793; ab 1794 schriftstellerische Tätigkeit, zunächst ohne Publikationserfolg; 1802 Ablehnung eines Heiratsantrags; 1805 Tod des Vaters; Reisen in Südengland; 1809 Umzug nach Chawton mit Mutter und Schwestern; ernsthafte Erkrankung, 1817 erfolglose ärztliche Behandlung in Winchester; *Sanditon* blieb unvollendet; im Dezember 1817 (datiert 1818) erschienen postum *Northanger Abbey* und *Persuasion*, 1933 und 1951 erste Veröffentlichung der Jugendwerke.

Weitere Werke: *Kloster Northanger* (Northanger Abbey, 1818), *Mansfield Park* (Mansfield Park, 1818), *Emma* (Emma, 1816), *Anne Elliot* (Persuasion, 1818).

Verstand und Gefühl / Sense and Sensibility

Der erste veröffentlichte Roman der Autorin, der 1811 erschien, geht auf eine in Briefform geschriebene Fassung mit dem Titel »Elinor and Marianne« aus dem Jahr 1795 zurück. Den beiden gegensätzlichen Begriffen im Titel des Romans – ›sense‹ (Vernunft/Verstand) und ›sensibility‹ (Gefühl) – entsprechen in antinomischer Präsentation die beiden Hauptfiguren: Elinor Dashwood, die vernunftgemäßes Verhalten repräsentiert, und ihre Schwester Marianne, die vom Gefühl beherrscht wird. Diese beiden Positionen werden am Beispiel der Liebesbeziehungen der zwei Schwestern expliziert: Elinors zumindest nach außen hin kontrolliertem Umgang mit den Enttäuschungen und schließlich mit dem Glück ihrer Liebe zu dem angehenden Geistlichen Edward Ferrars und Mariannes gesellschaftliche Normen missachtendem, exzessiv emotionalem Verhalten in ihrer Liebe zu Willoughby, der sich als charakterloser Verführer in der Tradition von Richardsons Lovelace (*Clarissa*) und Frances Burneys Willoughby (*Evelina*) erweist.

Sense and Sensibility erscheint zwar schematisch angelegt, aber die Antinomie der Werte und der ihnen zugeordneten Hauptfiguren wird doch relativiert. Der Roman privilegiert den Standort Elinors, die eine kritische Beobachterin des törichten und auch unmoralischen Verhaltens in der Gesellschaft ist. Sie ist die einzige Figur, deren Inneres – mit Hilfe des ›freien indirekten Stils‹ (›erlebte Rede‹) – dargestellt wird. Aus ihrer Sicht wird auch das Schicksal ihrer Schwester wiedergegeben. Marianne, die leidenschaftlichste Frauengestalt in Austens Werk, wird dagegen nur von außen – durch ihre Rede und Körpersprache – gezeigt. Komplexität ergibt sich daraus, dass Elinor mit ihrer Schwester leidet. Sie kritisiert zwar deren übermäßige Leidenschaftlichkeit, die egomanische Implikationen hat, bringt aber ein Höchstmaß an Mitgefühl für sie auf. Ein dramatischer Höhepunkt ist Mariannes die sozialen Normen durchbrechende Verteidigung ihrer von Mrs. Ferrars beleidigten Schwester. Die Komplexität zeigt sich darin, dass Elinor Mariannes öffentlichen Ausdruck von Empörung nicht gutheißt, während er aber als Protest gegen die kalte Arroganz der Gesellschaft seinen Wert behält und von dem hochsensiblen Colonel Brandon, der Marianne liebt, bewegt wahrgenommen wird. Die Wertopposition von Vernunft und Gefühl wird hier dekonstruiert. Das zeigt sich auch darin, dass der Begriff ›propriety‹ (Schicklichkeit), der dem Pol der Vernunft zugeordnet ist, abgewertet wird, z. B. in dem Ausdruck »insipid propriety« (schale/langweilige Schicklichkeit). Elinor selbst kann ihren strengen moralischen Grundsätzen im Dialog mit ihrer intriganten Rivalin Lucy Steele nicht ganz gerecht werden: Die Erzählerstimme sagt zwar, Elinor spreche mit wahrster Ehrlichkeit (»truest sincerity«), tatsächlich verbirgt sie aber ihre Gefühle vor ihrer Gesprächspartnerin.

Elinors unterdrückte Gefühle brechen aus ihr heraus, als Edward Ferrars für sie frei wird, da seine intrigante Verlobte einen reicheren Mann geheiratet hat. Charakteristischerweise eilt sie im emotionalsten Moment in ihr Zimmer, um ihren Freudetränen freien Lauf zu lassen. Dass ihre Schwester sich nach schwerer Krankheit mit dem älteren Colonel Brandon verbindet, erscheint durch dessen tätige Liebe und die zur Selbsterkenntnis führende Entwicklung der jungen Frau als ein glaubwürdiges glückliches Ende.

Charakteristisch ist die Art, wie Austen die Handlung des Romans aus der durch das Erbrecht benachteiligten Lage einer Familie herleitet. Hier stehen zwei Prinzipien gegeneinander: erstens das Besitzrecht, das John Dashwood, den Sohn des verstorbenen Vaters der Dashwoods, begünstigt, der den Besitz erbt; zweitens die rechtliche Bindung einer mündlichen Vereinbarung, denn der Vater hatte auf dem Sterbebett seinem Sohn das Versprechen abgenötigt, für seine zweite Frau und deren drei Töchter zu sorgen. Mit meisterhafter Satire wird dargestellt, wie der raffgierige John Dashwood und seine missgünstige Frau das gegebene Versprechen in ihrem Sinne interpretieren und auf eine immer substanz-

losere Unterstützung reduzieren. Satirisch ist auch die Darstellung der sozialen Arroganz von Mrs. Ferrars, der sinnentleerten Schicklichkeit von Lady Middleton und Lucy Steeles Intrigantentum. Während man früher die Opposition von Charakter- und Moralkonzepten in *Sense and Sensibility* als allzu schematisch beurteilte, erkennt man inzwischen auch in diesem Roman die Komplexität der künstlerischen Darstellung.
WOLFGANG G. MÜLLER

Stolz und Vorurteil / Pride and Prejudice

Der 1813 veröffentlichte Roman, von dem eine frühere, nicht erhaltene Version mit dem Titel »First Impressions« existierte (vermutlich in der Form eines Briefromans), ist das beliebteste Werk der Autorin. Austen, die »the first Marxist novelist« – die erste marxistische Romanschriftstellerpersönlichkeit – genannt wurde (Mark Shorer), stellt hier expliziter als sonst die sozioökonomische Grundlage der Handlung dar. Von jeder auftretenden Person wird das jährliche Einkommen mitgeteilt, Eheschließungen sind immer auch eine Frage ökonomischer Überlegung, wenngleich deutlich gemacht wird, dass Ehen ohne gegenseitige Wertschätzung und eine moralische Grundlage negativste Konsequenzen haben.

Die Ausgangslage ist, *Sense and Sensibility* vergleichbar, die ungesicherte Existenz der Familie Bennet mit ihren fünf Töchtern, da nach dem Erbrecht ihr Landsitz in Hertfordshire an den nächsten männlichen Verwandten fällt. Elizabeth Bennet hat es in der Hand, ihrer Familie den Besitz zu erhalten, aber sie lehnt den Heiratsantrag des Erben, ihres Cousins Mr. Collins, ab. Auch den Antrag Mr. Darcys, Eigentümer eines großen Herrensitzes in Derbyshire, weist sie zurück, weil sie ihn für arrogant hält und ihm vorwirft, eine Verbindung zwischen seinem wohlhabendem Freund Bingley und ihrer älteren Schwester Jane verhindert zu haben. Elizabeth lässt sich, anders als ihre Freundin Charlotte Lucas, nicht auf eine Ehe aus ökonomischem Kalkül ein und geht doch am Ende, von ihren Vorurteilen befreit und zur Selbsterkenntnis gelangt, durch die Annahme von Darcys zweitem Antrag eine höchst vorteilhafte Ehe ein.

Der Roman präsentiert ein ganzes Spektrum von Einstellungen zur Liebe, von der spontanen Liebe der ältesten Bennet-Tochter Jane bis zur ungezügelten Sinnlichkeit der jüngeren Lydia, die zum willigen Opfer des Verführers Wickham wird. Mit Nebenfiguren wie dem selbstverliebten Pfarrer Mr. Collins, der seine seelsorgerischen Pflichten bei Weitem nicht so ernst nimmt wie die Aufgabe, seiner adligen Gönnerin Lady Catherine de Bourgh seine Devotion zu bekunden, wird, anders als in *Sense and Sensibility*, Sozialkritik eher komisch als satirisch artikuliert. Kritik an der Aristokratie zeigt sich in der Art, wie Elizabeth Lady Catherines arroganten Versuch, eine Ehe zwischen ihr und ihrem Neffen Darcy zu verhindern, zurückweist.

Die Beziehung zwischen Darcy und Elizabeth durchläuft verschiedene Phasen. Am Anfang stehen sie sich – bedingt durch ihre unterschiedliche gesellschaftliche Position, durch Missverständnisse und Vorurteile – verständnislos gegenüber, obwohl in ihren Dialogen, die vor allem von Elizabeths Ironie und Schlagfertigkeit geprägt sind, ein Aufeinanderbezogensein deutlich wird. Elizabeths Vorurteile werden durch Wickham bestärkt, der Darcy verleumdet. Der Höhepunkt der Missverständnisse ist bei Darcys erstem Heiratsantrag erreicht. Ein Wandel in Elizabeths Einstellung nimmt seinen Ausgang, als sie einen ausführlichen Brief von Darcy erhält, der sie zu intensiver Selbstkritik veranlasst. Eine weitere gefühlsmäßige Hinwendung zu Darcy ist das Resultat des Besuchs seines Herrensitzes Pemberley. Aus dessen Schönheit und Gepflegtheit und aus der offensichtlichen Fürsorge Darcys für die Bediensteten und die Pächter schließt sie – bestärkt durch das positive Urteil ihres Onkels und ihrer Tante – auf Bildung, Geschmack und innere Werte des Besitzers. Eine Fehleinschätzung unterläuft ihr aber auch dann noch, weil sie trotz deutlicher Signale – etwa Darcys Einsatz für ihre Familie im Zusammenhang mit dem Schicksal Lydias, die mit Wickham durchgebrannt ist – nicht erkennt, dass er sie noch liebt. Am Ende stehen Darcy und Elizabeth als Menschen da, die zu Selbsterkenntnis und Verständnis des anderen gelangt sind. Auch Elizabeths Schwester Jane und ihr Verehrer Bingley haben eine (wenn auch weniger tief greifende) Entwicklung durchlaufen.

Pride and Prejudice zeichnet sich durch eine Weiterentwicklung des figurengebundenen Erzählens aus, die Perspektivierung durch Elizabeth dominiert zunehmend. Ihre Reaktionen auf das Geschehen und die inneren Prozesse, die zur Identitätsfindung führen, werden mit Hilfe der ›erlebten Rede‹ dargestellt. Es ist ein Zeichen von Austens Kunst, dass neben der Entwicklung der Perspektive durch die Hauptfiguren eine Dialogisierung des Romans stattfindet. Die brillante Dialogtechnik ist wie die Standpunkttechnik ein Zeichen des Rückzugs des Erzählers als expliziter Vermittlungsinstanz. Ironie zeigt sich in der distanzierenden

Darstellung des ›happy ending‹, wenn es heißt, dass sich Darcy nach der Annahme seines Hochzeitsantrags »so vernünftig und warm ausdrückte, wie es von einem leidenschaftlich verliebten Mann zu erwarten ist«. Auf diese Weise setzt sich Austen von den sentimentalen Romanen mit ihren gefühlsseligen Ausgängen ab.

Aufgrund seiner intelligenten und schlagfertigen Protagonistin, der vor Witz sprühenden Dialoge und der Komik in der Zeichnung der Nebenfiguren ist *Pride and Prejudice* der beliebteste und am häufigsten verfilmte Roman Austens. WOLFGANG G. MÜLLER

Maria Edgeworth

* 1. Januar 1767 in Black Bourton/Oxfordshire (Großbritannien)
† 22. Mai 1849 in Edgeworthstown/County Longford (Irland)

Herkunft aus einer anglo-irischen Adelsfamilie; ab 1775 Schulzeit in England; ab 1782 auf dem Familiengut Edgeworthstown in Irland; ab 1787 literarische Versuche; zahlreiche, thematisch brisante Regionalromane; ab 1814 Briefwechsel mit Walter Scott; Verdienste als Verwalterin von Edgeworthstown, zumal in den Hungerjahren 1845–1847; zunehmende Loslösung vom Väterlichen wie vom Kolonial-Englischen; (Mit-)Begründerin der Familiensaga wie des Regionalromans und der ›National Tale‹.

Weiteres Werk: Der Absenter (The Absentee, 1812).

Meine hochgeborene Herrschaft / Castle Rackrent. An Hibernian Tale. Taken from Facts, and from the Manners of the Irish Squires, Before the Year 1782

Die erzählerischen Innovationen des erfolgreichsten Romans der Autorin aus dem Jahr 1800 wurden erst in jüngster Zeit von der Forschung gewürdigt: Castle Rackrent gilt als der erste historische Roman – noch vor Walter Scotts Waverley –, der erste Regionalroman und als der erste Roman, dessen Erzähler als ›unzuverlässig‹ einzustufen ist. Sir Walter Scott erwähnte in seinem »General Preface« (1829), dass Edgeworths Beispiel ihn zum Schreiben ermuntert habe und beruft sich im »Nachwort« zu Waverley auf die Verdienste der Autorin um das junge Genre des historischen Romans. Zudem wird der kurze und episodisch strukturierte Text, in dem das Geschehen aus der subjektiven Sicht eines irischen Dieners anglo-irischer Landbesitzer vermittelt wird, als erster Kolonialroman angesehen. Thady ist ein sehr frühes Beispiel für eine Erzählung aus Sicht der unteren Schichten. Die Glaubwürdigkeit seiner Perspektive wird durch die klischeehafte Überzeichnung des treuen irischen Dieners unterminiert.

Im Vorwort des für das 18. Jh. typischen fiktiven ›Herausgebers‹, der den in der Mundart des Bediensteten Thady Quirk erzählten Text durch Fußnoten erläutert, wird die Parteilichkeit des »illiterate old stewart« gegenüber seinen Herren bereits benannt. Der Wahrheitsgehalt der Geschichte des »honest Thady« ist dem Herausgeber zufolge für den Irlandkenner sofort ersichtlich. Diese Aussage ist jedoch doppeldeutig, da es sich bei Castle Rackrent um einen thematisch und formal ambivalenten

Text handelt: Dies ist bereits im Titel mit der Dichotomie von ›tale‹ versus ›fact‹ angedeutet. Der Ich-Erzähler Thady gibt an, »out of friendship« für die Familie Rackrent zu schreiben, die ihm und den Seinen ein bequemes Leben ermöglicht habe. Die Ambiguität der Erzählung und der Beziehung zwischen Herren und Dienern besteht darin, dass Thady unbeabsichtigt die vielfältigen Schwächen der Rackrents – der ›sprechende Name‹ ist in etwa mit ›Wucherpracht‹ zu übersetzen – aufdeckt, statt deren heroische Familiengeschichte zu erzählen: Sir Patrick ist ein Alkoholiker, dessen einzige Errungenschaft in der Erfindung von Himbeerwhiskey besteht; sein winkeladvokatischer Erbe Sir Murthagh verliert »aus Liebe zum Gesetz« einen Teil des Besitzes in ebenso kostspieligen wie nutzlosen Prozessen; Sir Kit heiratet eine reiche Engländerin, die ihm jedoch ihre Diamanten zur Begleichung seiner Schulden verweigert, worauf er sie sieben Jahre lang einsperrt – Thady kommentiert dies voller Mitleid für seinen Herrn, der ja bei der Heirat keinen Hehl aus seinen monetären Motiven gemacht habe; Sir Condy, Thadys »great favourite«, verfügt nur über eine rudimentäre Bildung und überlässt die Verwaltung des Besitzes Thadys Sohn Jason, der ihm listig Haus und Hof abluchst. Die jeweiligen Ehefrauen der Gutsherren bewertet Thady nach dem Grad ihrer ›Liberalität‹ in der Haushaltsführung – je nachlässiger, desto besser (für die Dienerschaft).

Auch wenn Thady seinen Sohn für seine raffgierigen Machenschaften tadelt, können seine vehementen Loyalitätsbeteuerungen nicht verschleiern, dass auch er von der Nachlässigkeit der Rackrents und deren Niedergang profitiert – er unterscheidet sich daher nur graduell, nicht kategorial von dem geschäftstüchtigen Jason. Schon dem Kind Condy hatte Thady seine Version der Familiengeschichte erzählt und somit früh seine implizite Wertung eines ›guten‹, d. h. leichtfertigen Gutsherrn insinuiert. Gerne hätte er seine Großnichte Judy als Sir Condys Ehefrau gesehen, dieser entscheidet sich dann aber per Münzwurf für die reiche Isabella, die daraufhin jedoch enterbt wird. Das verschwenderische Paar gerät bald in finanzielle Nöte. Der Ruin der Rackrents und der Verkauf des Schlosses an Jason sind nicht aufzuhalten.

Edgeworth stellt die Frage nach der Legitimität der anglo-irischen Herrschaftskaste – einer Schicht, der sie selbst angehörte. Sie kannte den ausschweifenden, selbstzerstörerischen Lebenswandel, den Familien in der Position der Rackrents an den Tag legten, aus eigener Anschauung. Indem die Eigenschaften, die der unzuverlässige Erzähler Thady an den

Rackrents so sehr bewundert, als absurd und lächerlich erscheinen, soll der Lebensstil der Rackrents als Negativbeispiel dienen. Als warnende ›counter-narrative‹, die sich hinter Thadys panegyrischem und zugleich brüskierendem Text verbirgt, steht der reale irische Aufstand des Jahres 1798 in unmittelbarer zeitlicher Nähe zur fiktiven Handlung.

IRINA BAUDER-BEGEROW

Sir Walter Scott

* 15. August 1771 in Edinburgh/Schottland (Großbritannien)
† 21. September 1832 in Abbotsford, Borders/Schottland (Großbritannien)

Studien an der Universität Edinburgh; 1789 historische Aufsätze; ab 1792 Anwalt; ab 1796 Übersetzungen (Bürger; Goethe); 1802/03 Sammlung der »Border Ballads«; seit seinem ersten historischen Roman 1814 unerhörte Absatzerfolge, zahllose Übersetzungen, Weltruhm; 1820 geadelt; 1826 Verlagszusammenbruch, Insolvenz; frenetisches Schreiben, um Schulden zu tilgen; vollzog den paradigmatischen Wandel vom Ependichter zum historischen Romancier; Initiator und Gestalter der dominierenden literarischen Erinnerungskultur des 19. Jh.s; Historiker, Antiquar, Kritiker, Herausgeber.

Weitere Werke: Der Astrolog, eine caledonische Wundersage (Guy Mannering or, The Astrologer, 1815), Der Althertümler (The Antiquary, 1816), Der Kerker (The Heart of Midlothian, 1818), Die Braut. Ein romantisches Gemälde (The Bride of Lammermoore, 1819), Kenilworth (Kenilworth, 1821), Woodstock, romantische Darstellung aus den Zeiten Cromwells (Woodstock. Or, The Cavalier, 1826).

Waverley, oder Schottland vor 60 Jahren / Waverley. Or, 'Tis Sixty Years Since

Wer den während der napoleonischen Jahre entstandenen, bereits 1810 vom Verlag angekündigten, aber großenteils erst 1813/14 geschriebenen und am 7. Juli 1814 veröffentlichten Roman, den bestverkauften seines Jahrgangs in Großbritannien, heute in die Hand nimmt, hat es mit einem Klassiker, mit einem der reichhaltigsten und nachweisbar einflussreichsten Werke der jüngeren Weltliteratur zu tun, aber auch mit dem zu einem Klassiker gehörenden Disput.

Auslöser der Innovationen und Irritationen sind ein neugewählter Stoff sowie ein neuer, diesen erkundender Plot. Der ursprünglich dreibändige historische Roman spielt im England und Schottland der Jahre 1745/46 und somit zur Zeit des letzten Jakobiteraufstands, den nicht nur Scott als Wasserscheide auffasst. Denn als der charismatische, aber kriegsunerfahrene Prinz Charles Stuart, Sohn des katholischen Prätendenten aus der 1689 gestürzten Stuart-Dynastie, mit Hilfe einiger Clans versuchte, die protestantische Hannoveraner-Monarchie zu entthronen, stürzte er seine Heimat ins Chaos, die eigene Sache in den Ruin und die

Schotten, zumal die historisch und politisch denkenden, in eine noch anhaltende Kontroverse. Die Schlacht bei Culloden im April 1746, in der die anfangs von erstaunlichen Erfolgen beflügelte Erhebung desaströs kulminierte, war nicht nur die bislang letzte Schlacht auf britischer Scholle, sondern die Todesglocke des noch feudalen Clan-Systems sowie der gälischen Kultur der Highlands und eine Wiege des neuen, von kommerziellem Aufschwung, Emigration, Empire-Engagement und Anglisierung geprägten Schottlands, in dem sich allerdings der separatistische Gedanke nie geschlagen gab. Bereits an dieser Brisanz entzünden sich die – nicht immer textnah ausgetragenen – Deutungskonflikte.

Hinzu kommt Scotts Umgang mit dem Stoff. Die Erhebung war zwar bereits Gegenstand literarischer Darstellung, etwa am Rande von Fieldings *Tom Jones* (1749), aber keine Behandlung kam über das Tendenziöse hinaus. Dies ändert sich mit Scotts, zwar ebenso eigene Befindlich- und Begehrlichkeiten verratendem, aber auch nach Erkenntnis suchendem, austarierendem Wurf.

Etwa Anfang 1745 reist der aufgeschlossene, jedoch eher ungenügend vorbereitete Jungadlige Edward Waverley in der Begleitung einiger Gefolgsleute von dem südenglischen Landsitz seiner Väter ins Ostschottische. Dort stößt er zu seiner in der Grafschaft Angus stationierten Truppe, nimmt aber, des Armeelebens bald überdrüssig, im Frühsommer Urlaub, um einen jakobitischen Familienfreund, den Baron of Bradwardine, und dessen Tochter Rose auf Schloss Tully-Veolan am Rande der Highlands zu besuchen. Aus seiner ersten Reise wird also eine zweite, und aus dieser sollen gleich mehrere werden, bis Edward nicht nur in die Clan-Kultur eingedrungen, sondern auch in den Aufstand, die Schlacht bei Prestonpans, die Invasion Englands und den Rückmarsch bis Clifton geraten ist, wobei die Reisen ihn auch in Loyalitätskonflikte, in Misskredit, in die Verantwortung, in Entscheidungsnotwendigkeiten und in die Reue sowie letztendlich zur Raison und damit in die Realität und in die Arme von Rose führen.

Hauptpole der kontrastreich angelegten Handlung sind somit: Nation und Union; Jakobitismus und Regierungstreue; Aufstand und zivile Ordnung; Hochland und Tiefland; Rückständigkeit und Wandel; Eigenständigkeit und Zentralismus; Alleingang und Homogenisierung; Nationalvorurteil und interkulturelle Toleranz; Romanze und Realismus; Verführung und Vernunft. Es stehen sich das Schätzenswerte und das Zukunftsträchtige, das Unwiederbringliche und das Unaufhaltsame gegenüber. Wie sich herausstellen sollte, war damit die Thematik der historischen Fiktion auf Jahrzehnte hinaus weitgehend abgesteckt.

Die Pole werden von einer Personenpalette inszeniert, die zeitgenössische Ausmaße hinter sich lässt – sie übertrifft Jane Austens um das Zwei-, Maria Edgeworths um das Fünffache. Zu den zentralen Figuren gehören: der gebildete, aber herrschsüchtige Clanführer, Fergus MacIvor; seine charismatische Schwester Flora; der Clan-Tugenden exemplifizierende Evan Dhu; der antiquarischen Neigungen frönende Bradwardine; die bescheiden-charmante, aber auch findige Rose; der seriöse Colonel Gardiner, Edwards Kommandeur, der bei Prestonpans stirbt; und der von Nationalvorurteilen behaftete englische Captain Talbot, der ausgesandt wird, den verschollenen Edward zu finden. Keineswegs zentral hingegen ist der ›Bonnie Prince‹, ihn und alle anderen umgeben nicht nur etwa 100 weitere namentlich genannte und oft lebendig charakterisierte Personen, sondern auch zahlreiche Gruppierungen.

Vergleicht man Plot und Personenkreis mit dem realen Verlauf des Aufstands, so treten wichtige Unterschiede zutage. Die Nicht-Jakobiter unter den Schotten fehlen weitgehend, die Schlacht bei Culloden und die anschließenden, brutalen Verfolgungen, die Scott anderswo verurteilt, fehlen völlig. Die ›silences du texte‹ machen deutlich, dass es Scott weniger um den Aufstand an sich als um die ihm zugrunde liegende Gleichzeitigkeit des Ungleichzeitigen und die daran ablesbare sozialgeschichtliche Weggabelung ging. An dieser Wegscheide zögerte er merklich. Fergus und Flora sind unverkennbar die leuchtendsten Figuren.

Scotts wichtigste Textstrategie war es, das eigene Zaudern in seinen Protagonisten hineinzuverlegen. Edward kommt, wie bereits sein Familienname besagt, die Rolle des zögerlich Abwägenden zu. Der mindestens 2000 Meilen im Dienste seines Autors Zurücklegende ist Kundschafter, Sonde, Mittelsmann. Dass er und seinesgleichen mittlerweile als ›Waverley heroes‹ rubriziert werden, bedeutet aber nicht, dass er charakterlos-blass wäre. Indem er sich für die anglisierte Rose, aber auch für den schottischen Landsitz an der Highland Line entscheidet, zeigt er eine Fähigkeit zum Kompromiss, die anderen oft abgeht. Gerade im Vergleich zu Talbot tritt seine Zukunftsfähigkeit hervor.

Nicht von ungefähr verrät die Fabel mehrere Züge der Romanze, von der sich ein gereifter Edward lossagen muss: die gefährliche Reise (›agon‹), den Kampf (›pathos‹), die Einsicht (›anagnorisis‹). Die zu dieser Einsicht führenden Begegnungen mit dem sterbenden Gefolgsmann

Houghton, dem seinen Verletzungen erliegenden Gardiner und dem zur Raison mahnenden Talbot werden zum Topos des jungen historischen Genres. Geradezu konstitutiv wurde das Reise-Motiv, das einer doppelten Zeitreise gleichkommt: in die Vergangenheit des Jahres 1745 und in die zweifache Vergangenheit der gleichzeitig-ungleichzeitigen Highland-Kultur hinein. Zu dieser Reise bis an den Rand des noch Vertrauten und über den Rand hinaus ins Abgelegene, Zeitverrückte brechen zahlreiche historische Romanciers von Cooper über Balzac bis Puškin auf. Überall werden Zeitkonflikte diagnostiziert, wird Letztheit entdeckt. Die Gattung steht im Zeichen dieses »Nicht alle sind im selben Jetzt da.«

Schule machte auch das Tribunal, vor dem Edwards Tun militärgerichtlich auf die Waagschale gelegt wird. Die divergierenden Versionen seines Handelns, die scheinbar inkulpierenden Dokumente, die Rolle des Gerüchts verleihen dem Werk metahistoriographische Elemente, das Auftreten eines letzten Barden und die vielen intertextuellen Bezugnahmen auf alte Epen haben metafiktionalen Charakter. Das Doppel-Leben des (Anti-)Helden – das ahnungslos nach vorne gelebte und das konsterniert mit rückwärtsgekehrtem Blick neu verstandene – mündet letztlich in die Geschichtsphilosophie eines Lev Tolstoj.

In der vom Wandel verunsicherten ›Sattelzeit‹ hatte das Werk stabilisierenden, versöhnenden Charakter. Dank Edward erlebt der Leser die Tugenden der Highlanders, aber auch das Parasitäre und Überholte ihrer Lebensweise. England und die anglisierten Lowlands stehen im Zeichen der ›diva pecunia‹, bergen aber dafür andere Sicherheiten.

Wohltuend wirkt der Roman auch, wenn man ihn mit der zeitgenössischen Historiographie des Aufstands vergleicht. Scotts Plot ist das Ergebnis jahrzehntelanger Quellenanalyse. Seine Abbotsforder Bibliothek enthielt weit über 200 separate Schriften zum Thema. Selbst von den bekanntesten unter ihnen, den Geschichten von Ray (1754) und Home (1802), nahm er indes in Kommentar oder Rezension Abstand. *Waverley* ist breiter, kausal aufschlussreicher, aber auch ausgewogener.

Der Roman machte in Edinburgh Furore. Rezensenten fanden die Mischung von Historie und Fiktion zwar bedenklich, priesen aber die Charakterpalette und die Detailtreue. Das intensiv vermarktete Werk, das in den ersten Wochen 1000 und bis Jahresende 6000 Exemplare absetzte, wurde zu einem der Topseller und meistanalysierten Romane der Zeit; bis 1836 gingen 60 000 Bände über britische Ladentische. Bis Ende 1814 hatten Lord Byron, Maria Edgeworth, Jane Austen und Thomas

Carlyle das Werk gelesen, William Wordsworth zog im Frühjahr 1815 nach. Im Juli 1817 brachte ein begeisterter Ludwig Tieck das Werk aus London nach Berlin, 1821 wurde es ins Deutsche übersetzt.

Der Rest ist Literaturgeschichte. Aber just dort brechen die Dispute nicht ab. Wie neu ist das Neue des Romans? Wie viel verdankt sich dem Regionalroman? Gab es nicht bereits zwei Romanfiguren namens Waverley? Jedem Anfang geht eben ein Vor-Anfang voraus.

Nichtsdestotrotz: Waverley stellt nicht nur im Schriftstellerleben Scotts die entscheidende Wegstrecke und Relaisstation dar, sondern ist der wichtigste Roman der napoleonischen Epoche. In einer Welt, die nach wie vor an ihren Ungleichzeitigkeiten laboriert, hat sich das Waverley-Modell als einer der meistgeborgten und erhellendsten, disputfähigsten ›plots‹ der Literaturgeschichte erwiesen. Das Werk, ein Meilenstein in der Neuverteilung wie -ausrichtung der mnemonischen Aufgaben der Gesellschaft, steht auf der sozialgeschichtlichen Passhöhe mit Aussicht auf unsere zunehmend wandel- und verlustbewusste, herkunfts- und musealisierungsbedürftige Kultur. RICHARD HUMPHREY

Ivanhoe / Ivanhoe. A Romance

Der ab Juli 1819 nach schwerer Krankheit von Scott teils diktierte, teils handgeschriebene Roman trägt zwar das Datum 1820, erschien aber bereits am 18. Dezember 1819. Die mitreißende Fabel über wahre und falsche Loyalitäten und Zugehörigkeiten in einer Zeit der persönlichen wie nationalen Gefahr gehört zu Scotts anhaltend populärsten und auflagenstärksten, aber auch folgenträchtigsten, kontroversesten Werken. Erstmals verfasste Scott einen Roman mit nichtschottischem Sujet, erstmals verlegte er ihn in keine jüngere, tradierte, debattierfähige Vergangenheit, sondern ins ferne, unverbürgte und von Legenden umrankte Hochmittelalter. Dabei erfolgt eine Verschiebung der Verhältnisse zwischen ›facta‹ und ›ficta‹. Wurde in Scotts großen Werken ein fiktiver Held in verbürgte Geschehnisse hineingesandt, um deren soziale Dimensionen zu erkunden, wird hier mit Geschehnissen wie mit historischen Figuren und Legenden geradezu jongliert. Ivanhoe ist nicht mehr die Geburt der historischen Fiktion aus dem Geist der Forensik, sondern die Erfindung des historischen Tableaus mit den Mitteln der Collage.

Zeitrahmen ist das ausklingende 12. Jh. am Ende des dritten, gegen Saladin geführten Kreuzzugs. Schauplatz sind die urenglischen Grafschaften Yorkshire und Nottinghamshire, die 130 Jahre nach der normannischen Eroberung 1066 zunehmend französisch geprägt sind. Kulisse sind einerseits die Trutzburgen und Turnierplätze der Eroberer, andererseits die schlichteren Behausungen der Besiegten. Hauptversatzstücke sind diverse Personengruppen, die Scotts Vision bzw. Version der vorherrschenden sozialen Verhältnisse inszenieren sollen.

Auf normannischer Seite treten auf: der gerade aus Kreuzzug und österreichischer Geiselhaft heimgekehrte Richard I., genannt ›coeur de lion‹, sein um die Krone buhlender Bruder, der künftige John I., sowie die mächtigen Barone, die diesem 1215 die *Magna Carta* abtrotzten. Ihnen gegenüber stehen die unter fremdem Joch schmachtenden Engländer, zumal der entmachtete Edelmann Cedric, seine Schutzbefohlene, die sächsische Schönheit Rowena, und der rüde Athelstane von Coningsburgh, der, weil der urenglischen Herrscherlinie entsprießend, sich Hoffnungen auf Rowenas Hand macht. Ebenfalls an Fremdgesetz und Fremdwillkür leiden die findigen, disziplinierten, langbogenversierten Geächteten, die sich um den edelmütigen Locksley scharen.

Die Fabel ist eine Variation des Sprichworts ›Katz aus dem Haus, freut sich die Maus‹ – nur, dass die Katze, Richard I., nicht mehr aushäusig ist, sondern inkognito als Ritter sein Königreich durchreitet, und dass sein Bruder John die Maus abgibt. Ein Bruderzwist im Königreich. Ein Wilhelm Tell auf der Insel. Aber auch: ein geschichtsphilosophischer Wurf von geradezu Hegel'scher, triadisch angelegter Dialektik. Denn letztendlich verbünden sich ausgerechnet die Engländer mit Richard, der mit ihrer Hilfe seinen Bruder überwindet, um ihm dann zu vergeben, wobei der Titelheld und Jungritter Ivanhoe, der längst an Richards Seite ficht, aber deshalb von seinem Vater Cedric verstoßen wurde, symbolträchtig seine Jugendliebe Rowena zur Braut nehmen darf und so zum Hoffnungsträger eines künftigen, moderneren, von beiden Traditionen zehrenden Englands avanciert.

Ob es diese Konstellation je gegeben hat, ob die Engländer 1190 noch gegen die Normannen opponierten, ob der fast ausschließlich landesferne Richard die Rolle eines vorsorglichen Landesvaters erfüllte, ob der ohnehin legendäre Robin überhaupt in der Epoche lebte, ist alles andere als sicher. Fest steht, dass Richard keineswegs inkognito, sondern mit Fahnen und Fanfaren heimkehrte und dass er sich mit dem Bruder erst später, auf französischer Scholle, versöhnte.

Aber so unverbürgt der Hergang, so sicher der Effekt. Das Werk, das Wunschvorstellungen eines tapferen, widerstandskräftigen, aber konziliant das Gute im Fremden in sich aufnehmenden Englands fleißig bedient, hatte das Zeug zum Nationalmythos. Noch unlängst erkor es ein britischer Premier zu seinem Lieblingsroman.

Der Roman ist umso nationallastiger, als das Tableau zwei weitere Personengruppen aufnimmt, die aus unterschiedlichen Gründen das Land verlassen müssen: einerseits die finsteren Statthalter des Herrn, die teils asketisch-bigotten, aber stets machtgierigen Mönchsorden, allen voran die Tempelritter sowie andererseits die keinem Lager zugehörige, von beiden verachtete, aber beiden auch unentbehrliche jüdische Kolonie mit ihren Repräsentanten Isaac, einem talentierten Geldhändler, und seiner betörend schönen, die jüdische Heilkunst beherrschenden Tochter Rebecca. Dass diese den im Turnier verwundeten Titelhelden heilt und er sie wiederum vom Tod auf dem Scheiterhaufen der Eiferer rettet, ist das markanteste Sinnbild der Konfessionen, Völkergruppen und Generationen einbindenden Aussöhnung, in deren Zeichen das Werk steht.

Im sozial turbulenten Jahr 1819, das eher von Unruhen, Umsturz-Ängsten und Verstocktheiten geprägt war, entwirft Scott bewusst das Bild eines integrativen, Dissonanzen entschärfenden Gesellschaftskonsenses. Wenn am Schluss die leuchtendste Gestalt des Romans, Rebecca, samt ihrem Vater England den Rücken kehrt, um im toleranteren Spanien eine Bleibe zu finden – 1290 wurden die Juden tatsächlich des Landes verwiesen, um erst 1656 unter Cromwell wieder zugelassen zu werden –, wird das Desiderat der sozialen Harmonie nur noch unterstrichen.

Ebenfalls zeitgemäß am Roman ist sein doppeltes Verhältnis zur Romanze. Zwar weist die Fabel zahlreiche Elemente des Genres auf: die zweierlei Heldinnen, die magischen Heilkräfte Rebeccas, die vielen Maskeraden. Dessen ungeachtet lehnt das Werk explizit die Romanze als Lebensfibel ab. Gerade Richard I. wird wiederholt des durch romanzenhaftes Handeln bedingten, fehlenden Verantwortungsbewusstseins bezichtigt.

Entsprechendes gilt für das ritterliche Gedankengut. *Ivanhoe* ist alles andere als ein Hohelied auf das Rittertum, immer wieder wird auf dessen menschliche Schwächen hingewiesen. In einer Schlüsselszene des Romans bei der Belagerung von Burg Torquilstone erzählt Rebecca dem verwundet darniederliegenden Ivanhoe den verlustreichen Verlauf der Schlacht, dabei immer wieder seine ritterlichen Vorstellungen konterkarierend. Ist die Geschichte der Romanliteratur nicht zuletzt eine Geschichte von Gegenromanen, so ist *Ivanhoe* am ehesten als Anti-Ritterroman zu bezeichnen. Erhellende Begleitlektüren sind hierbei Scotts bekannte Lexikonartikel zum Rittertum und zur Romanze.

Man stellt fest: *Ivanhoe* ist moderner als sein Sujet, facettenreicher als sein Ruf, tiefsinniger als mancher Einband, anders als das von seinen Kritikern entworfene Zerrbild. Der Vorwurf eines Mark Twain etwa, Scott habe verlogenen Allüren, verlogenem Tand, verlogenem Rittertum und dadurch dem Kriegs- und Kampfwahn Vorschub geleistet, hält einer Analyse des Romans nicht stand.

Unbestritten ist allerdings die Resonanz des Werks, seine Rezeption fulminant zu nennen, wäre ein Understatement. Die ersten 10 000 Exemplare zu dem damals unerhörten Preis von 30 shillings waren in nur zwei Wochen restlos ausverkauft, Neuauflagen konnten der Nachfrage nicht nachkommen. Sowohl in Edinburgh als auch in London überboten die maßgebenden Zeitschriften einander mit Lob. Kritik entzündete sich, wenn überhaupt, an den blässlich geratenen Figuren von Rowena und dem ihr Bestimmten. Die zahlreichen Übersetzungen leiteten die furiose Scott-Rezeption auf dem europäischen Festland ein.

Rasch wurde auch das Bühnenpotenzial der Vorlage erkannt. Bereits 1826 legten Rossini und Deschamps eine Opernfassung vor, 1829 schrieb der Zittauer Heinrich Marschner mit *Der Templer und die Jüdin* ein deutsches Pendant. Auch Pacini (1832), Nicolai (1840) und Sullivan (1891) ließen sich zu Opern inspirieren, Schubert zu Liedern. Eine erste Filmversion erschien 1913, in den Rollen der Hauptfiguren versuchten sich seitdem so bekannte Mimen wie 1952 Elisabeth Taylor und Joan Fontaine, 1958 Roger Moore, 1970 Eric Flynn sowie 1982 Anthony Andrews. Die jüngste, sechsteilige BBC-Version datiert von 1997.

Thackerays persiflierende Fortsetzung *Rebecca and Rowena* (1850) macht indes auf die Schattenseite der Rezeption aufmerksam. Denn es kann nicht übersehen werden, dass *Ivanhoe*, anders als Scotts größere Romane, auch dubiose Nachkommen gezeugt hat. Hätte es ohne *Ivanhoe* die ganze Hereward- und Ekkehardisierung der Literatur, die Sturmflut von Mittelalter-Romanen aus Federn, die in Sachen Nation anderes im Visier hatten, in Sachen Wehrhaftigkeit anderes im Schilde führten, je gegeben? Unter den vielen narrativen Türen, die Scott aufstieß, ist diese die bedenklichste, denn hier wird der Geschichtsklitterung Tür und Tor geöffnet. Auch große Autoren sind bisweilen kaum vor ihren Lesern zu retten, vor ihren Vermarktern noch weniger, vor ihren Epigonen erst recht nicht. RICHARD HUMPHREY

William Wordsworth/
Samuel Taylor Coleridge

William Wordsworth
Biographie siehe Seite 51

Samuel Taylor Coleridge
* 21. Oktober 1772 in Ottery St Mary/Devon (Großbritannien)
† 25. Juli 1834 in Highgate/London (Großbritannien)

Ab 1791 breitangelegtes Studium am Jesus College in Cambridge (ohne Abschluss); 1794 Bekanntschaft mit Robert Southey, erste Lyrikveröffentlichung, erste Vorlesungen zu Politik, Religion, Erziehung; Wanderprediger; 1797 Bekanntschaft mit den Wordsworths: Grundsteinlegung der englischen Romantik; Lektüre von Kant, Schiller, Schelling, A. W. Schlegel; Opiumsucht; 1808 18 Vorlesungen »On Poetry and the Principles of Taste«; Herausgeber von *The Friend* (28 Nummern 1809–1810); 1810 Bruch mit den Wordsworths; tiefe Depressionen, 1813 Zusammenbruch; 1814 Rekonvaleszenz bei Bath; ab 1816 in London; Ende der dichterischen Tätigkeit, verstärkte Wende zur Vorlesung: 1816–1817 *Lay Sermons*, 1818–1819 »History of Philosophy«, »General Course on Literature«; Wiederaufnahme der Beziehung zu Wordsworth: 1828 gemeinsame Reise nach Deutschland, Treffen mit F. Schlegel; vereinzelte späte Gedichte; wichtigster Vermittler zwischen englischer und deutscher Romantik.

Lyrical Ballads
In der nach dem ersten Erscheinen im Jahr 1798 mehrmals erweiterten und veränderten (1800, 1802, 1805) Anthologie legten Wordsworth und Coleridge ›experimentelle‹ Gedichte vor, die sie nach von ihnen neu entwickelten Auffassungen vom dichterischen Vorgehen verfasst hatten. Ihre (nicht identischen) Dichtungstheorien finden sich im Vorwort zu den *Lyrical Ballads* von 1800 (überarbeitet 1802, 1836, 1850) und in Coleridges *Biographia Literaria* (1817). Die erste Ausgabe der *Lyrical Ballads* enthält 19 Beispiele für Wordsworths ›einfache‹ und vier Proben von Coleridges ›übernatürlicher‹ Dichtung (darunter »The Rime of the Ancient Mariner«; Das Lied des alten Seemanns).

Das Experimentelle der Anthologie liegt in der Verwendung eines nach den klassizistischen Kriterien für dichterische Sprache unpoetischen Idioms begründet, der Sprache des ›low and rustic life‹ (des niederen und bäuerlichen Lebens), das allerdings vor der Verwendung in Lyrik erst ›gereinigt‹ (›purified‹) werden müsse. Wordsworth begründete im Vorwort zur Ausgabe von 1800 die Wahl dieser Diktion mit dem Hinweis, dass nur der einfachen Sprache unvermittelte Bezeichnungskraft eigne: Einfachheit und Natürlichkeit machten die ungeschmückte Sprache zum Medium eines ›philosophischen‹ Sprechens, das an die ideale Einheit zwischen Namen gebendem Menschen und Natur in der Zeit vor dem Sündenfall anknüpfe. Mit dieser Konzeption einer philosophischen Natursprache widersprach Wordsworth Coleridge, für den Sprache Ergebnis rationaler Auseinandersetzung mit der Wirklichkeit war und Bewusstseinsinhalte wiedergab, nicht die Dinge selbst. Für Wordsworth stand dagegen fest, dass der nicht reflektierende Geist in einfachen Situationen unmittelbar die Gesetzlichkeit der Natur erfasse. Die bei diesem Vorgang verwendete einfache Sprache wollte er in die Sprache der Poesie verwandeln.

Poetisierung gelinge über das Erinnern jener Gefühle, die einfache Situationen bei ihrer ersten Betrachtung erwecken: »Poetry [...] takes its origin from emotion recollected in tranquillity« (Dichtung entsteht aus Empfindung, derer man sich in Ruhe erinnert). Ziel der *Lyrical Ballads* ist es daher, Bewusstseinszustände aufzuzeichnen, die aus der affektvollen Wiederholung von Erfahrungen entstehen. Um diese einfachen Situationen darzustellen, bedarf es der natürlichen Sprache. Diese ist damit zwar Medium der Naturspiegelung, der Inhalt der Gedichte gibt aber nachträglich gewonnene Einsichten wieder. Damit konnte Wordsworth die Dichtung als eigenständige Erkenntnisform neben Philosophie und Wissenschaft stellen.

Auch die poetischen Formen der *Lyrical Ballads* sind aus ›einfachen‹ Traditionen der mündlichen Volksdichtung entwickelt. In der Ausgabe von 1798 schöpfen die Autoren unter dem Eindruck von Thomas Percy und Gottfried August Bürger vor allem die poetischen Möglichkeiten der Ballade aus. Dabei kopieren sie aber nicht Gattungskonventionen, sondern arbeiten unballadenhaft und raffiniert Gefühle und Einsichten heraus, die die Stoffe evozieren können. Mit dieser Absicht reflektiert gleich das Eingangsstück der Anthologie von 1798, »The Rime of the Ancient Mariner«, das Verhältnis von Sprecher und Hörer. Wordsworths Texte gestalten Einsichten in Denken und Fühlen von Protagonisten, die als Außenseiter der Gesellschaft gelten – z. B. »The Idiot Boy« (Der schwachsinnige Junge) – und von in ihrer Besonderheit genau umrissenen Sprechern und Hörern – z. B. »The Thorn« (Der Dornbusch) und »Simon Lee«. Über Manipulationen der Balladenform wird dabei die Lesererwartung stets auf die Macht der Imagination gelenkt. So wird u. a. gezeigt, wie die ihren »Idiot Boy« bewundernde Mutter in ihrer Vorstellungskraft aus undeutbaren Gesten und Lauten Beweise für die Klugheit ihres Sohnes macht, oder wie in »The Thorn« ein in Stimmungen und Vorstellungen befangener Sprecher versucht, das Verhalten einer Geistesgestörten als Indiz für einen Kindesmord zu präsentieren.

Die Aufforderung, sich seiner selbst in schwierigen Lebenssituationen nicht zu entfremden, führt vor den ausgebreiteten Erfahrungen zu einer neuen Definition menschlichen Glücks. Dass Wünsche, Gedanken und Erinnerungen tatsächlich einen wertvollen Besitz abgeben, lehrt das Gedicht »We are Seven« (Wir sind sieben): Auch die verstorbenen Geschwister existieren in der Vorstellung des ›simple child‹: »If two are in the church-yard laid, / Then ye are only five.‹ / ›Their graves are green, they may be seen‹, / The little Maid replied« (»Wenn zwei von euch auf dem Friedhof ruhen, dann seid ihr doch bloß fünf!‹ – ›Ihre Gräber sind grün, man kann sie sehen‹, antwortete das kleine Mädchen«). Argumentieren und natürliches Gefühl stehen hier einander entgegen: Das Kind mit seiner lebendigen Vorstellungskraft kennt keinen Tod, und der Erwachsene, der vom Wert der Erinnerung nichts versteht, erweist sich als Ignorant.

Ziel zahlreicher Gedichte ist daher die Rückkehr zu den Anfängen des Lebens. Beispielhaft für den Umgang mit der eigenen Vergangenheit ist das meditative Landschaftsgedicht »Lines Composed a Few Miles Above Tintern Abbey« (Gedichtzeilen, die einige Meilen oberhalb der Abteiruine Tintern verfasst wurden). Ruhe und Harmonie einer vor fünf Jahren wahrgenommenen Szene – nicht etwa der gegenwärtige Anblick der Landschaft – schaffen dem sich Erinnernden Einheit mit der Natur. Der Text zeigt, dass die Beschäftigung mit früher gewonnenen Eindrücken Identitätsbewahrung ermöglicht, auch wenn sich das erinnernde Subjekt im Lauf der Zeit gewandelt hat. Damit stellt sich jenseits der Kindheit die Aufgabe, der heilenden Kraft der Natur durch Kultivierung der Erinnerung immer genauer gewahr zu werden, denn sowohl die kindliche Erfahrung des Einsseins mit der Natur als auch die Erinnerung an jene Harmonie bewirken die friedvolle Freude, dank derer man sich selbst im Wechsel der Jahre bewahren kann. In die Ausgabe von 1800 rückte Wordsworth einige der sogenannten Lucy-Gedichte ein, Elegien und Liebesgedichte zugleich, die die Intensität einer geistigen Verbindung mit der Natur über die Kraft der Erinnerung in der Auseinandersetzung mit einer Figur andeuten, die weder lebendige Persönlichkeit noch totes Gegenüber ist.

Mit den *Lyrical Ballads* wollten Wordsworth und Coleridge die englische Dichtung reformieren, beeindruckten zunächst aber nur eine Minderheit ihrer Zeitgenossen. Thomas De Quincey verglich die philosophische Durchdringung der einfachen Themen bewundernd mit dem Vorgehen der *Bibel*; Robert Southey hingegen schätzte die Spannung zwischen niederen Sujets und hohen Gedanken als missglückt ein. Inzwischen gilt die Anthologie unumstritten als Dokument einer radikalen Erneuerung der englischen Poesie. Neuere Untersuchungen gelten dem Verhältnis zwischen der dichterischen Praxis und Wordsworths Sprachphilosophie sowie der Präzisierung von der Traditionsbindung und dem Innovationsgrad der Gedichte. Auch dient die mehrmals erweiterte und umgearbeitete Sammlung als zentrales Beispiel für Forschungen zur ›Instabilität‹ literarischer Texte. STEPHAN KOHL

William Wordsworth

* 7. April 1770 in Cockermouth/Cumberland (Cumbria, Großbritannien)
† 23. April 1850 in Rydal Mount/Westmorland
  (Cumbria, Großbritannien)

1787–1791 Studium in Cambridge; 1790–1792 Reisen durch das revolutionäre Europa, Alpenüberquerung zu Fuß; 1791 und 1795 Kontakt zu Radikalen in London; danach zunehmende Entfremdung von den Idealen der Französischen Revolution; 1799 Haushaltsgründung in Grasmere mit seiner Schwester Dorothy Wordsworth und seiner späteren Frau Mary Hutchinson; 1813 gesichertes Einkommen durch Sinekure; bekannt oder befreundet u. a. mit Holcroft, W. Godwin, Scott, Lamb und De Quincey; Schlüsselfigur der britischen Romantik der ersten Generation; Hauptwerke bis 1807, ab etwa 1815 allmähliche nationale Anerkennung als Dichter; ab 1843 Hofdichter.

Weiteres Werk: *Präludium oder Das Reifen eines Dichtergeistes* (The Prelude or Growth of a Poet's Mind, 1805).

Das lyrische Werk

Mit Wordsworths früher Lyrik (und den Gedichten von William Blake und S.T. Coleridge) setzte in England – ganz unter dem Eindruck der Französischen Revolution – kurz vor 1800 die romantische Dichtung ein. Wordsworths Werk umfasst neben den Gedichten des genialen Aufbruchs auch zahlreiche Texte aus seinen vier späten Lebensjahrzehnten, die eher den Wert von Traditionen und institutionalisierter Religiosität sowie seine zunehmende Skepsis gegenüber der Industrialisierung Englands vermitteln. Seine Abwendung von der frühen revolutionären Aufbruchstimmung hin zu konservativer Grundhaltung veranlasste ihn immer wieder zur Überarbeitung seiner Jugendgedichte, so dass die Ausgabe letzter Hand (*Poetical Works* in 6 Bänden, 1849/50) die ursprüngliche Begabung des Autors nicht mehr widerspiegelt. Da Wordsworth zudem seit 1815 immer wieder anders gestaltete Ausgaben seiner Lyrik arrangierte – zu nennen sind insbesondere die Ausgaben von 1807 und 1815 –, sind Textgestalt und Anordnung des Werks bis heute ebenso umstritten wie die Frage nach der jeweils ›besten‹ Fassung eines Einzelgedichts.

Der Stimmungswert von Landschaften steht im Vordergrund von Wordsworths frühen Gedichten »An Evening Walk« (Ein Abendspaziergang), entstanden 1787 bis 1789, und »Descriptive Sketches« (Reiseskizzen), entstanden 1792. Ein von William Gilpins Ästhetik des Pittoresken geprägtes Naturempfinden sowie Elemente traditionellen Moralisierens über Jugend und Reife, Freiheit und Zivilisation werden in dieser topographischen Lyrik unter Verwendung von Bildern und Diktion der damals in England populären ›vor-romantischen‹ Dichtung von James Thomson, Thomas Gray und William Collins zu spätklassizistischen Naturgedichten verschmolzen, denen am Ausdruck individueller Gefühle und Ansichten noch nicht gelegen ist. Die Veröffentlichung dieser Texte (beide 1793) brachte dem Autor lobende Rezensionen ein.

Der Abschied von den Konventionen poetischen Schreibens vollzog sich ab 1797/98 mit dem Programm, den hohen poetischen Stil durch Verwendung der Sprache der einfachen Leute, »the real language of men« (Vorwort zu den *Lyrical Ballads* von 1800), in der Lyrik zu überwinden. Auf inhaltlicher Ebene entspricht dieser stilistischen Revolution der Abschied vom Verallgemeinerungsgebot des Klassizismus durch die Hinwendung zu den ›Naturgesetzen‹ menschlichen Fühlens. Die Aufgabe der Dichtung lag für Wordsworth nun nicht mehr in Exemplifizierung und Ausschmückung allgemeiner Wahrheiten, sondern in der Übermittlung idealer menschlicher Naturerfahrung. Unter dieser Zielsetzung legte er in seinen Gedichten die Emotionen und Einsichten dar, zu denen ihn die Meditation über einst erlebte Natureindrücke führte: Um »emotion recollected in tranquillity« (»Gefühl, in Muße erinnert«) kreisen die Gedichte.

Einige Texte, insbesondere Wordsworths wohl bekanntestes Gedicht »I Wandered Lonely as a Cloud« (Ich trieb einsam wie eine Wolke umher) – entstanden 1804 und auch als »The Daffodils« (Die Narzissen) bekannt –, machen als poetologische Zeugnisse mit dem Prozess bekannt, durch den sich Natureindrücke zu idealer Naturerfahrung wandeln. Damit rückt das Verhältnis zwischen Erinnerung und Gegenwart ins Zentrum der in den Gedichten ausgebreiteten Philosophie: Nur wenn das Bewusstsein der eigenen Veränderlichkeit sich mit einer Erfahrung der überzeitlichen Einheit der Natur paart, gelingt eine zutreffende Einschätzung menschlichen Daseins. Diese Einsicht ist schwer zu erlangen, da sich der Einzelne im Lauf seiner Entwicklung immer weiter von der Natur entfernt, so dass Naturerfahrung und Selbstwahrnehmung auseinandertreten, ein Thema, das schon in »Lines Composed, a Few Miles Above Tintern Abbey«, 1798 (Gedichtzeilen, die einige Meilen oberhalb der Abteiruine Tintern verfasst wurden), thematisiert wird. Unterbrechen lässt sich diese negative Lebensbahn nur durch die Suche nach »spots of time«, isolierten Augenblicken erinnernden Naturbewusstseins. Die Wirkung solcher Momente verdeutlicht wieder »The Daffodils«: Die Narzissen verlieren in der Erinnerung alles Konkrete und werden zu Teilen der kosmischen Ordnung. Vor der Erfahrung solch sinnstiftender Erinnerung war der Sprecher der sich in Harmonie bewegenden Welt entfremdet (»lonely«); danach ist seine Isolation durch Teilhabe an der Harmonie überwunden: »And then my heart with pleasure fills, / And dances with the daffodils« (»Dann füllt sich mein Herz mit Freude und tanzt mit den Narzissen«).

Bereits einige der *Lyrical Ballads* (1798) können als Texte gelesen werden, die der heilenden Kraft gelten, die aus einer meditativen Betrachtung der erinnerten Natur erwächst. Es sind aber die zentralen Gedichte Wordsworths aus dem ersten Jahrzehnt des 19. Jh.s, die konsequent die Grundlagen einer Lebensanschauung, nach der menschliches Glück über die Erfahrung der Übereinstimmung mit der überindividuellen Natur zu gewinnen sei, in Bilder und Geschehnisse kleiden. Diese Texte fangen Augenblicke solcher Erfahrung des ›einheitlichen Lebens‹ ein und zeigen, wie Erinnerungen an kindliche Naturbegegnungen für die Entwicklung eines naturnahen Daseins des Erwachsenen genutzt werden können. Die große Mehrzahl dieser für Wordsworth typischen lebensphilosophischen Gedichte ist in den beiden Bänden der *Poems* von 1807 enthalten. In ihnen führt die Betrachtung vergangener Naturerfahrungen zu Entkörperlichung, zur Zeit- und Raumlosigkeit des einst Wahrgenommenen. »To the Cuckoo«, 1802 (An einen Kuckuck), resümiert: »Thou art to me / No bird, but an invisible thing, / A voice, a mystery« (»Für mich bist du kein Vogel, sondern ein unsichtbares Ding, eine Stimme, ein Mysterium«).

»Resolution and Independence«, 1802 (Entschluss und Unabhängigkeit), gibt Einblick in die psychologischen Auswirkungen, die die Entstehung des Visionären aus dem Stofflichen bedingt: Dem Sprecher wird im Anblick eines anderen Menschen ein kosmischer Spiegel vorgehalten, in dem er sich selbst erkennen kann. Diese Erfahrung führt zur Überwindung seiner Niedergeschlagenheit: »The whole body of the Man did seem / Like one whom I had met with in a dream: / Or like a man from some far region sent, / To give me human strength, by apt astonishment« (»Die Erscheinung des Mannes schien der zu gleichen, der ich schon einmal in einem Traum begegnet war; oder der eines Menschen, der von weither gesandt war, um mir durch wahres Erstaunen menschliche Kraft zu geben«). Aus »My Heart Leaps Up«, 1802 (Mein Herz springt hinauf), lässt sich ablesen, dass das Glücksgefühl aus dem gedanklich hergestellten Zusammenfall von Vergangenheit, Gegenwart und Zukunft entsteht: Menschlicher Geist und Natur werden damit substanziell identisch.

In den nach 1804 entstandenen Gedichten wird vor allem das Verhältnis von kindlicher Naturverbundenheit zur Retrospektive des Erwachsenen bestimmt, der in der Erinnerung die frühen Eindrücke pflegen muss:»Those first affections, / Those shadowy reflections, / Which, be they what they may, / Are yet a masterlight of all our seeing« (»Jene ersten Gefühle, / Jene schattenartigen Erinnerungen, / Die, was immer sie genau sein mögen, / Doch immer das erste Licht unserer Tage, die bestimmende Beleuchtung für all unsere Blicke auf die Welt bleiben«) heißt es in »Intimations of Immortality from Recollections of Early Childhood« (Andeutungen von Unsterblichkeit aus Erinnerungen an die frühe Kindheit), entstanden 1803 bis 1806.

Der ältere Wordsworth wandte sich in seiner Lyrik bevorzugt Zeitproblemen wie Fragen kirchlicher Frömmigkeit und der von ihm wahrgenommenen Zerstörung Englands durch Industrie und Eisenbahnen zu; Themen, die bereits die Sonette in der Ausgabe von 1807 vorbereiteten. Man kann vermuten, dass der Autor über den Revisionen seines autobiographischen *The Prelude* den Wert der Erinnerungsarbeit zunehmend skeptisch beurteilte.

Der Gedichtband von 1807 rief unterschiedliche Reaktionen hervor. Klassizistisch geprägte Rezensenten vermissten Eleganz und würdige Sujets, die anderen zeigten sich von Wordsworths Genie beeindruckt (so Leigh Hunt, W. S. Landor, Walter Scott). Aber auch die meisten seiner Fürsprecher schätzten seine philosophische Botschaft als privatistisch und in ihrem Wert zweifelhaft ein (so Lord Byron, S. T. Coleridge, William Hazlitt, John Keats). Günstige Urteile, die die Echtheit der dargestellten Gefühle (Walter Pater), die gedankliche Überzeugungskraft (Leslie Stephen) und die »lebenskräftigende« Wirkung der Gedichte (Matthew Arnold) lobten, erschienen ab 1874. Die geistesgeschichtliche Forschung des 20. Jh.s wurde von A. C. Bradleys ausgewogener philosophischer Einordnung des Dichters eingeleitet. Die neuere Forschung widmet sich editorischer Arbeit und der Wertung der verschiedenen Fassungen. Neben sprachphilosophischen Fragen gilt die Aufmerksamkeit der Stellung von Wordsworths Philosophie in der Entwicklung von romantischem und modernem Bewusstsein. Der historisierenden Forschung in den beiden letzten Jahrzehnten des 20. Jh.s gelang es, Wordsworths dichterische Produktion genau auf die geschichtlichen Ereignisse seiner Zeit und auf seine Lektüreerfahrungen zu beziehen. Erneute Aktualität gewannen seine Gedichte sowohl unter dem Aspekt der Rekonstruktion einer romantischen Ökologie wie unter dem Einfluss neuer Theorien des Performativen. Inzwischen wird auch zugestanden, dass von einer durchgängig hohen Qualität des dichterischen Werks keine Rede sein kann: Geniales steht neben Trivialem. STEPHAN KOHL

George Gordon Lord Byron
* 22. Januar 1788 in London (Großbritannien)
† 19. April 1824 in Missolonghi/Etolia-Akarnania (Griechenland)

1805–1808 Studium in Cambridge; extravaganter Lebensstil; verfasste zunächst Gedichte; 1809–1811 ›Grand Tour‹ durch Europa; gesellschaftlicher und literarischer Erfolg in London; 1815 Ehe mit A. Milbanke; 1816 skandalträchtige Trennung, verließ England für immer; 1816–1824 Aufenthalt auf dem Kontinent; 1816 in der Schweiz, dann bis 1823 in Italien; Freundschaft mit Percy Bysshe Shelley; Wendung von einem romantisch-melancholischen zu einem satirischen Stil; 1820 involviert in aufrührerische Aktivitäten in Italien; ab 1823 Teilnahme am griechischen Freiheitskampf; 1824 Tod durch Fieber; einer der bedeutendsten englischen Romantiker.

Weitere Werke: Verserzählungen (1913–1918), Das dramatische Werk (1817–1824), Hebräische Melodien (Hebrew Melodies, 1815), *Der Gefangene von Chillon* (The Prisoner of Chillon, 1816), *Manfred* (Manfred, 1817).

Don Juan / Don Juan

Dieses satirische und gesellschaftskritische Versepos, das der Autor 1818 bis 1824 verfasste und 1819 bis 1824 publizierte, reflektiert die ambivalente Haltung des damals schon berühmten Dichters zur englischen Gesellschaft, nachdem er das Land 1816 infolge eines nie völlig aufgeklärten Skandals verlassen hatte. Wie *Childe Harold* kann *Don Juan* auch als poetischer Reisebericht gelesen werden. Hatte sich Byron bislang vorwiegend eines melancholischen Grundtons bedient, so ist der in Italien geschriebene *Don Juan* durchgängig satirisch und ironisiert Pathos und Sentimentalismus. Die 17 Cantos, deren letztes unvollendet abbricht, sind in ›ottave rime‹ geschrieben, die im Englischen ausgesprochen exotisch sind.

Don Juan funktioniert auf zwei Ebenen: zum einen als Neugestaltung eines seit dem 17. Jh. tradierten, bekannten Stoffs, der amourösen Abenteuer des ›serial lover‹ Juan, zum anderen als Anhäufung von eher inkohärenten Reflexionen eines plaudernden Erzählers, der den zeitgenössischen Leser mit eingestreuten Beobachtungen über englische Gesellschaft und Kultur, mit Klatsch und Tratsch unterhält. Die 17 Cantos erzählen Juans familiären und erotischen Werdegang und begleiten ihn auf einer Reise, die von seinem Geburtsland Spanien nach Griechenland, ins Osmanische Reich, nach Russland und schließlich nach England führt. Die Liebschaften entfalten sich stets nach ähnlichem Muster: Eine mächtigere, ältere Frau verliebt sich in Juan, der zwar erotisch interessiert, aber meist emotional wenig involviert ist. Äussere Umstände und/oder dominante Vatergestalten (›richtige Männer‹ im Gegensatz zum femininen Juan) beenden das Getändel barsch. Die Liebschaften mit Juan könnten für die Frauen befreiend wirken, wenn ihnen die Vaterfiguren nicht immer wieder ein jähes Ende bereiten würden. Die emotionalen Opfer des burlesken Liebestheaters erbringen stets die Frauen.

Zunächst wächst Juan wohlbehütet in Spanien auf, beaufsichtigt von seiner strengen Mutter Donna Inez, einer Parodie auf Byrons Frau Annabella Milbanke. Seine erste Affäre erlebt Juan, als er sich 16-jährig in Julia verliebt, deren wesentlich älterer Ehemann das Paar in einer burlesken Schlafzimmerepisode in flagranti erwischt. Juan wird auf Reisen geschickt, erleidet Schiffbruch, in dessen Verlauf sein Tutor, ein Geistlicher, Opfer von Kannibalismus wird, während Juan überlebt und auf eine griechische Insel gelangt, auf der ihn Haidée, die Tochter eines Sklavenhändlers, aufnimmt. Schnell verlieben sich die beiden ineinander. Als Haidées tot geglaubter Vater unerwartet zurückkehrt und das feiernde Paar ertappt, wird Juan als Sklave ins Osmanische Reich verkauft, während Haidée aus Gram stirbt. Inzwischen ist der verkaufte Juan als Frau verkleidet von Gulbeyaz, einer der Frauen des Sultans, im Harem versteckt worden. Als sich Juan der Sultanin verweigert und die anderen Insassinnen des Harems an ihm Interesse zu zeigen beginnen, soll er getötet werden, flieht aber und gerät in die blutige Eroberung von Ismail, an der er militärisch mitwirkt und in deren Verlauf er die junge Muslimin Leila rettet. Nun wird er als Gesandter zu Katharina der Großen nach Russland geschickt, deren Geliebter und Günstling er wird, um dann auf eine geheime diplomatische Mission nach England zu gehen. In deren Verlauf schlittert er, umgarnt von mehreren Damen der guten Gesellschaft, in eine Art erotisches Bermudadreieck. Hier bricht das 17. Canto unvollendet ab.

Die Liebeshandlung, erzählt mit viel Ironie und ohne Pathos, wird ständig unterbrochen von den Reflexionen des dominanten, doch schwer fassbaren Erzählers, der über allerlei Banales und Alltägliches sinniert, dessen Themen von Essen und Getränken über Mode hin zu Klatsch reichen, der den Literaturbetrieb mit allerlei Schmähungen bedenkt und auch die hohe Politik nicht verschont. Während sich die Haupthandlung durch die exotischen Schauplätze meist fernab von der

Realität des zeitgenössischen Lesers befindet, stellt der Erzähler durch seine Abschweifungen ständige Bezüge zum Alltag her. Ist die Erzählung um Don Juan trotz sich wiederholender Konstellationen der Teleologie eines Romans nachempfunden, so sind die ›digressions‹, die Abweichungen des Erzählers, scheinbar unstrukturiert, nehmen meistens ihren Ausgang in einer Episode der Juan-Handlung, zu der sie nur langsam und umständlich wieder zurückkehren. Gerade während der spannungsgeladenen Höhepunkte muss der Leser oft Geduld haben. In den letzten Cantos, die wie die im frühen 19. Jh. sehr populären Schlüsselromane im zeitgenössischen Regency-England angesiedelt sind, verschmelzen diese beiden Erzähleben ineinander.

Byrons geschickt inszenierte Planlosigkeit sowie seine witzige Thematisierung eines mehr als chaotischen Erzählvorgangs unterminieren das Vertrauen in Kategorien wie ›Realität‹ und ›Ordnung‹. Das Grundprinzip ist das der endlosen Wiederholung von ähnlichen Liebesepisoden, aber auch von Klatsch. Illusionen, stets gefolgt von Desillusionierungen, reihen sich aneinander. Daneben weist *Don Juan* auch theatralische Elemente auf: Die Zusammenkünfte der Liebenden werden wie in einer Komödie oft nur durch Verkleidungen oder Verstellungen möglich. Die Paare müssen sich selbst spielen, Aufbau und Durchbrechung von Illusionen reichen einander die Hand. Juan ist der zentrale Schauspieler seiner eigenen Komödien, der sein ›cross-dressing‹ mit unterschiedlichen Identitäten anfüllt, aber die Bühne stets rechtzeitig verlässt, wenn die Gefahr einer emotionalen Bindung droht.

Anders als Byrons erfolgreiche Verserzählungen stieß *Don Juan* zunächst auf wenig Gegenliebe, da seine offene Darstellung von Sexualität ungern gesehen wurde. Byrons Attacke gegen die Fundamente der Gesellschaft, vor allem gegen die Institution der Ehe und der Kirche, wurden in einem zunehmend christlicheren und sittenstrengeren England als unpassend empfunden. Dennoch wirkte sein komischer Held im 19. Jh. nach, sowohl in der französischen Romantik wie auch bei deutschen Autoren: Für Christian Dietrich Grabbes Drama *Don Juan und Faust* (1829), Nikolaus Lenaus unabgeschlossenen *Don Juan* (1844) und José de Esproncedas *El diablo mundo* (1841) war Byron ein wichtiges Vorbild. SUSANNE SCHMID

John Keats
* 31. Oktober 1795 in London (Großbritannien)
† 23. Februar 1821 in Rom (Italien)

1803–1811 Besuch der liberalen Enfield Academy; 1811–1816 Ausbildung zum Apotheker und Wundarzt; 1814 erste Gedichte; ab 1816 Kontakte zu den Londoner literarischen Zirkeln (Haydon, Hunt, Reynolds, P. B. Shelley); kontinuierliches Schreiben von Gedichten; Wandertour durch den Lake District und Schottland; Beginn der Tuberkulose-Erkrankung; sich verschlechternder Gesundheitszustand; 1820 *Lamia, Isabella, The Eve of St. Agnes and Other Poems*; Reise nach Italien zur Verbesserung des Gesundheitszustands; Beerdigung auf dem protestantischen Friedhof in Rom.

Weitere Werke: Verserzählungen (1820–1848), *Endymion* (*Endymion*, 1818), *Hyperion* (*Hyperion. A Fragment*, 1820).

Das lyrische Werk

Keats' vergleichsweise schmales lyrisches Werk, das zum Kernbestand der englischen Romantik zählt, entstand zwischen 1814 und 1821. Der erste Text »O Solitude« wurde 1815 veröffentlicht. Drei Bände erschienen zu seinen Lebzeiten: *Poems* (1817), *Endymion: A Poetic Romance* (1818) sowie *Lamia, Isabella, the Eve of St. Agnes and Other Poems* (1820). Da Keats in den Londoner literarischen Kreisen verkehrte, erschienen etliche seiner Gedichte auch in Zeitschriften wie dem *Examiner* oder der *Literary Gazette*. Zu den wichtigsten postumen Ausgaben zählt die in Frankreich gedruckte Galignani-Ausgabe *The Poetical Works of Coleridge, Shelley and Keats* (1829) sowie Milnes' *Life, Letters, and Literary Remains, of John Keats* (1848). Keats' Werk umfasst insgesamt etwa 140 Texte: Verserzählungen, Dramenfragmente, Oden, Sonette sowie sonstige Gedichte.

Die beste Quelle für Keats' sinnlich-ästhetisches Lyrikverständnis sind seine Briefe, vor allem die der Jahre 1817 bis 1819, die er an Verwandte und Freunde richtete und in denen er sein poetologisches Denken darlegte. Zentral ist bei ihm das Konzept der Vorstellungskraft (»authenticity of the imagination«, *Letters* I, 184, 22. 11. 1817), der er mehr Authentizität zuwies als jeder real erfassbaren Außenwelt. »Sensations«, Gefühle, besaßen für ihn einen höheren Stellenwert als das abstrakte Denken. Ebenso betonte er die Fähigkeit, das Wunderbare, das Mysteriöse, auszuloten, die »negative capability« (*Letters* I, 193, 21. 12. 1817). Die Aufgabe des Dichters, den er als »cameleon poet« bezeichnete (*Letters* I, 387, 27. 10. 1818), besteht darin, sich mit größtmöglicher Sensibilität in unterschiedliche Kontexte hineinzufühlen, also die Fähigkeit zur Empathie zu kultivieren. Das Leben sah Keats daher als »vale of Soul-making« (*Letters* II, 102, 21.4.1819), als Tal, das man durchschreiten müsse, um seelisch zu wachsen und ein vertieftes Bewusstsein zu erlangen, denn nur durch Leiden sei Eingang in die Ewigkeit möglich. Die Spannung aus Schmerz und Vergnügen thematisieren daher auch etliche von Keats' Gedichten. Das Einfordern von emotionaler und visionärer Intensität, ebenso das Privilegieren von sinnlicher Wahrnehmung über rationalem Argumentieren verleiht seiner Lyrik eine besondere Qualität: Illusion, Traum und Dahinschmelzen sind zentrale Themen. Daneben steht auch immer wieder der poetische Prozess im Mittelpunkt der Gedichte. Politische Fragestellungen, die etwa für Byron und P. B. Shelley zentral sind, spielen bei Keats nur eine geringe Rolle. Sein Lyrikkonzept wurde vor allem während des Fin de Siècle, z. B. von Hugo von Hofmannsthal, begeistert rezipiert.

Keats schrieb Sonette oft für bestimmte Anlässe oder richtete sie an bestimmte Personen im Familien- und Freundeskreis, wie etwa »Written on the Day that Mr. Leigh Hunt left Prison« (1815). In etlichen Sonetten bewegt sich der Sprecher von einem konkreten Anlass oder Ereignis hin zu Visionen und Reflexionen überzeitlicher Ideale. Das bekannteste von Keats' Sonetten, »On First Looking into Chapman's Homer« (1816), das auf dem Erlebnis der gemeinsamen Lektüre von Chapmans Homerübersetzung (1614) basiert, beschreibt ein visionäres Einssein großer Geister: Dichter und Entdecker. Wie diese war Keats durch seine Erfahrung, in diesem Fall durch seine Lektüre, mit dem Unbekannten, dem Faszinierenden konfrontiert. In »When I Have Fears that I May Cease to be« (1818) beschreibt der Sprecher eine Vision der Entgrenzung, die ihn angesichts seiner Furcht vor dem Tod überkommt. Überhaupt beschreiben die Sonette häufig ein einsames Individuum, wie etwa »O Solitude!« (1816), eine typisch romantische Verherrlichung der ›einsamen Zweisamkeit‹ in der Natur, die den idealisierten Gegenpol zu Keats' Stadterfahrung bietet. »Bright Star« (1819) beginnt mit der Betrachtung eines Sterns, eines Symbols asketischer Dauerhaftigkeit, das in Spannung zur vergänglichen Welt des sterblichen und sinnlichen Sprechers gestellt wird. Da die Sonettform, mit der Keats gerne experimentierte, als weibliche Form galt, wurde er selbst gelegentlich als effeminiert beschrieben.

Die Gattung der Ode, von der sich auch Wordsworth und Coleridge faszinieren ließen, blickt auf eine lange und kunstvolle Tradition zurück.

Keats' Oden sind seine bekanntesten Gedichte und gelten als Meisterwerke, vor allem »Ode to Psyche«, »Ode to a Nightingale«, »Ode on a Grecian Urn«, »Ode on Melancholy«, »Ode on Indolence« und »To Autumn«, alle 1819 geschrieben und 1820 veröffentlicht (mit Ausnahme der »Ode on Indolence«, die erst 1848 postum erschien). Meist vollzieht der Sprecher eine Bewegung von der Realität hin zum Ideal und dann zurück zur Realität, die nunmehr besser verstanden und akzeptiert wird. Auch William Blakes *Songs of Innocence and of Experience* (1794) sind von diesem romantischen Grundmuster geprägt. Keats' Oden enthalten eine einzigartige Bildersprache, sind voller intertextueller Anspielungen und besitzen eine metapoetische Tiefendimension. Sie sind letztlich fast immer Kunstwerke, die Reflexionen über Kunst artikulieren.

In der achtstrophigen »Ode to a Nightingale«, einem der bekanntesten romantischen Gedichte, ist der Sprecher, der sich in der nächtlichen Natur befindet, in eine imaginäre und ideale Sphäre versetzt. Seine Sehnsucht nach dem Gesang des unsichtbaren Vogels verleitet ihn zu Reflexionen, in denen er die sterbliche Welt, die Erinnerung und das Bewusstsein überwindet. Mit großer Intensität und einer Mischung aus Schmerz und Vergnügen schwelgt er in der durch die Dunkelheit intensivierten sinnlichen Wahrnehmung (Geschmack, Gehör, Geruch), schließt sich der Nachtigall durch seine Vorstellungskraft an, will mit ihr vergehen. Er verliert sich zunehmend in Träumereien (»in faery lands forlorn«), bis er sich plötzlich seines Zustands bewusst wird und in die Realität zurückkehrt. So endet die Ode auf die Frage »Do I wake or sleep?«. Wie Endymion ist er in die »imagination« geflohen, allerdings ist sein Traum, seine Vision kürzer. Anders als dem Ritter in »La Belle Dame sans Merci« gelingt dem Sprecher in »Ode to a Nightingale« die Überwindung der Illusion, zumal er seine Vision selbst als Truggebilde entlarvt. Da das Nachtigallenlied auch als Kunstwerk gedeutet werden kann, ist der Sprecher gleichzeitig der Poet, der der Realität auf Schwingen entfliehen möchte, ihr jedoch letztlich nicht entkommen kann.

Mit Kunst beschäftigt sich auch die fünfstrophige »Ode to a Grecian Urn«, die als herausragendes Beispiel für romantische Antikenbegeisterung wie auch für Ekphrasis (literarische Bildbeschreibung) gilt. Der Sprecher betrachtet eine griechische Vase, die einen seiner Geliebten nahen Flötenspieler zeigt sowie eine Prozession, die eine Kuh zur rituellen Opferung an den Altar führt. Die Ode reflektiert, wie das Kunstwerk im Akt der Rezeption neu erschaffen wird. Im Dialog mit dem Werk werden das Verhältnis Kunst – Leben, Vergänglichkeit – Zeitlosigkeit, ebenso Sehnsucht und Perfektion thematisiert. Die vielfach interpretierte und in ihrer Deutung umstrittene vorletzte Zeile »Beauty is truth, truth beauty« (Schönheit ist Wahrheit, Wahrheit Schönheit) stellt nochmals Kunst und Lebenswelt zueinander in Bezug. Die dreistrophige »Ode on Melancholy« befasst sich intensiv mit der Erfahrung der Melancholie, des lustvollen Leidens angesichts der Erkenntnis, dass die Schönheit sterben muss. »To Autumn« thematisiert die herbstliche Fülle der Natur, die noch üppig ist, aber bereits zu vergehen und karg zu werden beginnt. In »Ode to Psyche« stößt der Sprecher auf das vereinte Liebespaar Psyche und Cupid und reflektiert seine Rolle als Dichter. In »Ode on Indolence« flanieren drei Figuren am träumenden Sprecher vorbei (Love, Ambition, Poesy), doch er zieht ihnen weiteres Schwelgen in luxuriöser Untätigkeit vor.

Die Oden wurden von anderen Autoren aber auch von bildenden Künstlern (etwa John Ruskin, Vincent van Gogh) begeistert und teilweise sogar neidvoll rezipiert. Ein Zitat aus »Ode to a Nightingale« etwa gab den Titel für F. Scott Fitzgeralds Roman *Tender is the Night* (1934). Durch Anthologien, in die die Oden im Gegensatz zu den Verserzählungen wegen ihrer Kürze häufig aufgenommen wurden, erlangten sie einen herausragenden Status im Kanon der englischen Lyrik. Sie gehören zu den zentralen Einzeltexten der englischen Romantik, denen Generationen von Literaturwissenschaftlern wie Studierenden ihre besondere interpretatorische Aufmerksamkeit schenkten. SUSANNE SCHMID

Percy Bysshe Shelley

* 4. August 1792 in Field Place/Horsham (Großbritannien)
† 8. Juli 1822 bei Viareggio (Italien)

1810–1811 Studium in Oxford; 1811 Relegierung von der Universität nach Veröffentlichung des Pamphlets *The Necessity of Atheism*; Ehe mit Harriet Westbrook; 1812 Reise nach Irland; 1813 London; 1816 gemeinsame Reise mit Mary Wollstonecrafts und William Godwins Tochter Mary Wollstonecraft Shelley nach Frankreich und in die Schweiz; Zusammentreffen mit Byron, Selbstmord Harriets, Heirat mit Mary; 1817 Aufenthalt in Marlow; Reise nach Italien; Freundschaft mit Byron; 1822 Tod durch Ertrinken beim Segeln in Italien; geringer Bekanntheitsgrad zu Lebzeiten; postumer Shelley-Kult; einer der bedeutendsten Dichter der englischen Romantik.

Weitere Werke: Feenkönigin (*Queen Mab. A Philosophical Poem*, 1913), Die Empörung des Islam (*The Revolt of Islam*, 1817), Die Cenci (*The Cenci. A Tragedy in Five Acts*, 1819), Ode an den Westwind (*Ode to the West Wind*, 1820), Der entfesselte Prometheus (*Prometheus Unbound*, 1820).

Das lyrische Werk

Shelley gehört zu den bedeutendsten Dichtern der englischen Hochromantik; aber anders als sein Zeitgenosse John Keats, dessen Rang als Lyriker nie in Zweifel gezogen wurde, oder als Lord Byron, der schon zu Lebzeiten, nicht zuletzt durch Goethes Bewunderung, zur mythischen Figur wurde und in die Weltliteratur einging, blieb er während seiner gesamten literarischen Laufbahn und in seinem Nachleben eine umstrittene Dichterpersönlichkeit. Seinen Zeitgenossen erschien er als Außenseiter und ›Feind der Gesellschaft‹, weil er ein Leben führte, das gesellschaftliche Konventionen und Moralvorstellungen durchbrach, und weil er in seinem politischen Radikalismus so gut wie alle etablierten Mächte und Werte wie das Christentum, die Autorität des Staates, die Institution der Ehe und den Handel angriff, da sie seiner Meinung nach der Freiheit und dem wahren Wesen und dem Fortschritt des Menschen im Wege standen.

Im 19. Jh. bewunderten ihn die Spätromantiker (u.a. Tennyson und Browning) und die Präraffaeliten wegen der reinen lyrischen Intensität seiner Dichtung, wegen seiner Humanität und seiner visionären Kraft, aber er wurde auch als schwacher, wirklichkeitsfremder, ätherischer Dichter abgelehnt. Matthew Arnold sprach von einem schönen und wirkungslosen Engel, der seine strahlenden Flügel vergeblich in der Leere schlug (»the beautiful and ineffectual angel, beating in the void his luminous wings in vain«). Am Beginn des 20. Jh.s lieferte W. B. Yeats in dem Aufsatz *The Philosophy of Shelley's Poetry* (1900) eine Apotheose des Dichters als eines ›Sehers‹, der die Menschen durch die Vision der geistigen Schönheit (»Intellectual Beauty«) zum Guten führen könne. Von den 1920er Jahren an kam es zu einem starken Ansehensverlust, der seinen Tiefpunkt bei den ›New Critics‹ (besonders C. Brooks) erreichte, die Shelley vor allem aus ästhetischen Gründen angriffen und seine extreme Subjektivität und Sentimentalität sowie die Vagheit seiner Metaphorik rügten und Qualitäten wie Paradoxie, Ironie, Ambiguität und Komplexität vermissten. Die größte Verunglimpfung entstammt der Feder von Aldous Huxley, der eine Figur seines Romans *Point Counter Point*, 1928 (Kontrapunkt des Lebens), Shelley als eine »Mischung aus einer Fee und einer weißen Schnecke« bezeichnen lässt. Ab den 1940er Jahren begann das Pendel zurückzuschlagen: Shelleys Lyrismus, die visionäre Kraft seiner Dichtung und seine Metaphorik fanden beredte Fürsprecher.

Shelleys Werk lässt sich in vier Phasen einteilen. In seiner Frühphase (1810–1813) ging er von der Schauerromantik der Romane *Zastrozzi* (1810) und *St Irvyne* (1811) und der Gedichtfolge *Original Poetry; by Victor and Cazire* (1811) zum Radikalismus über, der sich politisch-philosophisch in Pamphleten wie *The Necessity of Atheism* (1811) und *An Address to the Irish People* (1812) und dichterisch in *Queen Mab*, 1813 (*Die Feenkönigin*, 1878, C. Weiser), dokumentiert, einer in frei gehandhabten Blankversen geschriebenen, riesigen, ins Kosmische reichenden Vision. Im Zentrum steht die von Empörung getragene Verurteilung der Tyrannei, des Kriegs, des Handels, der Ehe und der Religion. Für die Zukunft hoffte Shelley auf eine freie Gesellschaft, in der Liebe, Brüderlichkeit, Frauenemanzipation und Freiheit von den Fesseln der Religion herrschen.

In Shelleys zweiter Schaffensphase (1814–1817) zeigte sich ein neues psychologisches Interesse am dichterischen Ich in dem kleinen Blankversepos *Alastor*, 1815 (*Alastor*, 1960, K. Rüdiger), das wie viele seiner Gedichte die Form der Vision aufweist. Das Schicksal des Dichters wird hier im Bild einer Wanderung dargestellt, die ihn von seinem entfremdeten Zuhause (»alienated home«) durch Arabien und Persien bis nach Kaschmir führt, wo ihm im Traum ein verschleiertes Mädchen erscheint, die Idealgestalt der Dichterin. Weitergetrieben von dem Einsamkeitsdämon

Alastor hat er in einem zauberhaft schönen Tal im indischen Kaukasus eine flüchtige Begegnung mit dem Idealbild seiner selbst (Doppelgängermotiv), das sich ihm aber sofort wieder entzieht, worauf sein Leben einsam und unerfüllt endet. Der Blankvers des Gedichts lässt Einflüsse von Milton und Wordsworth erkennen: das Thema der rastlosen Suche nach dem in der Realität nicht erreichbaren Ideal, die halluzinatorischen Bildfolgen und suggestive, synästhetische Vorstellungsverknüpfungen kennzeichnen das Gedicht jedoch als eine eigenständige Leistung.

Die geistige Schönheit, in Alastor nur im Traumbild erahnt, wird in »Hymn to Intellectual Beauty« (1816) und »Mont Blanc« (1816), zwei Gedichten, die von Wordsworths Immortality-Ode und »Tintern Abbey« beeinflusst sind, direkter beschworen. Das erste Gedicht spricht, Wordsworth vergleichbar, von der ekstatischen Naturerfahrung der Kindheit (»I shrieked, and clasped my hand in ecstasy!« – »Ich schrie auf und drückte meine Hand in Ekstase«), der der Dichter treu geblieben sei; das zweite, unter dem Eindruck der Schweizer Alpenlandschaft entstanden, drückt das charakteristisch romantische ›ozeanische‹ Gefühl der Einheit mit der Natur aus und feiert die Macht, die die eisige, entrückte Schönheit des Alpenbergs über Natur und Betrachter besitzt. Doch sind gerade in den Schlusszeilen von »Mont Blanc« skeptische Töne nicht zu überhören; der Berg bleibt rätselhaft, und es ist nicht sicher, dass die menschliche Imagination die Natur richtig deutet.

Die bedeutendste politische Dichtung aus Shelleys zweiter Schaffensperiode ist das Versepos Laon and Cythna (1817), das 1818 unter Tilgung des anstößigen Themas der Geschwisterliebe und einiger massiver atheistischer Passagen mit dem neuen Titel The Revolt of Islam erschien. Das in Spenser-Strophen abgefasste Gedicht ist Shelleys – in den Orient versetzte – Auseinandersetzung mit der Französischen Revolution, in der seiner Ansicht nach die politischen Ideale pervertiert worden waren. Shelley stellt eine Revolution dar, die sich auf wirkliche egalitäre Prinzipien gründet und weitgehend gewaltlos durchgeführt wird. Der vom Freiheitspathos beseelte griechische Dichter Laon und die ihm gleichgesinnte Priesterin Cythna sterben dennoch schließlich den Feuertod, aus dem ihre Seelen in einem Boot über die See in den Tempel der Schönheit und des Guten geführt werden. Wenn sich symbolische, allegorische und didaktische Elemente auch nicht immer glücklich verbinden, finden sich doch eindrucksvolle Bilder und Szenen. Das Werk veranschaulicht in der Figur Laons die politisch-revolutionäre Wirksamkeit, die Shelley der Dichtung zuerkannte. Die Figur der revolutionären Feministin Cythna ist von beträchtlichem historischen Interesse. Das erst 1819 erschienene *Rosalind and Helen. A Modern Eclogue* gehört ebenfalls in diesen Entstehungszeitraum und stellt anhand des Schicksals zweier verwitweter Frauen, den Versuch dar, die antike und klassizistische Gattung der Ekloge wiederzubeleben, wobei Themen wie Inzest und ›freie Liebe‹ nicht ausgeklammert werden.

In seiner dritten Phase (1818-1820), die mit seiner Übersiedlung nach Italien einsetzte, fand sich Shelley als Dichter. Er assimilierte platonische Gedanken wie die Vorstellungen vom ›furor poeticus‹ und vom Magneten als dem Bild des Einflusses der Dichtung. Er übernahm auch Platons Auffassung von den zwei Seinsweisen, der idealen und der realen, und ordnete diesen zwei Kunstformen zu: die prophetische Kunst, die das Ideal offenbart, und die realistische Kunst, die das Tatsächliche nachahmt. Zu letzterer gehören sein Versdrama *The Cenci* (1819), das Dialoggedicht *Julian and Maddalo* (1818) und das in leidenschaftlicher Rhetorik formulierte politische Gedicht *The Masque of Anarchy* (*Die Maske der Anarchie*, 1985, R. Harbaum), eine Reaktion auf das Peterloo-Massaker in Manchester aus dem Jahre 1819. Zu den prophetisch-idealistischen Dichtungen gehört das Hauptwerk *Prometheus Unbound* (*Der entfesselte Prometheus*, 1979, R. Kirsch), ein lyrisches Lesedrama in vier Akten (1818/19), eine bedeutende Neuinterpretation des antiken Mythos, in der Prometheus, seinen Hass auf den Tyrannen Jupiter überwindend, dessen Niedergang einleitet. Neu ist die Konzeption des Prometheus als eines Retters der Menschheit aus der Versklavung, die während seines Martyriums entdeckte Verwandtschaft mit dem gekreuzigten Christus und die noch stärker betonte Verwandtschaft mit Miltons Satan, der als heldischer Gegenspieler eines tyrannischen Gottes gedeutet wird. Der letzte Akt entwirft im riesigen, kosmischen Maßstab ein neues Weltzeitalter, in dem die Menschen und alle Wesen des Universums in Freiheit, Frieden, Liebe und Gleichheit zusammenleben. Das reich orchestrierte Werk weist vielfältige lyrische Einlagen auf.

In dieser Phase entstanden auch viele von Shelleys besten Gedichten: das Sonett »Ozymandias«, das am Beispiel der Überreste einer Statue die Nichtigkeit königlicher Macht ausdrückt; die »Lines Written among the Euganean Hills«, in denen der Dichter in der Einswerdung mit der Landschaft des Appenins und des Meeres von verzweifelter Trauer zur Hoffnung auf Freiheit und Glückseligkeit für die gesamte Menschheit gelangt; die »Stanzas Written in Dejection, near Naples«, in denen sich die persönliche Klage des Dichters wirkungsvoll mit der intensiven Empfindung der Naturschönheit verbindet; das berühmte Gedicht an eine Lerche (»To a Skylark«), das das überirdische Schweben des Vogels und seinen Jubelgesang in einer Folge von ineinander übergehenden, disparaten Vergleichen und synästhetischen Metaphern einfängt; der kunstvolle Rollenmonolog »The Cloud«, in dem die Wolke ihr paradoxes Wesen als ewiges Sein im ständigen Wandel definiert. Die große *Ode to the West Wind* (1819), ein Gedicht aus Terzinen, die zu fünf sonettartigen Abschnitten geordnet sind, stellt in den ersten drei Teilen eine grandiose Apostrophe an den Westwind dar, der, zugleich Zerstörer und Erhalter (»destroyer and preserver«), als genau erfasstes Naturphänomen und mythisches Wesen angesprochen wird. In die ekstatische Anrede dringt im vierten Teil die Sehnsucht nach der Vereinigung mit der Naturkraft ein (»Oh, lift me as a wave, a leaf, a cloud!« – »Oh, hebe mich wie eine Welle, ein Blatt, eine Wolke!«) und die Klage über das Verwundetsein des Ichs (»I fall upon the thorns of life! I bleed!« – »Ich falle auf die Dornen des Lebens! Ich blute!«). Im letzten Teil wird der Wind leidenschaftlich zur Identifikation mit dem Ich aufgefordert und – im Bild der äolischen Harfe und der Trompete – zur Gewährung der Inspiration: »Make me thy lyre« (»Mach mich zu Deiner Leier«), »Be through my lips... – The trumpet of a prophecy« (»Sei durch meine Lippen... die Trompete einer Prophetie«). Mit der Durchseelung des Ichs durch den Wind ist die Hoffnung auf einen neuen Menschheitsfrühling verbunden. Auch dieses großartige Naturgedicht hat eine politische Bedeutung. Während in der Ode an den Westwind die Bitte um die Inspiration das thematische Zentrum bildet, steht in den langen, rein politischen Oden »To Liberty« und »To Naples« jeweils am Anfang die Darstellung des Inspirationserlebnisses, dem sich die darauf folgende, im ekstatischen Ton wiedergegebene politische Vision verdankt. Shelley verfasste in diesen Jahren auch kürzere politische Gedichte wie das agitatorische Lied »Song to the Men of England«, das mit seiner pathetischen Rhetorik mit Thomas Hoods »The Song of the Shirt« vergleichbar ist.

In seiner vierten und letzten Schaffensphase (1821/22) verfasste Shelley, in relativer Ruhe in Pisa lebend, mit der Prosaschrift *A Defence of Poetry* (1821) die Poetik für die in seinen letzten Lebensjahren entstandenen Dichtungen. So erscheint das Bild des Dichters als einer Nachtigall, die durch ihren Gesang in der Dunkelheit ihre Einsamkeit aufhellt und die

Hörer unwillkürlich bewegt, als eine Paraphrase der achten Strophe von »To a Skylark«. A *Defence of Poetry* ist eine Inspirationspoetik. Für den Vorgang der Inspiration verwendete Shelley das Bild der äolischen Harfe und das der verglimmenden Kohle, die vom Wind zum Glühen gebracht wird. Der Dichter war für Shelley ein Prophet, die Imagination eine moralische, gesellschaftsverändernde Kraft, und die Dichtung verkündet eine auf die Schönheit und Wahrheit gegründete Seinsordnung der Welt. Die die Schrift beschließende berühmte Definition der Dichter als »the unacknowledged legislators of the world« (»die nicht anerkannten Gesetzgeber der Welt«) knüpft an Sir Philip Sidneys *The Defence of Poesie*, 1595 (Eine Verteidigung der Poesie), und an Imlacs Ausführungen in Samuel Johnsons *Rasselas* (1759) an.

Shelleys letzte große lyrische Werke haben Vermächtnischarakter. Das der 19-jährigen Emilia Viviani gewidmete und vielfach biographisch als Liebesgedicht gedeutete Werk *Epipsychidion*, 1821 (*Shelleys Epipsychidion und Adonais*, 1900, R. Ackermann) ist Shelleys letzte Feier der idealen Schönheit der weiblichen Seele, der dem Titel entsprechenden ›Seele aus meiner Seele‹ (»this soul out of my soul«), und ein hymnisches Bekenntnis zur ›freien Liebe‹, die Shelley als die höchste Möglichkeit des Menschlichen ansah. Mit *Adonais* (1821), einer in Spenser-Strophen geschriebenen Totenklage auf John Keats, reihte sich Shelley in die große Tradition der englischen Elegie ein. *Adonais* steht zwischen Miltons »Lycidas« und Tennysons *In Memoriam*. Das als Pastoralelegie konzipierte Gedicht zielt nicht auf die Person des Verstorbenen in ihrer historischen Aktualität. Um den Schäfer Adonais trauert das ganze Universum. Unter den Klagenden finden sich auch Shelleys Dichterkollegen im Hirtengewand, wobei sich Shelley nicht scheute, auch sich selbst, »a pardlike Spirit beautiful and swift« (»ein leopardengleicher Geist, schön und schnell«), mit einzubeziehen. In Strophe 39 endet die Trauer. Adonais lebt, in die Weltseele entrückt, als Manifestation des ewigen Ideals. Shelley starb im Juli 1822 bei einem Bootsunfall, den die letzte Strophe von *Adonais* – »my spirit's bark is driven, / Far from shore« (»die Barke meines Geists ist weit vom Ufer getrieben«) – vorauszuahnen scheint. In seinen letzten Lebensmonaten, als er in der einsamen Bucht von Lerici lebte, entstanden das von der Kritik hochgeschätzte, Fragment gebliebene visionäre Gedicht *The Triumph of Life*, in dem Rousseau eine zentrale Rolle spielt, und eine Reihe schöner, kurzer lyrischer Gedichte wie »When the lamp is shattered«, »With a Guitar to Jane« und »Lines Written in the Bay of Lerici«.

Für die Rehabilitierung des Dichters in den letzten Jahrzehnten gibt es gute Gründe. Was die ›New Critics‹ als substanzlose Emotionalität und Selbstmitleid missverstanden, stellt in Wahrheit einen radikalen Endpunkt in dem Prozess der Subjektivierung und Emotionalisierung dar, der sich in der englischen Dichtung ab der Vor- und Frühromantik vollzog. Die Unmittelbarkeit und Intensität des Gefühlsausdrucks ist in einigen von Shelleys Gedichten ins nicht überbietbare Extrem gesteigert, etwa in den emotionalen Asyndeta von »The Indian Serenade« – »I die! I faint! I fail!« (»Ich sterbe! Ich werde ohnmächtig! Ich werde schwach!«) – und *Epipsychidion* – »I pant, I sink, I tremble, I expire!« (»Ich ringe nach Luft, ich sinke nieder, ich erbebe, ich hauche mein Leben aus!«). In Übereinstimmung mit dem emotionalen Charakter seiner Dichtung schöpfte Shelley die klanglichen Möglichkeiten der Sprache mit großer Kunst aus und bereitete damit die Wortmusik der Spätromantiker (Tennyson, Poe, Lanier) und die Klangexperimente der Symbolisten vor. Zunehmend wurde auch die Leistung seiner Bildersprache erkannt, die synthetisierende Funktion seiner Metaphern, in der sich die Kraft der Imagination mehr als in jedem anderen Formelement bekundet. Dichtungsgeschichtliche Bedeutung kommt Shelley auch aufgrund der visionären Intensität seiner Werke zu. Mit seiner Konzeption des Gedichts als einer aus der Inspiration hervorgegangenen Vision und des Dichters als eines Propheten (›vates‹), der das Geheimnis des Universums aufschließt und die Weltseele erkennen lässt, steht er zwischen William Blake und Yeats. Er muss auch als einer der herausragenden politischen Lyriker der Romantik gelten, dessen menschheitsemanzipatorisches Pathos unübertroffen bleibt. WOLFGANG G. MÜLLER

Mary Wollstonecraft Shelley
* 30. August 1797 in Somers Town/London (Großbritannien)
† 1. Februar 1851 in London (Großbritannien)

Tochter des radikalen politischen Philosophen William Godwin und der Vorkämpferin für Frauenrechte Mary Wollstonecraft; 1816 Heirat mit dem Lyriker Percy Bysshe Shelley, der sie bei ihrer literarischen Tätigkeit unterstützte; verfasste Romane und lyrische Dramen; literarhistorisch bedeutend durch den Zukunftsroman *The Last Man*, 1826 (*Verney, der letzte Mensch*, 1982).

Frankenstein oder Der moderne Prometheus / Frankenstein: or, The Modern Prometheus

Als Lord Byron im Sommer des Jahres 1817 in seinem Haus am Genfer See in seinem literarischen Freundeskreis das Erzählen von Geistergeschichten anregte, entstand der Roman *Frankenstein* der damals 20-jährigen Autorin, der 1818 erstmals veröffentlicht wurde – einer der bedeutendsten ›gothic novels‹ (Schauerromane) und ein erster Vertreter der Gattung der Science-Fiction.

Der Roman erzählt die Geschichte des jungen Naturforschers Victor Frankenstein aus Genf, der – anderen literarischen Figuren wie Goethes Faust und Byrons Manfred ähnlich – an der Universität Ingolstadt in seinem fanatischen Erkenntnis- und Forscherdrang sich selbst überhebt und sich an der Natur und seiner Familie versündigt. Er erzeugt als ›neuer Prometheus‹ einen aus Leichenteilen zusammengesetzten Menschen von grässlichem Aussehen, überlässt das von ihm zum Leben gebrachte Ungeheuer (»creature«) aber sich selbst.

Der Roman hat eine verschachtelte Erzählstruktur. Den Rahmen bilden die Briefe des Nordpolforschers Walton an seine Schwester Mrs. Saville in England. Diese Briefe schildern die Begegnung mit Frankenstein und enthalten eine Niederschrift der Lebensgeschichte, die Frankenstein Walton erzählt hat. In diese ist die Erzählung der ›Kreatur‹ eingelassen, die deutlich macht, dass ihre Hässlichkeit in einer negativen Version des Kalokagathie-Ideals von der Gesellschaft als Bösartigkeit gedeutet wird, was zu gewalttätigen Reaktionen führt und das Böse in ihr weckt. In dem Bericht wird – in Bezugnahme auf Rousseau – die geistige Entwicklung von der Phase der Kindheit an durch die Beobachtung und Imitation des Verhaltens der Familie DeLacey in der Bauernhütte und durch die Lektüre von Goethe (*Werther*), Plutarch (*Leben*) und Milton (*Paradise Lost*) dargestellt. Entscheidend ist, dass die freundliche Kontaktaufnahme mit der Familie – in der ein utopischer Gegenentwurf zu der von Shelley kritisierten Gesellschaft zu sehen ist – scheitert.

Infolge dieses Scheiterns sucht das Ungeheuer seinen Schöpfer Frankenstein in der Schnee- und Eislandschaft der Alpen auf, macht ihm den Vorwurf der Vernachlässigung und verlangt von ihm die Erschaffung eines weiblichen Pendants. Frankenstein lässt sich überreden, kann sich aber nicht zur Erfüllung seines Versprechens durchringen aus Angst vor einer Vermehrung von dergleichen Missgeburten. Die Folge ist die Zerstörung der Familie und aller menschlichen Beziehungen Frankensteins. Nach der Ermordung seines Bruders, seines Freundes Clerval und seiner Braut Elizabeth kehren sich die Handlungsrollen um: Der verfolgte Frankenstein wird zum Verfolger. Er folgt dem Ungeheuer bis in die Eiswüste der Arktis, wo er, entkräftet, Walton trifft, ihm seine Geschichte erzählt und ihm sterbend den Auftrag gibt, die Rache an dem Ungeheuer zu vollziehen. Am Ende sieht man das Ungeheuer über den Leichnam Frankensteins gebeugt, es wirbt in einer Ansprache an Walton nochmals um Verständnis und treibt schließlich auf einer Eisscholle dem Tod entgegen.

Ein Gestaltungsprinzip des Romans ist Ambiguität. Frankenstein ist Täter und wird zum Opfer, ohne je von seiner Schuld frei zu kommen. Die von ihm geschaffene Kreatur ist Opfer und wird zum Täter, fällt aber nicht ganz der Verdammnis anheim. Den entsetzlichen Handlungen, die das Ungeheuer begeht, steht die Mitleid heischende große Rhetorik in den Auseinandersetzungen mit Frankenstein und in dem abschließenden Plädoyer vor Walton gegenüber. Ambiguität findet sich in dem Roman auf allen Ebenen von der Handlungs- und Figurendarstellung bis hin zum Problem der moralischen Wertung.

Ein weiteres Gestaltungsprinzip ist in der Konzeption vieler Figuren als Doppelgänger zu erkennen. Walton ist als einsamer Mensch mit Forscherdrang ein ›Double‹ von Frankenstein, aber ohne dessen Rücksichtslosigkeit. Er will, wie es im zweiten Brief heißt, unbekannte Regionen erforschen, ist aber nicht bereit, wie der Seemann in Coleridges Ballade »The Ancient Mariner« einen Albatross zu töten, d.h., sich an der Natur zu versündigen. Eine andere Variante des Doppelgänger-Motivs stellen Frankenstein und die von ihm geschaffene Kreatur dar. Er sieht das Ungeheuer als »nearly in the light of my own vampire« (»fast im Licht meines eigenen wiederbelebten Leichnams«). Die beiden Figuren erscheinen im Laufe des Romans gleichsam aneinandergekettet. Ihr Aufeinanderbezogensein wird auch dadurch verdeutlicht, dass sie zusammen in wilden einsamen Landschaften wie den Alpen und der Eiswüste des Polarkreises erscheinen. Die Landschaft – von Mary Shelley sicher unter Einfluss ihres Mannes P. B. Shelley (»Mont Blanc«) und Byrons – großartig dargestellt, ist auch als eigener Akteur des Romans verstanden worden.

Frankenstein wird in neuerer Zeit, feministisch gedeutet, als weibliche Schauerromantik (›female gothic‹) der männlichen (›male gothic‹) entgegengesetzt. Man hat Frankensteins Sünde in der Erschaffung eines Menschen ohne Beteiligung des femininen Elements verstanden und in seiner Flucht vor dem Ungeheuer eine spezifisch männliche Pflichtverletzung gesehen. Safie, eine freiheitlich gesinnte, aufgeklärte Türkin, die sich der Unterdrückung der Frauen in Arabien durch die Verbindung mit dem christlichen Felix DeLacey entziehen möchte, wurde als Selbstporträt der Autorin gedeutet. Mary Shelley verstärkte die Rolle von Mrs. Saville, der Adressatin der Briefe Waltons, als feminine moralische Instanz in der revidierten Fassung des Romans von 1831. Aufgrund seiner starken visuellen Qualitäten wurde der Roman mehrfach verfilmt, in neuerer Zeit von Kenneth Branagh (1994). WOLFGANG G. MÜLLER

Charlotte Brontë

* 21. April 1816 in Thornton/Yorkshire (Großbritannien)
† 31. März 1855 in Haworth/Yorkshire (Großbritannien)

(Pseudo. Currer Bell) – 1820 Umzug der Familie nach Haworth; 1821 Halbwaise durch Tod der Mutter; 1824 traumatisch verlaufender Schulbesuch in Cowan Bridge; 1825 nach Tod der älteren Schwestern Rückkehr nach Hause; 1826 Beginn der Jugendwerke; 1831/32 Schulbesuch in Roe Head; 1835–1838 dort Lehrerin; kurzzeitig Tätigkeit als Gouvernante; von Februar bis November 1842 Studium im Pensionat Héger in Brüssel gemeinsam mit der Schwester Emily Brontë; 1846 Veröffentlichung der Gedichtsammlung der drei Brontë-Schwestern unter Pseudonym als *Poems, by Currer, Ellis and Acton Bell*; ab 1847/48 Veröffentlichung von drei enorm erfolgreichen Romanen; 1848/49 Tod der beiden jüngeren Schwestern und des einzigen Bruders; Londonreisen, Bekanntschaft u.a. mit Thackeray, Gaskell, Martineau und Lewes; 1854 gegen den Widerstand des Vaters Ehe mit Arthur Nicholls; durch Veröffentlichung realistischer Romane eine der bedeutendsten Autorinnen des 19. Jh.s; Elizabeth Gaskell hat ihr mit einer postumen Biographie ein literarisches Denkmal geschaffen.

Weitere Werke: *Angria und Gondal* (*Legends of Angria*, 1826–1839, zusammen mit Emily Brontë), *Villette* (*Villette*, 1853).

Jane Eyre / Jane Eyre

Elemente des Schauer- und Bildungsromans, eine komplexe Ich-Erzählerin sowie harsche Kritik an Mädcheninternaten mischen sich im ersten veröffentlichten Roman der Autorin aus dem Jahr 1847 und sorgten für den noch im 21. Jh. andauernden großen Erfolg des mehrfach verfilmten Werks.

Erzählt wird die Geschichte der Waise Jane, die im Haus ihrer ungeliebten Tante als Familienmitglied zweiter Klasse behandelt wird. Eine erste Krisenerfahrung macht sie, als sie wegen angeblicher Ungezogenheit in eine Kammer gesperrt wird, in der ihr Onkel gestorben war. Dort hat sie eine Art übersinnliches Erlebnis und wird ohnmächtig. Infolgedessen darf sie die Familie verlassen und wird in der ›Lowood School‹ unterrichtet. Als Vorlage für die Darstellung der Härten unter Mr. Brocklehurst, dem puritanischen Leiter, nutzte Charlotte Brontë ihre eigenen traumatischen Schulerfahrungen.

Jane gelingt es, mit der tödlich erkrankten Helen Freundschaft zu schließen und die Schulgemeinschaft davon zu überzeugen, dass sie – im Gegensatz zu den Anschuldigungen ihrer Tante – keine Lügnerin ist. Helen stirbt bald, eine Passage, die dem viktorianischen Geschmack für Todesszenen entgegenkam. Nach einer öffentlichen Untersuchung bessert sich die Situation in Lowood, und Jane wird schließlich selbst Lehrerin. Es zieht sie jedoch in die Welt hinaus, und es gelingt ihr, eine Stellung als Gouvernante in Thornfield Hall, einem abgeschieden im Norden liegenden Landsitz, zu bekommen, wo sie zunächst nur auf die Haushälterin und ihre Schülerin Adèle trifft. Als Gouvernante ist Jane zwar einsam, aber nicht gänzlich unzufrieden. Den Besitzer von Thornfield, Mr. Rochester, sieht sie nur selten, findet den als ›Byronic hero‹ dargestellten ehemaligen Lebemann jedoch interessant. Eine freundschaftliche Beziehung entwickelt sich, die jedoch auf eine erste Probe gestellt wird. Jane hat sich in Mr. Rochester verliebt und leidet darunter, dass er anscheinend beabsichtigt, seine reiche Nachbarin Blanche Ingram zu heiraten.

Jane wird zu ihrer im Sterben liegenden Tante gerufen, die überraschenderweise nach ihr verlangt hat. Obwohl die Tante meistens im Delirium liegt, erfährt Jane dennoch etwas über ihre frühe Kindheit und den Grund der Zurückweisung durch die Tante. Nach ungefähr einem Monat kehrt sie nach Thornfield zurück, fest entschlossen, sich eine neue Anstellung zu suchen, sobald Mr. Rochester heiratet. Er macht jedoch ihr selbst einen Antrag, den sie glücklich annimmt. Dennoch hält Mr. Rochester sie auf Distanz. Die auch zuvor immer einmal wieder geschilderte unheimliche Atmosphäre von Thornfield verstärkt sich. Eines Nachts erhält Jane Besuch von einer Gestalt, die ihren Schleier aufsetzt und diesen dann zerreißt, bevor sie wieder verschwindet. Mr. Rochester lässt Jane in dem Glauben, es handle sich entweder um einen bösen Traum oder um die etwas merkwürdige Bedienstete Grace Poole. Vor dem Traualtar klärt sich das Rätsel auf: Ein Anwalt aus London verhindert die Eheschließung, weil er nachweisen kann, dass Mr. Rochester bereits verheiratet ist – mit der psychisch kranken Bertha, geborene Mason, die Mr. Rochester in der Karibik geheiratet und heimlich mit nach England gebracht hatte, um sie mit Grace Pooles Hilfe zu verstecken.

Bertha ist dafür verantwortlich, dass Jane heimlich in der folgenden Nacht aus Thornfield flieht. Auf dem Weg nach Norden ist sie vor Hunger und Entkräftung dem Tod nahe, wird aber von den Schwestern Diana und Mary Rivers aufgenommen. Deren Bruder St. John Rivers verschafft ihr eine Anstellung als Dorfschullehrerin, entdeckt aber eines Tages ihre Identität und die Tatsache, dass sie miteinander verwandt sind; es stellt sich heraus, dass Jane die einzige Erbin des kürzlich auf Madeira verstorbenen gemeinsamen Onkels ist. Sie besteht darauf, das Geld mit ihren vom Onkel enterbten Verwandten zu teilen. St. Johns Angebot, sie zu heiraten, obwohl er sie nicht liebt, und mit ihm als Missionarin nach Indien zu gehen, lehnt sie ab, weil sie eines Nachts den Eindruck hat, sie werde gerufen. Sie bricht heimlich auf und findet Thornfield als Ruine vor – von Bertha in Brand gesteckt, die dabei umgekommen ist. Mr. Rochester lebt verbittert, erblindet und verkrüppelt mit zwei Dienern in seinem einsamen Waldhaus, wo Jane ihn jedoch aufspürt und heiratet – eingeleitet mit einem der berühmtesten Sätze der viktorianischen Literatur: »Reader, I married him«. Nach großen Schwierigkeiten bekommt Jane also einen Partner und Ehemann, der sie ebenso liebt wie sie ihn – ohne jedoch auf seine Leidenschaft und sein früheres Ansinnen, sie als Mätresse in einem Haus in Frankreich unterzubringen, eingegangen zu sein. Sie findet Mr. Rochester wie die vom Unwetter zerstörte Kastanie in Thornfield gebrochen vor, hilfsbedürftig und auf ihrer Augenhöhe. Erst in diesem Zustand können beide eine Beziehung eingehen, die Janes moralischen Ansprüchen (und denen des Lesepublikums) genügt, ihr jedoch genug Freiraum gibt, als nun gut situierte Erbin und nicht mehr als arme Gouvernante den um einiges älteren Mr. Rochester zu heiraten und mit ihm eine Familie zu gründen. Der Roman schließt jedoch mit den Worten St. John Rivers. In seinem zum Schluss zitierten letzten Brief heißt er seinen Tod und das Kommen Jesu willkommen – ein letztes Betonen des trotz aller Schauer- und Romanzenelemente vor allem im letzten Drittel des Romans dominanten evangelikal-protestantischen Diskurses, der den eher unwahrscheinlichen Elementen des Werks einen erzählerischen Rahmen bietet.

Die als lebensgefährliches und gleichzeitig ungehemmtes Monster dargestellte Bertha, die »madwoman in the attic«, kann als archetypisches unterdrücktes koloniales ›Anderes‹ des 19. Jh.s gelesen werden und gab im 20. Jh. nicht nur zu zahlreichen wissenschaftlichen Studien Anlass, sondern regte auch die karibisch-englische Autorin Jean Rhys dazu an, den revisionistischen Roman *The Wide Sargasso Sea* (1966) zu verfassen. Hier wird Bertha Masons Geschichte aus ihrer eigenen Perspektive erzählt.

Wie ihre Schwestern sah sich Charlotte Brontë harscher Kritik ausge-

setzt: Grobheit, Umgangssprache, mangelnde moralische Festigkeit und ungezügelte Leidenschaft würden ihren Roman dominieren. Zugleich war die Nachfrage nach *Jane Eyre* so groß, dass die erste Auflage innerhalb von drei Monaten ausverkauft war und das Werk mehrfach nachgedruckt werden musste. Positiv eingestellte Rezensenten und ihre zahlreichen Leser waren sich einig, dass es sich um einen außergewöhnlichen Roman handelt. Diese Auffassung hat sich bis ins 21. Jh. erhalten.
JÖRG DREWS / GESA STEDMAN

Shirley / Shirley. A Tale

Schauplatz des 1849 veröffentlichten Romans ist die Heimat der Autorin, der Distrikt West Riding in der Grafschaft Yorkshire. Den sorgfältig recherchierten historischen Hintergrund bilden die maschinenstürmerischen Ludditen-Aufstände, die Handelsblockaden während des Napoleonischen Krieges und die mit beidem verbundene Krise des englischen Frühkapitalismus um 1812. Robert Gérard Moore, ein zielstrebiger junger Unternehmer halb belgischer Herkunft, will zur Steigerung der Produktion in seiner Tuchfabrik neue Maschinen installieren. Es kommt zum Aufstand der um ihre Existenz bangenden Arbeiter: Sie zerstören die Maschinen während des Transports und drohen, Moores Fabrik anzuzünden. Im Verlauf des Romans verübt schließlich einer der Arbeiter, ein verwirrter Außenstehender, erfolglos einen Mordanschlag auf Robert. Um seine durch die allgemeine politisch-ökonomische Situation bedingten Schwierigkeiten zu überwinden, bewirbt sich Moore um die reiche, kluge, mit männlichen Rollen spielende Gutsherrin Shirley Keeldar, obwohl er in Wirklichkeit seine sanfte Cousine Caroline Helstone liebt. Shirley durchschaut Robert und weist ihn ab. Caroline leidet nicht nur unter Roberts Distanz, sondern ebenso am Mangel an Beschäftigung. Sie erkrankt trotz ihrer Freundschaft zu Shirley, belastet durch Roberts vermeintliche Zuneigung zu ihrer Freundin. Carolines Versuche, aus ihrer finanziellen und familiären Abhängigkeit auszubrechen, scheitern am Widerstand ihres engherzig-herrischen Onkels, des Ortspfarrers, und an den gesellschaftlichen Konventionen. Sie kommt wieder zu Kräften, als sie erfährt, dass Shirleys Gouvernante, Mrs. Pryor, ihre leibliche Mutter ist. Vollständig ist ihre Gesundheit erst wieder hergestellt, nachdem Robert, nach einer eigenen schweren Verletzung von Stolz und Profitstreben geheilt, ihr einen Heiratsantrag macht. Moores Bruder Louis, ein armer Hauslehrer, erringt schließlich die Zuneigung der eigenwilligen

Shirley, während Robert die ihm treu gebliebene Caroline heiratet und, durch die politische Entwicklung seiner Absatzschwierigkeiten enthoben, zu einem für die Epoche charakteristischen sozialen Kompromiss bereit ist: Durch eine rücksichtsvollere Verwirklichung seiner Modernisierungspläne, zu der er sich auch aufgrund von Carolines Einfluss entschließt, soll die schlimmste Not von den Arbeitern abgewendet werden.

Es gelingt der Autorin auf bemerkenswerte Weise, die privaten Schicksale ihrer Figuren mit dem gesellschaftlichen Kontext zu verknüpfen. Viktorianische Kritiker wie George Henry Lewes warfen dem Roman eine mangelnde Verbindung zwischen beiden Handlungssträngen vor. Dennoch fand *Shirley* immerhin so viele Leserinnen und Leser, dass die ersten 20 000 Exemplare innerhalb von neun Monaten ausverkauft waren und am Ende des Jahrhunderts die neunte Auflage durchlaufen war. Der Vorwurf, *Shirley* weise keine fesselnde Zusammenführung der Handlungsebenen auf, wurde in einigen älteren Aufsätzen aufgegriffen. Jüngere Ansätze gehen stattdessen den untrennbar mit sozialen und moralischen Normen verwobenen, scheinbar nur privaten Gefühlen nach. Erst nach der angemessenen ›Erziehung des Herzens‹ – Robert muss sein Profitstreben und seinen Stolz ebenso überwinden wie Louis seine sozialen Minderwertigkeitskomplexe – und allerdings auch im Zuge einer politischen Wende zum Guten, kann der Gefühlsausdruck und seine Kontrolle, können die politischen Massen und der Textilfabrikant eine friedliche Balance erreichen.

Hinsichtlich der verstörenden ›Schüler-Lehrer-Beziehung‹ der beiden Liebespaare Robert und Caroline bzw. Shirley und Louis weist *Shirley* Ähnlichkeiten mit *The Professor* und *Villette* auf und greift in der scharfen Anklage gegen das Schicksal der unterbeschäftigten Mittelklassefrau und in seiner insgesamt ehefeindlichen Ausrichtung Themen auf, die Charlotte Brontë auch in *Jane Eyre* verarbeitete. Bemerkenswert ist die Vielstimmigkeit des Textes, in dem die verschiedensten religiösen, politischen und moralischen Positionen zu Wort kommen. Letztendlich gelingt es der Autorin in Bezug auf die Darstellung der Arbeiterschaft jedoch nicht, sich von ihrem eigenen, von der anglikanischen Staatskirche, der Philanthropie und vom bürgerlichen Umfeld geprägten Standpunkt zu lösen. JÖRG DREWS / GESA STEDMAN

Anne Brontë
* 17. Januar 1820 in Thornton/Yorkshire (Großbritannien)
† 28. Mai 1849 in Scarborough/Yorkshire (Großbritannien)

(Pseudo. Acton Bell) – 1826 Beginn der »Gondal«-Jugendwerke mit ihrer Schwester Emily Brontë; 1835–1838 mit Unterbrechungen Schulbesuch in Roehead mit der Schwester Charlotte Brontë; 1839–1841 Stellung als Gouvernante und Hauslehrerin; 1846 Veröffentlichung der Gedichtsammlung der Brontë-Schwestern unter Pseudonym: *Poems, by Currer, Ellis and Acton Bell*; 1849 Tod durch Tuberkulose.

Weiteres Werk: *Die Herrin von Wildfell Hall* (*The Tenant of Wildfell Hall*, 1848).

Agnes Grey / Agnes Grey
Das harte Gouvernantenleben einer verarmten Pastorentochter steht im Mittelpunkt dieser autobiographischen Erzählung aus dem Jahr 1846. Agnes Grey wächst glücklich auf, eine veränderte finanzielle Lage ihrer Familie und ihr Wunsch, auf eigenen Füssen zu stehen, zwingen sie jedoch, eine Anstellung als Gouvernante zu suchen. Bei den Bloomfields, einer Familie von Emporkömmlingen, leidet sie unter den wilden und schlecht erzogenen Kindern ebenso wie unter den gefühllosen und unverständigen Eltern. Es folgt eine zweite Anstellung bei der Familie Murray, wo es ihr allerdings nur wenig besser ergeht. Sie ist einsam, kann die oberflächlichen Interessen ihrer Schützlinge nicht teilen und wird nicht als wirklicher Teil der Familie akzeptiert. Das Leid der Ich-Erzählerin wird noch größer, als die ältere Murray-Tochter versucht, ihren einzigen Kontakt zu dem ihr gleichgesinnten Pfarrer Mr. Weston zu unterbinden. Anhand der Pastorenfiguren diskutiert die Autorin anschaulich die im frühen 19. Jh. erfolgte Reform der Staatskirche und greift damit in einen eigentlich Männern vorbehaltenen Diskurs ein.

Agnes ist nun vollkommen allein und kehrt schließlich in den Kreis ihrer Familie zurück. Ihr Vater hat sich nie wieder von seinem finanziellen Beinahe-Ruin erholt und stirbt entkräftet. Nachdem ihre Schwester geheiratet hat, gründen Agnes und ihre Mutter eine kleine Schule. Durch Zufall begegnet Agnes eines Morgens Mr. Weston wieder, erneuert ihre Freundschaft zu ihm und heiratet ihn schließlich. Der Roman endet glücklich mit einer kurzen Beschreibung der Ehe und Elternschaft von Agnes und Mr. Weston: Sie hat nun einen ihr angemessenen Partner und ein erfüllende Rolle als Mutter gefunden, die ihrer Bildung und ihrem christlichen Mittelklasseideal entsprechen.

Agnes kann ihr schwieriges Leben als Gouvernante, insbesondere ihre große Einsamkeit und die fortgesetzte Ausbeutung und Zurücksetzung, nur mit Hilfe ihres festen Glaubens bewältigen. Ihre christlich-evangelikale Beständigkeit wird am Ende belohnt, weil sie, im Gegensatz zu den meisten ihrer Mitmenschen, sich nichts zuschulden kommen lässt. Immer wenn Details aus dem Alltag einer Gouvernante ohne moralische Bewertung dargestellt werden, wird der Roman anschaulich. Allerdings gelingt es der Autorin in ihrem Erstlingswerk nicht ganz, mit ihrer Protagonistin zu überzeugen: Sie ist so perfekt, dass sie kaum glaubwürdig erscheint, und ihre moralisch fixierte Position übt wenig Leseanreize aus. Wegen seiner zur Schwarz-Weiß-Malerei neigenden Moralauffassung wird *Agnes Grey* daher trotz der glaubwürdigen Schilderung des Gouvernantenschicksals zu Recht als nicht ganz so gelungen eingestuft wie die anderen Romane der Brontë-Schwestern. Erzählerisch wird die Autorin mit ihrem zweiten Roman *The Tenant of Wildfell Hall* experimentierfreudiger, und die Vielfalt der Perspektiven hebt die Enge der Ich-Erzählung, die in *Agnes Grey* vorherrscht, gekonnt auf. GESA STEDMAN

Emily Brontë
* 30. Juli 1818 in Thornton/Yorkshire (Großbritannien)
† 19. Dezember 1848 in Haworth/Yorkshire (Großbritannien)

(d. i. Emily Jane Brontë; Pseudo. Ellis Bell) – 1821 Tod der Mutter; 1824 traumatisch verlaufender Schulbesuch in Cowan Bridge; 1825 Rückkehr nach Erkrankung und Tod älterer Schwestern; 1826 erste literarische Versuche (»Gondal«-Gedichte und -Erzählungen gemeinsam mit Anne Brontë); 1838 kurzzeitig Lehrerin; Februar bis November 1842 im Pensionat Héger in Brüssel gemeinsam mit Charlotte Brontë; 1846 Veröffentlichung von 21 Gedichten in der Gedichtsammlung der Brontë-Schwestern als *Poems, by Currer, Ellis and Acton Bell*; 1848 Tuberkuloseerkrankung.

Weiteres Werk, zusammen mit Charlotte Brontë: *Angria und Gondal* (*Legends of Angria*, 1826–1839).

Die Sturmhöhe / Wuthering Heights

Die Spannung des 1847 erschienenen, einzigen erhaltenen Romans der Autorin wird durch die komplexe Erzählstruktur aufrechterhalten. Eingebettet in eine alltäglichere Rahmenhandlung, die mit dem ersten Besuch des neuen Mieters von Thrushcross Grange, Mr. Lockwood, in Wuthering Heights einsetzt, wird man mit einem komplexen Beziehungsgeflecht zweier Familien konfrontiert, die über mehrere Generationen hinweg eng aneinander gebunden sind. Zwischen Wuthering Heights auf der einen und Thrushcross Grange auf der anderen Seite besteht nicht nur das Gefälle zwischen Berghöhe und Tal, sondern in umgekehrter Weise auch ein soziales Gefälle. Thrushcross Grange beherbergt die landbesitzende und sozial höherstehende Familie Linton, während auf Wuthering Heights in der kargen Landschaft Yorkshires die Earnshaws als alteingesessene Freibauernfamilie spartanischer leben. Zwischen beiden Welten entspinnt sich eine von starken Leidenschaften und Gewalt geprägte, im späten 18. Jh. und während der industriellen Revolution angesiedelte Handlung, die überwiegend von Lockwood und der Haushälterin Nelly Dean in achronologischer Weise erzählt wird.

Der Vater der Geschwister Catherine und Hindley Earnshaw bringt eines Tages einen jungen, wilden Eindringling unklarer sozialer und nationaler Herkunft mit, der fortan in seiner Wildheit und tierhaften Leidenschaftlichkeit das Leben in Wuthering Heights bestimmen wird. Catherine und Heathcliff wachsen gemeinsam als ›Kinder des Moores‹

auf. Nach dem Tod des Vaters wird Heathcliff von Hindley gequält und erniedrigt. Catherine entdeckt eines Tages Thrushcross Grange und ist vom dortigen Luxus und den Geschwistern Isabella und Edgar Linton fasziniert. Sie ist Heathcliff zwar untrennbar verbunden – »Ich *bin* Heathcliff!« – will ihn jedoch aus sozialen Gründen nicht heiraten. Heathcliff verlässt daraufhin Wuthering Heights und kehrt erst nach drei Jahren als nun auf mysteriöse Weise reich gewordener Mann zurück. In der Zwischenzeit hat Catherine den schwächlichen Edgar geheiratet.

In Wuthering Heights findet Heathcliff den verwitweten und dem Spiel verfallenen Hindley und seinen Sohn Hareton vor. Heathcliff dominiert fortan wieder das Geschehen: Catherine drangsaliert er so, dass sie an den Folgen eines ›Gehirnfiebers‹ und an ihrer eigenen inneren Zerrissenheit kurz nach der Geburt ihrer Tochter Catherine (Cathy) stirbt. Heathcliff heiratet Edgars Schwester Isabella und quält sie; an Hindley rächt er sich, indem er ihn und Hareton nach seiner Rückkehr vollständig in seiner Gewalt hält. Schließlich stirbt auch Edgar Linton. Um sich weiteren Besitz anzueignen, forciert Heathcliff eine Ehe zwischen seinem Sohn Linton und Edgars und Catherines Tochter Cathy. Linton ist ebenso schwächlich wie Edgar und stirbt bald. Cathy ist nun eine Art Gefangene auf Wuthering Heights, freundet sich wider Erwarten mit Hindleys Sohn, dem verwahrlosten Hareton, an und übt einen zivilisierenden Einfluss auf ihn aus.

Heathcliffs Rachegelüste sind nun gestillt, er sehnt nur noch seinen eigenen Tod herbei, um endlich mit Catherine Earnshaw vereint zu werden. Nach seinem Tod endet der Roman mit dem Versprechen einer nun friedlicheren Einheit der beiden Welten, verkörpert in der Verbindung der jüngeren Generation, der Ehe von Cathy und Hareton. Allerdings bleibt das Ende etwas ambivalent: Cathys von ihrer Mutter geerbte Wildheit wird ebenso gezähmt wie Haretons unzivilisiertes Verhalten. Zudem verwandelt sich Cathy beinahe in das viktorianische Frauenideal einer helfenden, sorgenden und ausgeglichenen Gattin – und erfüllt damit fast das literarische Stereotyp des ›angel in the house‹.

Der Eindruck überwiegt, dass man es hier mit einer durch den erzählerischen Rahmen und das scheinbar versöhnliche Ende nur mühsam kontrollierten Gewalt und Leidenschaft zu tun hat, die manche Kritiker auf die Entstehungsepoche, die sogenannten ›hungry forties‹ und die aufbrechenden sozialen, moralischen und ökonomischen Konflikte, zurückführten. Kritik an bestehenden Eherechten – Frauen waren in der

Ehe machtlos und ihren Ehemännern in rechtlicher Hinsicht vollständig unterworfen, also ohne eigenen Rechtsstatus – verbindet sich hier mit der Kritik an patriarchalisch kontrollierter, extremer Religiosität wie sie im Roman in dem dominanten Bediensteten der Earnshaws, Joseph, und dessen Ausprägung des Methodismus präsentiert wird. Der Zusammenschluss der beiden Familien – der historisch immer unwichtiger werdenden Freibauernfamilie Earnshaw und der landbesitzenden Familie Linton – wird in der Forschung wahlweise als Sieg der alten Welt über die neue oder umgekehrt interpretiert. Einerseits haben die alten Werte Bestand, verkörpert durch Hareton Earnshaw als letztem Abkömmling der traditionellen Freibauernfamilie. Andererseits ziehen er und Cathy nach Thrushcross Grange, wo sie das luxuriösere Leben des landbesitzenden ›Squire‹ genießen können und sich dem Lebensstil der sich zunehmend auch als Industrieunternehmer betätigenden ›gentry‹ annähern.

Andere Kritiker betonen eher das Erbe des Schauerromans und der romantischen Literatur, übersehen dabei jedoch die vielfältig vorhandenen Zeitbezüge ebenso wie den Platz des Romans in Emily Brontës Gesamtwerk, denn was zeitgenössische Leser schockierte und Generationen von Literaturwissenschaftlern noch immer beschäftigt, war Emily Brontë keineswegs fremd. Aus ihrer mit der Schwester Anne Brontë entwickelten fiktiven »Gondal«-Welt übernahm sie zentrale Figurenkonzeptionen, das Thema Leidenschaft und Gewalt und situierte sie in der ihr vertrauten Landschaft Yorkshires, einschließlich der dialektalen Färbung einiger Figuren. In die meisterlich konstruierte Erzählsequenz eingefügt, die dem Leser ständige Aufmerksamkeit abverlangt, entfalten diese Elemente des Frühwerks eine ganz eigene Wirkung, insbesondere Lockwoods berühmte Traumsequenzen.

Entgegen der Lesart, Emily Brontë habe in *Wuthering Heights* eine abgeschlossene, mythische und die Zeiten überdauernde Welt entworfen, ist der Roman sehr wohl in seiner Epoche verankert. Durch die detailliert beschriebenen Alltagsgegenstände und -handlungen, den religiösen Kontext des in Yorkshire verbreiteten Methodismus, die genau geschilderten sozialen Unterschiede zwischen Heathcliff, den Earnshaws und den Lintons bis hin zur Frage, welche Bedeutung das Ende des Romans in gesellschaftlicher Hinsicht hat, verweist der Text auf seine Entstehungszeit und auf die literarische sowie politische Bildung seiner Autorin. Zwischen beiden Welten entspinnt sich eine von starken Leidenschaften, Gewalt und Amoralität geprägte, im späten 18. Jh. und während der industriellen Revolution angesiedelte Handlung. Weil vor allem Lockwood ein unzuverlässiger Erzähler ist, dessen erste Eindrücke und Bewertungen fortlaufend korrigiert werden müssen, bleibt man als Leser permanent aufmerksam. Der Roman wurde seit 1920 mindestens 14-mal in den USA, in Großbritannien und in Frankreich verfilmt. GESA STEDMAN

William Makepeace Thackeray

* 18. Juli 1811 in Kalkutta (Indien)
† 24. Dezember 1863 in London (Großbritannien)

(Pseudo. Charles James Yellowplush, Michael Angelo Titmarsh, George Savage Fitz-Boodle) – Ab 1817 in England; Studium am Trinity College in Cambridge (ohne Abschluss); anschließend Kunst- und Jurastudien; verfasste Essays, Rezensionen, Erzählungen und Reiseberichte, die er oft selbst illustrierte; erste Erfolge durch satirische Artikelserien für *Fraser's Magazine* und ab 1842 für *Punch*; 1859 Gründungsherausgeber der Zeitschrift *Cornhill Magazine*; Klassiker des viktorianischen Realismus, der seine moralische Kritik an Bigotterie und Materialismus auf der Annahme einer in ihren Grundzügen unveränderbaren menschlichen Natur gründete; Neubewertung seiner witzigen und kraftvollen frühen Sketche, Satiren und Reiseberichte im 20. Jh.

Weitere Werke: *Das Snobs-Buch* (*The Book of Snobs*, 1848), *Die Geschichte des Pendennis* (*The History of Pendennis*, 1848), *Die Newcomes. Memoiren einer höchst ehrbaren Familie, hrsg. von Arthur Pendennis, Esq.* (*The Newcomes. Memoirs of a Most Respectable Family. Edited by Arthur Pendennis, Esq.*, 1853–1855).

Jahrmarkt der Eitelkeiten / Vanity Fair. A Novel Without a Hero

Der Roman, der in monatlichen Fortsetzungen von Januar 1847 bis Juli 1848 zur Blütezeit der viktorianischen Erzählliteratur in Fortsetzungen erschien, gilt als das Meisterwerk des Autors. Der Titel spielt auf Bunyans *The Pilgrim's Progress* (1678) an, in dem menschliche Hoffart als Jahrmarkt der Eitelkeiten allegorisiert wird. Der Untertitel A Novel Without a Hero verweist doppeldeutig auf die weiblichen Zentralfiguren sowie auf die wenig heldenhaften Eigenschaften sämtlicher Charaktere. Obwohl die Handlung ins Regency zurückverlegt ist, stehen nicht die historischen Ereignisse, sondern das Konfliktpotential von Mentalitäten und Verhaltensweisen im Vordergrund.

Thackeray gehört wie George Eliot und Anthony Trollope zu den viktorianischen Realisten, dennoch ist *Vanity Fair* kein typischer realistischer Roman seiner Zeit. Die weitverzweigte Handlung ist nicht primär am Werdegang eines einzelnen Individuums interessiert, sie zeigt vielmehr eine repräsentative Überschau über Mittel- und Oberschicht und deren Habgier, Geltungssucht und Jagd nach Sozialprestige. Der Roman zielt auf eine allgemeine Moral und Sittenkritik, die eine unabänderliche Natur des Menschen mit unrühmlichen Verhaltensweisen voraussetzt. Ein personalisierter auktorialer Erzähler greift ständig offensichtlich ins Geschehen ein, redet den Leser an, tritt als Figur auf und moralisiert oder kommentiert. Dieser Erzähler verhindert somit eine ungestörte Illusionsbildung und lässt stattdessen Ansichten und Werturteile in den Vordergrund treten, die immer wieder skeptisch relativiert werden, so dass die Lektüre unterhaltsame Anregung zur Reflexion bietet. Das pessimistische Menschenbild bewirkt mithin nicht nur einen melancholisch-resignativen Erzählton, sondern letztlich eine Neukonzeption des Realismus, die das Prinzip der poetischen Gerechtigkeit verabschiedet.

Der Roman spielt in der Zeit der Napoleonischen Kriege. Die weitläufige, episodenhafte Handlung verfolgt das gegenläufige Schicksal zweier Frauen, Amelia Sedley und Rebecca (Becky) Sharp, die nach Herkunft und Charakter entgegengesetzte Frauentypen verkörpern: Amelia entstammt der respektablen Mittelschicht; ihr passiv anschmiegsames, hilfloses Wesen entspricht dem Ideal viktorianischer Weiblichkeit. Becky dagegen ist die verwaiste Tochter eines mittellosen Künstlers und einer französischen Tänzerin. Sie ist intelligent, zielstrebig und skrupellos und treibt mit großem Ehrgeiz ihren gesellschaftlichen Aufstieg voran. Die beiden Frauen durchleben zeitlich versetzt Höhen und Tiefen des Schicksals, denen sie, ihren unterschiedlichen Charakteren entsprechend, verschieden begegnen. Beckys Versuch, Amelias dümmlichen Bruder Jos in die Ehe zu manövrieren, wird von Amelias Verlobtem Captain George Osborne vereitelt, sie muss eine Stelle als Gouvernante im Hause des vulgären Landjunkers Sir Pitt Crawley antreten. Dort macht sie sich den Herrn des Hauses gefügig, doch als ihr dieser nach dem Tod seiner Frau einen Antrag macht, stellt sich heraus, dass Becky inzwischen heimlich seinen Sohn Rawdon Crawley geheiratet hat, der daraufhin von seiner Tante enterbt wird. Inzwischen hat Amelias Vater Bankrott gemacht, und ihr Verlobter steht nur auf Drängen seines engsten Freundes William Dobbin, der Amelia hoffnungslos verehrt, zu seinem Wort und heiratet die Verarmte. Er wird deshalb von seinem habgierigen Vater ebenfalls enterbt.

Während sich der Gardeoffizier Rawdon als treu sorgender Ehemann Beckys erweist, entpuppt sich Amelias sympathischer Gatte als verantwortungsloser Egoist, der sein Geld verschleudert und mit Becky eine Liaison anknüpfen will. Er fällt bei Waterloo, wird aber von der nichts ahnenden Amelia mit kindischer Idolatrie weiter verehrt. Inzwischen hat Becky mithilfe des betagten Parlamentariers Lord Steyne gesellschaftlich Karriere gemacht, indem sie seine Lüsternheit und seinen Reichtum geschickt ausnutzt. Aber ihr Schicksal wendet sich, als ihr Mann sie und Lord Steyne in einer kompromittierenden Situation ertappt und sie daraufhin verstößt. Indessen ist Amelia immer weiter verarmt und verlässt sich auf die finanzielle Unterstützung ihres treuen Verehrers Dobbins. Als ihr Schwiegervater stirbt, wird Amelia durch das Erbe wohlhabend und unternimmt mit Jos und Dobbins Vergnügungsreisen. In Pumpernickel (Weimar) begegnen sie Becky, die sich inzwischen jahrelang als Abenteurerin und Glücksspielerin durchs Leben geschlagen hat. Nun gelingt es ihr endlich, Jos zu einer Heirat zu bewegen. Durch Becky werden auch Dobbins und Amelia ein Paar, als diese Amelia die Augen über den wahren Charakter ihres verstorbenen Mannes öffnet. Ironischerweise erfüllt sich Dobbins' Herzenswunsch erst, nachdem er Amelias nichtswürdigen Charakter erkennen musste. Jos lässt sich von Becky in ein Verhältnis manövrieren. Er wird zunehmend von unbestimmten Krankheiten und Ängsten heimgesucht, wagt jedoch nicht, die Beziehung zu Becky zu beenden. Nachdem er eine hohe Lebensversicherung auf Becky abgeschlossen hat, stirbt er unter ungeklärten Umständen (Thackerays Illustration zeigte sie als Clytemnestra mit einem Giftfläschen in der Hand). Es stellt sich heraus, dass sein vermeintliches Vermögen verloren ist. Rebekkas Sohn, der den Titel seines Vaters geerbt hat, verweigert den Kontakt mit seiner Mutter, versorgt sie jedoch finanziell. So kann Becky schließlich ein relativ angesehenes Leben als fromme Wohltäterin führen. Beide Handlungsstränge unterminieren die Konvention des Happy End und der poetischen Gerechtigkeit im viktorianischen Roman.

Die Erzählerstimme beurteilt alle Gestalten und Geschehnisse als Manifestationen menschlicher Eitelkeit und schafft zu ihren Schicksalsschlägen und Gefühlen satirische oder komische Distanz. Trotz der vorherrschenden Ironie lässt sie aber auch Verständnis und Nachsicht für menschliche Schwächen durchscheinen. Den Lesern wird kein moralisches Schema an die Hand gegeben, sie werden eher an eigene Schwächen erinnert. Die Kontrastierung der romantischen, süßlichen Amelia mit der gerissenen Abenteurerin Becky ist nicht eine von Ideal und Abweichung, vielmehr relativiert Thackeray beide Stereotypen und polemisiert gegen klischeehafte Sichtweisen seiner Zeit. Die tugendhafte

Amelia, die sich als feige, selbstgefällig und naiv entpuppt, verweist in spöttischer Art auf gängige Weiblichkeitsideale. Die raffinierte und unerschrockene Becky wird durch die ambivalente Haltung des Erzählers eine faszinierende, schillernde Gestalt.

Einheitsstiftendes Prinzip der kontrastreichen Figurenkonstellation und der vielfältigen Episoden ist der allgegenwärtige Erzähler. Seine gezielten Auftritte als Puppenspieler und seine unverhohlene Willkür bei der Auswahl des Erzählten hält die Vermittlungsebene der Fiktion stets präsent und stellt eine enge Beziehung zu den Lesenden her. Zwar knüpft die weitläufige, urbane Erzählweise an die Tradition des 18. Jh.s an, aber die Uneindeutigkeit des moralischen Urteils ist eine Begleiterscheinung des Zusammenbruchs religiöser, verbindlicher Normsysteme. In dieser instabilen Wertewelt verweigert sich der Roman polarisierenden Ideologien und schafft durch seine pikarische Struktur eine offenere Subjektkonzeption, welche die Leser herausfordert, die herrschenden Konventionen zu reflektieren. RENATE BROSCH

Die Geschichte des Henry Esmond, Oberst im Dienste seiner Majestät, Königin Anna, von ihm selbst verfasst / The History of Henry Esmond, Esq., a Colonel in the Service of Her Majesty Q. Anne, Written by Himself

Der erstmals 1852 veröffentlichte historische Roman erzählt die Ereignisse des ausgehenden 17. und des 18. Jh.s aus der Perspektive der Privatperson Henry Esmond. Zugleich entfaltet er ein lebendiges Panorama der verschiedenen religiösen und politischen Meinungen, der subversiven und militärischen Auseinandersetzungen und der schillernden historischen Gestalten der Zeit von Königin Anne.

Nach früher Kindheit unter französischen Hugenotten wird Henry von dem kinderlosen Thomas Graf Castlewood auf den Familienbesitz geholt und dort von einem Jesuiten zum Anhänger des abgesetzten Stuartkönigs Jakob II. erzogen. Nachdem Graf Thomas im Kampf gegen Wilhelm III. von Oranien gefallen ist, kommt der junge Henry unter den Schutz von dessen Neffen Francis und seiner anglikanischen Familie. Der intelligente, gebildete Junge wird Hauslehrer der beiden Kinder Frank und Beatrix wie auch der tugendhaften Mutter, Rachel, die er zutiefst verehrt. Die Castlewoods ermöglichen ihm ein Studium in Cambridge, mit dem er zum Geistlichen ausgebildet werden soll. Ein skrupelloser Verführer, der historisch verbürgte Lord Mohun, nutzt die Neigung des

Lord Castlewood zum Glückspiel aus, mit der Absicht, ihn zu ruinieren und seine Frau zu verführen. Daraufhin duelliert sich Castlewood mit Mohun, sekundiert von Henry, und wird tödlich verwundet. Vor seinem Tod enthüllt er, dass Henry der Sohn einer geheimen Ehe des Grafen Thomas mit einer Bürgerlichen ist und somit legitimer Erbe von Titel und Besitz. Obwohl Henry wegen der Beteiligung am Duell ins Gefängnis muss und seine Aussicht auf einen Posten in der Kirche verliert, behält er diese Wahrheit edelmütig für sich, um die gesicherte Existenz Rachels und ihrer beiden Kinder nicht zu gefährden. Auch als Rachel ihn der Mitschuld am Tod ihres Mannes bezichtigt und des Hauses verweist, bleibt er standhaft. Henry wird Offizier in Königin Annes Armee und ist am Frankreichfeldzug des Herzogs von Marlborough beteiligt, von dem er desillusioniert zurückkehrt. Er kann sich mit Rachel versöhnen, da sie inzwischen die wahren Hintergründe seines Verhaltens erfahren hat und wird sich ihrer innigen Zuneigung bewusst. Doch er verfällt der inzwischen zu einer unvergleichlichen Schönheit herangewachsenen Tochter Beatrix. Von dieser unglücklichen Leidenschaft kann ihn erst die Erkenntnis heilen, dass die eitle und gefühlskalte Beatrix aus persönlichem Ehrgeiz bereit ist, den Nachstellungen des Thronanwärters der Stuarts nachzugeben. Diese Einsicht heilt ihn auch von seinem Eintreten für die Sache der Stuartkönige. Er heiratet die acht Jahre ältere Rachel und lässt sich mit ihr auf dem transatlantischen Teil der Besitzungen in Virginia nieder, wo er als alter Mann rückblickend seine Lebensgeschichte erzählt.

Die individuelle Geschichtserfahrung wird in der ungewöhnlichen Erzählform der dritten Person vermittelt, bei der nur in den Kapitelüberschriften und vereinzelt im Erzähltext die erste Person Singular auftritt. Die unterschiedlichen Bewusstseinsstufen der Vergangenheits- und Gegenwartsperspektive erzeugen eine ständige Verschränkung der historischen Ereignisse mit der tolerant skeptischen Welthaltung, die der anfänglich hitzköpfige Henry den Zeitläufen abgewinnt. Durch den privaten Blick auf große Geschichte wird das Historische entidealisiert, und Helden wie Bolingbroke und Marlborough verlieren den Nimbus des Heroischen. Das Schwanken der Hauptfigur zwischen Whigs und Tories, Puritanern und Katholiken, erweist sich als Lehrstück gegen jegliche Romantisierung, während die Demontage offizieller Geschichtsschreibung zugleich als Korrektiv für übermäßig enthusiastische Parteinahme funktioniert. Diese Entmythisierung der Geschichte steht im Dienst einer Erhöhung des Privaten und der Gültigkeit einer überindividuellen Verhaltensethik.

The History of Henry Esmond gilt als Meisterwerk des historischen Romans. Er kombiniert Elemente aus fiktiver Autobiographie und Bildungsroman mit einer Konzentration auf die Henry Esmond bewegenden emotionalen Ereignisse, wodurch er eine ästhetische und strukturelle Geschlossenheit erzielt. Besonders bemerkenswert ist die Erzeugung eines Realitätseffekts durch eine pastiche-artige Verwendung von Sprache, Stil und Rhetorik der Queen-Anne-Zeit. Ergänzt wird diese historisierende Ausdrucksweise mit intertextuellen Rückgriffen auf und zum Teil direkten Zitaten aus den Schriften historischer Persönlichkeiten, wie John Addison, Richard Steele und Jonathan Swift, so dass eine außergewöhnlich überzeugende fingierte Authentizität zustande kommt. Kritikpunkt früherer Kommentare war Thackerays Idealisierung eines konventionellen viktorianischen Frauenbildes. In der heutigen Auseinandersetzung mit dem Roman steht die transatlantische Schlusslösung der britisch-imperialen Ereignisse im Mittelpunkt. Für eine solche Interpretation muss allerdings der Folgeroman The Virginians (1857–1859) sowie das fiktive Vorwort herangezogen werden. Dort erscheint Amerika als moralisch überlegener Zufluchtsraum, wo das Konfliktpotenzial der Adelsparteien der Herkunftskultur entschärft ist. Die im Roman vorgetragene Kritik an der europäischen Frau als ›Sklavin‹ des Mannes leistet mit der Metapher der ›Sklaverei‹ eine Ablenkung von ethischen Problemen der Wahlheimat, ebenso wie naive Hinweise auf gut behandelte ›Negersklaven‹ und ›edle Wilde‹ koloniale Grausamkeiten und Ungerechtigkeiten maskieren. Zusammen mit The Virginians verfolgt der historische Plot eine Abfolge von Wendepunkten, die zu einer freieren und gerechteren Ordnung in Nordamerika führten. Daher musste ein Hinweis auf ethnische oder rassische Ungerechtigkeit störend wirken. Obwohl die politische Argumentation eine Nebenrolle einnimmt, werden in der Erzählhaltung Wertmaßstäbe vermittelt, die zentrale Bestandteile der imperialistischen Ideologie darstellten. RENATE BROSCH

Charles Dickens
* 7. Februar 1812 in Landport (Großbritannien)
† 9. Juni 1870 in Rochester (Großbritannien)

(Pseud. Boz) – 1824 während der Schuldhaft des Vaters Arbeit in einer Schuhwichsfabrik; 1825–1827 Schulbesuch, nach Lehrzeit in einer Anwaltskanzlei Prozess-Stenograph und Journalist; erste Erzählungen ab 1833, außergewöhnlicher Erfolg ab 1836; Herausgeber von *Bentley's Miscellany* und den Wochenzeitschriften *Household Words* und *All the Year Round*; zwei historische und 13 weitere Romane, fünf *Christmas Books* und zahlreiche Erzählungen, die ein realistisches Bild der Erfahrungswelt seiner Zeitgenossen, insbesondere der Mittel- und Unterschicht zeichneten; ausgedehnte Reisen durch Europa und die USA (1842 und 1867/68). Während die Zeitgenossen die humorvollen Romane des Frühwerks bevorzugten, konzentriert sich die Kritik seit der Mitte des 20. Jh.s auf die düsteren Romane des Spätwerks und ihre Symbolstruktur; dauerhafte Popularität des Werks.

Weitere Werke: *Die Pickwickier* (*The Posthumous Papers of the Pickwick Club*, 1836–1837), *Nicholas Nickleby* (*The Life and Adventures of Nicholas Nickleby*, 1838–1839), *Der Weihnachtsabend* (*A Christmas Carol in Prose*, 1843), *David Copperfield* (*The Personal History, Adventures, Experience, and Observation of David Copperfield, the Younger*, 1849–1850), *Bleakhaus* (*Bleak House*, 1852–1853), *Unser gemeinsamer Freund* (*Our Mutual Friend*, 1864–1865).

Oliver Twist / Oliver Twist, or, The Parish Boy's Progress
Der zwischen Februar 1837 und April 1839 in monatlichen Fortsetzungen in *Bentley's Miscellany* veröffentlichte Roman erschien bereits im November 1838 in einer ersten Buchausgabe. Er setzt als Satire auf die zeitgenössische Armengesetzgebung ein und schildert die Geburt des Protagonisten Oliver im Armenhaus einer Kleinstadt, den Tod seiner Mutter sowie die Aufzucht auf einer ›Babyfarm‹. Als Oliver den brutalen Büttel Mr. Bumble im Armenhaus um eine zusätzliche Essensration bittet, wird er hart bestraft und als Krimineller abgestempelt, dem ein Ende am Galgen vorhergesagt wird. Dickens' Text und George Cruikshanks Illustration dieser Szene geißeln die Zustände im Armenhaus und die Lehren von Malthus und Bentham, auf denen das neue Armengesetz von 1834 beruht.

Mit neun Jahren beginnt Olivers Lehrzeit bei dem Leichenbestatter

Sowerberry; Noah Claypole, der ebenfalls Lehrling ist, und das Dienstmädchen Charlotte lassen ihn seine Herkunft aus dem Armenhaus spüren und quälen ihn. Oliver flieht nach London. Unterwegs trifft er auf Jack Dawkins, den ›Artful Dodger‹ (raffinierter Schwindler), der ihn zu dem Juden Fagin bringt, einem Hehler und Herrn einer Bande jungendlicher Taschendiebe. Dickens macht Fagin zum Sprachrohr des zeitgenössischen Wirtschaftsliberalismus, wenn er ihn erklären lässt, dass seine kleine Gemeinschaft auf Egoismus und Profitstreben jedes Einzelnen gegründet sei. Indem diese Interessengemeinschaft im Laufe des Romans von innen heraus zerstört wird, wird gezeigt, dass Eigeninteresse als Basis einer Gesellschaft nicht ausreicht.

Oliver wird spielerisch im Diebeshandwerk geschult. Ein erster Diebstahl in Begleitung von zwei Jungen misslingt; Oliver wird gefasst und zur Polizeistation gezerrt, wo sich seine Unschuld erweist. Mr. Brownlow, ein gutmütiger alter Herr, der nur widerwillig gegen Oliver ausgesagt hatte, nimmt sich seiner an und lässt ihn in seinem Haus während einer langen Krankheit pflegen. Bei einem Botengang für seinen Wohltäter wird Oliver von dem Dieb Bill Sikes und dessen Partnerin Nancy, die im Auftrag Fagins handeln, aufgegriffen und zu Fagin zurückgebracht. Zusammen mit Bill Sikes soll Oliver in eine Villa auf dem Land einbrechen. Doch das Vorhaben schlägt fehl; Oliver, den die Diebe auf der Flucht verwundet zurücklassen, schleppt sich zurück in das Haus, das das Ziel des Einbruchs war, wird von der Besitzerin, Mrs. Maylie, und deren Adoptivtochter Rose gesundgepflegt und lernt Fürsorge und Liebe kennen. Alle Versuche, Olivers Geschichte zu überprüfen und Mr. Brownlow oder die Diebe zu finden, sind vergeblich. Nach mehreren Monaten im Hause Maylie sieht Oliver plötzlich durch ein Fenster Fagin und einen ihm Unbekannten – Monks –, der großes Interesse an Oliver hat. Beide sind ebenso schnell wieder verschwunden.

Monks, der hinter dem Plan steckt, Oliver in Verbrechen zu verstricken und dadurch zu vernichten, trifft sich mit Mr. Bumble, dem ehemaligen Büttel, der durch seine Heirat mit der ›Armenhausmutter‹ nun ›Armenhausvater‹ geworden ist. Mrs. Bumble hat sich in den Besitz eines Medaillons gebracht, das eine Wärterin Olivers sterbender Mutter gestohlen hatte und das Monks ihr abkauft, um es sofort zu vernichten. Nancy, die Mitleid mit Oliver hat, enthüllt Rose Maylie, dass Monks der Halbbruder des unehelich geborenen Oliver ist und sich mit allen Mitteln in den Besitz einer Oliver zustehenden Erbschaft bringen will.

Zusammen mit Mr. Brownlow, dessen Haus Oliver wiedergefunden hat, wollen die Maylies Oliver zu seinem Recht verhelfen.

Inzwischen sind Noah Claypole und Charlotte, die Sowerberrys Kasse geraubt haben, in London eingetroffen und in Fagins Hände geraten. Sie bespitzeln in seinem Auftrag Nancy, die Olivers Freunden Monks' Aufenthaltsort genannt hat. Sikes, der Nancys ›Verrat‹ bestrafen will, tötet sie und flieht ziellos. Beim Versuch, seinen Verfolgern zu entkommen, erhängt er sich in dem Seil, mit dem er sich retten wollte. Fagin wird verhaftet. Währenddessen bringt Mr. Brownlow Monks dazu, Olivers Rechte schriftlich zu fixieren. Mit Olivers Herkunft klärt sich auch die von Rose: Sie ist Olivers Tante, und Mr. Brownlow ist der beste Freund von Olivers längst verstorbenem Vater. Mit Fagins Tod am Galgen, der am Ende des Romans unmittelbar bevorsteht, erfüllt sich an ihm, was Oliver seit seiner Bitte um mehr Essen immer wieder prophezeit wurde. Der Roman hat ein Märchenende mit der Belohnung der Guten: Rose heiratet; Mr. Brownlow adoptiert Oliver, der in den Besitz seines Erbes kommt und Mitglied der bürgerlichen Gesellschaft wird. Dagegen werden die Bösen bestraft: Fagin wird hingerichtet, Monks verlässt England und stirbt schließlich im Gefängnis; Mr. und Mrs. Bumble werden selbst Insassen des Armenhauses, dem sie einst vorstanden.

Dickens übt satirisch Kritik am Armenrecht, die zu einer Kritik an der großstädtischen Konkurrenzgesellschaft erweitert wird, in der materialistische Erwägungen menschliche Beziehungen ersetzen. Er beabsichtigte eine wirklichkeitsnahe Schilderung der Kriminellen, ihres Milieus, der Gefängnisse, Slums und Gerichtsverfahren und zeigt die ›Nachtseite‹ Londons, ein albtraumähnliches Labyrinth, eine dämonisierte Unterwelt. Dass Oliver dieser Umwelt standhält, belegt, dass nicht Umweltbedingungen, sondern Charakter, Erbanlagen, Glück und die Hilfsbereitschaft anderer Menschen ausschlaggebend für seinen Lebensweg sind. Dickens wählt gegen Ende des Romans zunehmend die Innenperspektive, die den Leser an den psychischen Leiden von Nancy, Sikes und Fagin teilnehmen lässt, ihre Menschlichkeit enthüllt und Schwarz-Weiß-Malerei vermeidet. Der Roman ist beeinflusst vom Schauerroman, den populären Newgate-Romanen, aber auch von mittelalterlichen Moralitäten und Bunyans religiöser Allegorie *The Pilgrim's Progress* (1678), auf die der Untertitel verweist. Seine anhaltende Popularität belegen zahlreiche Dramatisierungen, Musical-Versionen und Verfilmungen, so etwa im Jahr 2005 unter der Regie von Roman Polanski. ANNEGRET MAACK

Große Erwartungen / Great Expectations

Nach den düsteren Romanen *Bleak House* und *Little Dorrit* schätzten die Zeitgenossen an dem von Dezember 1860 bis August 1861 in der Wochenzeitschrift *All the Year Round* erschienenen Roman die humorvolle Darstellung insbesondere der ersten Jahre des Protagonisten. Die drei Teile des Romans markieren die Entwicklungsstufen des Ich-Erzählers, des Waisenjungen Philip Pirrip, genannt Pip. Der siebenjährige Pip, der bei seiner Schwester und deren gutmütigem Mann, dem Schmied Joe Gargery, aufwächst, trifft am Weihnachtsabend am Grab seiner Eltern einen entflohenen Sträfling, dem er Essen und eine Feile für sein Fußeisen bringt. Pips Diebstahl aus der Speisekammer, eher ein Akt des Mitleids, der bei ihm selbst jedoch Schuldgefühle hervorruft, bleibt unentdeckt, denn das Weihnachtsessen im Haus des Schmieds wird unterbrochen: Soldaten, die auf der Suche nach entflohenen Sträflingen sind, entdecken zwei, darunter den, dem Pip geholfen hat.

Auf Vermittlung von Joes Onkel, dem Kornhändler Pumblechook, wird Pip nach ›Satis House‹ zur reichen Miss Havisham bestellt, wo er ihr und ihrer Adoptivtochter Estella Gesellschaft leisten soll; Estella verachtet jedoch den einfachen Dorfjungen. Seitdem Miss Havisham am Hochzeitstag von ihrem Bräutigam verlassen wurde, steht für sie die Zeit still. Die angehaltenen Uhren, das mittlerweile verschlissene Brautkleid und die vermoderte Hochzeitstafel kennzeichnen ›Satis House‹ als verkehrte Welt, in der Estella dazu erzogen wird, stellvertretend für Miss Havisham Rache zu üben und Männerherzen zu brechen; auch Pip verliebt sich in sie. Als er, wie geplant, Joes Lehrling wird, muss er Abschied von ›Satis House‹ nehmen. Weil seine Schwester bei einem Anschlag – mysteriöserweise mit dem Fußeisen eines Sträflings – schwer verletzt und zum Pflegefall wurde, ist Biddy, die Pip das Schreiben beigebracht hat, als Hilfe in den Haushalt gekommen. Im vierten Jahr seiner Lehre als Schmied trifft der Rechtsanwalt Jaggers im Dorf ein und teilt Pip mit, dass ein Gönner, der ungenannt bleiben will, beabsichtigt, seine Erziehung zum Gentleman zu finanzieren und ihm sein Vermögen zu hinterlassen. Pip, der sich, seit er Estella kennt und bewundert, seiner einfachen Herkunft schämt und auf sozialen Aufstieg hofft, verlässt nur zu gern die Schmiede. Er akzeptiert ein parasitäres Dasein und die Patronage eines Unbekannten, hinter dem er Miss Havisham vermutet. Deren Verwandter, Mr. Pocket, wird in London sein Tutor und dessen Sohn Herbert sein enger Freund. Pips Bildung bleibt allerdings beschränkt auf gesellschaftliche Umgangsformen, sie bereitet ihn nicht auf einen Beruf vor.

In London lernt er Mr. Wemmick, den Sekretär des Rechtsanwalt Jaggers, kennen und besucht ihn in seinem Haus, das einem Spielzeugschloss ähnelt und mit seiner freundlichen Atmosphäre eine Gegenwelt zum Büro des Anwalts und der Welt der Kriminellen darstellt, die dieser vertritt. Bei gelegentlichen Besuchen in seinem Heimatdorf sieht Pip die inzwischen zur Dame gewordene Estella wieder. Dort nimmt er auch an der Beerdigung seiner Schwester teil, die an den Folgen des Anschlags gestorben ist, den vermutlich Joes Geselle Orlick verübt hat. Als er volljährig ist, kann Pip über seine gesamte ›Erbschaft‹ verfügen; er bezahlt Schulden, finanziert aber auch, ohne dass Herbert Pocket davon erfährt, dessen Partnerschaft im Handelshaus Clarriker.

Pips Leben ändert sich dramatisch, als eines Abends ein Besucher bei ihm auftaucht – der Sträfling Abel Magwitch, dem er als Kind geholfen hatte. Magwitch riskiert mit der Rückkehr aus Australien, wohin er lebenslänglich verbannt wurde und wo er durch harte Arbeit reich geworden ist, die Todesstrafe. Pip gibt Magwitch als seinen Onkel aus und versteckt ihn. Als Magwitch erzählt, dass er durch einen Gentleman-Verbrecher namens Compeyson selbst zum Kriminellen wurde, werden Pip Zusammenhänge klar: Magwitchs Todfeind Compeyson war der treulose Geliebte von Miss Havisham, deren Bruder Arthur wiederum Compeyson zu dem Verrat anstiftete. Später bestätigt sich Pips Vermutung, dass Molly, Jaggers Haushälterin und eine freigesprochene Mörderin, Estellas Mutter und Magwitchs Frau war. Nachdem der kriminelle Magwitch erfahren hatte, dass der Gentleman Compeyson vor Gericht besser behandelt wurde als er selbst, wollte er sich an der Gesellschaft rächen, indem er Pip zum Gentleman machte. Ihm verdankt Pip seinen Reichtum.

Pip und Herbert treffen Vorbereitungen, um Magwitch auf einem Schiff außer Landes zu bringen; doch vorher besucht Pip noch einmal ›Satis House‹. Er trifft Miss Havisham und Estella, teilt ihnen mit, dass sein Wohltäter aufgetaucht sei und gesteht Estella, dass er sie schon seit langem liebe und dass er glaube, Miss Havisham habe sie beide füreinander bestimmt. Estella jedoch ist durch ihre Erziehung unfähig zur Liebe und beabsichtigt, einen reichen Dummkopf heiraten. Seit dem Auftauchen von Magwitch rührt Pip dessen Geld aus Scham über die Herkunft seines Wohltäters nicht mehr an; sein Leben in Müßiggang und unverdientem Wohlstand ist beendet. Um Herberts Partnerschaft im Handelshaus Clarriker endgültig abzusichern, wendet er sich an Miss Havisham, der inzwischen bewusst geworden ist, dass sie sich an Estella und Pip schuldig gemacht hat, und die ihm das Geld zusagt.

Als er ›Satis House‹ verlassen will, bricht dort Feuer aus. Er kann die schwer verletzte Miss Havisham retten, erleidet aber selbst Brandwunden. Als er wieder in London ist, trifft eine geheimnisvolle Botschaft ein, die ihn aufs Land in das alte Schleusenhaus lockt. Dort erwartet ihn Orlick, der neidische ehemalige Geselle von Joe, der sich stets durch Pip benachteiligt glaubte. Doch bevor Orlick Pip töten kann, retten ihn Herbert und sein ehemaliger Studienkollege Startop. Bereits am übernächsten Tag rudern die drei mit Magwitch die Themse abwärts, um mit einem Dampfer England zu verlassen. Doch der Plan misslingt: Ein Beamter in einem ihnen folgenden Boot nimmt Magwitch fest, der in einem weiteren Bootsinsassen Compeyson erkennt und mit ihm zusammen in den Fluss stürzt. Nur Magwitch kann schwer verletzt aus dem Wasser gezogen werden. Sein Vermögen wird konfisziert, er selbst wird zum Tode verurteilt. Bevor die Strafe jedoch vollstreckt werden kann, stirbt Magwitch, bis zuletzt von Pip betreut.

Die durchlebten Anstrengungen haben Pip krank gemacht; zudem soll er wegen seiner Schulden in Haft genommen werden. Als er wieder zu Bewusstsein kommt, findet er den treuen Joe an seinem Krankenbett, der ihn pflegt und der, wie er später feststellt, seine Schulden beglichen hat. Pip bricht zur Schmiede auf, um Joe zu danken, seine Reue zu zeigen und um seiner Jugendfreundin Biddy einen Heiratsantrag zu machen. Er findet beide zusammen in der Schmiede – sie haben gerade geheiratet.

Pip verlässt England, um in der Niederlassung von Clarriker in Kairo, in der Herbert inzwischen Teilhaber ist, als Kontorist und später selbst als Teilhaber zu arbeiten. Erst elf Jahre später besucht er wieder die Schmiede und findet dort Joe und Biddy mit einem Sohn namens Pip. Bei einem Spaziergang zu dem Platz, an dem ›Satis House‹ gestanden hat, trifft er auf die ebenfalls geläuterte Estella, deren brutaler Ehemann inzwischen gestorben ist. Während Dickens' erster Romanschluss eine Verbindung von Pip und Estella nicht vorsieht, lässt der zweite, den er auf Bulwer-Lyttons Rat schrieb, diese Möglichkeit zu. Er klingt jedoch resignierter als ein traditionelles ›happy ending‹ und damit realistischer. Erst in der dritten Phase seiner Entwicklung, in der Begegnung mit dem von ihm zunächst verabscheuten Magwitch und in der Krise seiner

Krankheit, lernt Pip, Empathie und Mitleid und menschliche Beziehungen höher einzuschätzen als Geld, Karriere oder soziale Stellung. Er erkennt sein moralisches Fehlverhalten und sieht in Joe den ›wahren‹ Gentleman, der sich unabhängig von Klassenzugehörigkeit durch Herzensgüte auszeichnet.

Great Expectations zeigt einen Protagonisten, der von seinen durch unverhofften Reichtum genährten Illusionen Abschied nehmen muss. Der Weg vom Schmiedelehrling zum snobistischen Gentleman und schließlich zum erfolgreichen Geschäftspartner im Handelshaus Clarriker endet im Ausland. Anders als im Entwicklungsroman David Copperfield stellt Dickens hier die erfolgreiche gesellschaftliche Integration des Protagonisten in England, dessen korruptes Wertesystem der Roman kritisiert, in Frage. Kritiker des 20. Jh.s beeindruckten die atmosphärischen Schilderungen etwa der Marschlandschaft, des unheimlichen ›Satis House‹ oder des Newgate-Gefängnisses, die bereits die Verfilmung durch David Lean im Jahre 1946 einzufangen versuchte. ANNEGRET MAACK

Benjamin Disraeli

* 21. Dezember 1804 in London (Großbritannien)
† 19. April 1881 in London (Großbritannien)

Aufgewachsen als Kind landloser jüdischer Schriftsteller ohne höhere Schulbildung; 1817 Konversion zur anglikanischen Kirche; Mitbegründung der ›Young-England-Bewegung‹ (einer auf paternalistischen Werten gründenden konservativen Reformbewegung); 1868 und 1874–1880 Premierminister; Imperialist; bedeutender viktorianischer Romancier; verfasste zunächst ›silver fork novels‹, dann politische, historische und sozialkritische Romane.

Weitere Werke: *Coningsby oder Die neue Generation* (*Coningsby, or The New Generation*, 1844), *Tancred oder Der Neue Kreuzzug* (*Tancred, or The New Crusade*, 1847), *Lothair* (*Lothair*, 1870).

Sybil. Sozialpolitischer Roman / Sybil, or The Two Nations

Mit dem 1845 erschienenen, zweiten Roman der ›Young England Trilogy‹ wollte der Autor die Öffentlichkeit auf die sozialen Missstände aufmerksam machen, durch die er England in ›zwei Nationen‹ gespalten sah: in die der Reichen und in die der Armen. Die Wurzeln des Übels lagen für ihn in der korrupten politischen Führungsschicht, der Missachtung der Lehren der Anglikanischen Kirche und im Egoismus vieler Fabrik- und Großgrundbesitzer. Als Voraussetzung für eine Beendung des Arbeiterelends präsentierte er die Rückbesinnung auf die christliche Nächstenliebe sowie das uneigennützige politische Engagement außergewöhnlicher Führungspersönlichkeiten, und nicht etwa – wie der Journalist Morley in seinem Roman – die Verleihung des Wahlrechts an die unteren Schichten.

Charles Egremont besucht seinen älteren Bruder, Lord Marney, auf den Ländereien der Familie in Nordengland, um sich mit ihm zu versöhnen und die Finanzierung seiner Parlamentskandidatur mit ihm zu besprechen. Realistische Schilderungen der Notlage der dort lebenden Arbeiter und der daraus resultierenden Zersetzung der Familie und der moralischen Werte wechseln mit Szenen aus dem gesellschaftlichen Leben der ausbeuterischen adligen Grundbesitzer. Egremont, den sein berechnender Bruder mit einer Erbin aus der reichen Familie Mowbray verheiraten will, verkehrt nicht nur in Adelskreisen, sondern kommt durch die Begegnung mit Sybil Gerard auch mit der Arbeiterschicht in Berührung. Vor dem romantischen Hintergrund eines verfallenen Klosters trifft er aber nicht nur dieses schöne, engelsgleiche Mädchen, sondern auch deren Vater, den Weber Walter Gerard, der trotz seiner sozialen Stellung Würde ausstrahlt und den jungen Mann für die große Kluft zwischen Armen und Reichen sensibilisiert, deren Lebensbereiche sich in der Mitte des 19. Jh.s tatsächlich so stark voneinander unterschieden und so wenige Berührungspunkte aufwiesen, dass man mit einigem Recht von zwei Nationen (den »Two Nations« des Untertitels) sprechen konnte.

Sybil, ein im Kloster erzogenes Mädchen, das alle Eigenschaften des viktorianischen Frauenideals in sich vereint, arbeitet mit ihrem Vater und dessen Freund Stephan Morley an der Verbesserung der Lage der Armen; doch während sie sich auf private Wohltätigkeit, Krankenpflege und Almosen beschränkt, setzen sich die beiden Männer für umfassende Reformen ein und schließen sich den Chartisten an. Sie werden schnell zu den fiktiven führenden Gestalten dieser politischen Reformbewegung, die in den 1840er Jahren für viel Unruhe in der Mittel- und Oberschicht sorgte, forderte sie doch in einer beim Parlament eingereichten »People's Charter« politische Gleichberechtigung.

Egremont, der seine Herkunft verleugnet, um sich Sybil nähern zu können, und sich als Journalist ausgibt, um sich genau über die Lage der Arbeiter zu informieren, freundet sich mit Morley und Gerard an und kommt so mit sozialistischem Gedankengut in Berührung. Obgleich er die Werte der paternalistischen ›Young England‹-Bewegung so überzeugend vertritt, dass er sich sogar bei einigen Chartisten großen Respekt verschafft, unterstützt er in einer Parlamentsrede die Petition der egalitären Chartisten, die jedoch vom Unterhaus abgelehnt wird. Als die Chartisten daraufhin den ›National Holiday‹, den Generalstreik, proklamieren, brechen in Birmingham und anderen Industriestädten Unruhen aus. Aufgrund des couragierten Einsatzes von Sybil kann der Vater (der nichts mit den Tumulten zu tun hat) gerade noch vor der bevorstehenden Verhaftung als Chartistenführer fliehen, doch ein Überfall auf das Schloss der Mowbrays kostet Egremonts Bruder sowie Gerard und Morley das Leben. Während des Kampfes wird ein von Gerard seit langem gesuchtes Dokument entdeckt, das den Anspruch seiner Familie auf Titel und Güter der Mowbrays beweist. Egremont, der neue Lord Marney, und die ihm jetzt ebenbürtige Sybil finden einander und wollen gemeinsam den Kampf um soziale Gerechtigkeit fortsetzen.

Für das Buch verwertete Disraeli sowohl amtliche Statistiken und Parlamentsberichte als auch seine Eindrücke während einer Reise durch Lancashire. Wesentlich besser als noch in *Coningsby* gelang es ihm, die allgemeinen Reflexionen über die Lage der Arbeiter mit der Handlung des Romans zu verbinden. Struktur und Stil werden von Kontrasten bestimmt, denn Beschreibungen und szenische Darstellungen, exemplarische Repräsentationen von gerechtem und ausbeuterischem Verhalten, realistische Schilderungen und die romanzenhafte Zeichnung der Liebesgeschichte zwischen Sybil und Egremont wechseln einander ab. Durch den Gegensatz zwischen der Darstellung des Elends der unteren und des Luxus der oberen Schichten wird die These von der Existenz der ›zwei Nationen‹ bestätigt, doch durch das Nachvollziehen von Egremonts Erkundungen konnte sich die – damals auf die Mittelschicht beschränkte – Leserschaft ein Bild der ›anderen Nation‹ im eigenen Land verschaffen. Der bedeutende Sozialroman gilt zugleich als bestes Werk des Autors. EDITA MARX / VERA NÜNNING

Charles Kingsley
* 12. Juni 1819 in Holne/Devonshire (Großbritannien)
† 23. Januar 1875 in Eversley/Hampshire (Großbritannien)

1838–1842 Studium in Cambridge; ab 1844 Pfarrer in Eversley; 1848 Professor für englische Literatur in London; 1860–1869 Professor für neuere Geschichte in Cambridge; ›Christian Socialist‹ und Vertreter der ›muscular Christianity‹, dem Ideal des physisch starken Christen; verfasste sozialkritische Romane, Essays und Geschichtswerke.

Weitere Werke: *Yeast, ein Problem, oder Was Herr Lancelot Smith dachte, sprach und tat* (*Yeast. A Problem, or The Thoughts, Sayings and Doings of Lancelot Smith, Gentleman*, 1848), *Westward ho! oder Die Fahrten und Abenteuer des Sir Amyas Leigh* (*Westward Ho! Or the Voyages and Adventures of Sir Amyas Leigh*, 1955).

Alton Locke, Schneider und Dichter. Eine Autobiographie / Alton Locke. Tailor and Poet: An Autobiography

Der zweite Roman des Autors, eine fiktive Autobiographie, wurde 1850 veröffentlicht. Nach seiner frühen religiösen Erziehung durch die verwitwete, calvinistische Mutter arbeitet der Protagonist Alton Locke in einer der vielen großen Schneidereien Londons. Dort produzieren Scharen von Arbeitenden zu Hungerlöhnen und unter unmenschlichen Bedingungen die Kleider der Wohlhabenden – die Schilderungen der Arbeitsverhältnisse und der Slums, in denen die Arbeiter wohnen, sind drastisch. Der schottische Buchhändler Sandy Mackaye (der Thomas Carlyle nachempfunden ist) ermöglicht Alton den Zugang zu Büchern und damit zur mühevollen eigenständigen Bildung – ein Prozess, der Alton dem Glauben seiner Mutter entfremdet –, und er bewegt ihn, die Situation der Arbeiter zum Thema seiner Dichtung zu machen. Unter dem Einfluss Mackayes und seines Kollegen John Crossthwaite wird Alton außerdem zum Verfechter des Chartismus. (›Die People's Charter‹ forderte im Namen der Arbeiter demokratische Reformen, ein Projekt, das 1848 bei dem Versuch der Übergabe der Charter in London endgültig scheiterte.)

Alton wird als Arbeiterdichter berühmt und macht in Cambridge nähere Bekanntschaft mit Dean Winnstay, dessen Tochter Lillian, Altons großer Liebe, und deren Cousine Eleanor Staunton. Unter deren Einfluss nimmt Alton seinen Gedichten vor der Publikation die revolutionäre Schärfe, was er bitter bereut. Der Chartistenführer Fergus O'Flynn attackiert Alton, der sich provozieren lässt, an einem Aufruhr teilzunehmen, wofür er zu drei Jahren Gefängnis verurteilt wird. Rechtzeitig zur geplanten Übergabe der Chartistenpetition wird Alton 1848 entlassen. Lillian ist inzwischen mit Altons egoistischem Cousin George verlobt, der sich an einem neuen, aus den Elendsquartieren der Schneider stammenden Mantel mit Typhus infiziert und daran stirbt. Die Moral ist deutlich: Das Elend der Arbeiter ist gefährlich für die gesamte Gesellschaft. Die wohlhabende Mittelschicht, die ihre christliche Pflicht gegenüber ihren Nächsten, der Arbeiterschaft, verleugnet, wird von der Verbundenheit aller eingeholt. Dies geschieht über die Kleidung, die zwischen den sozialen Klassen zirkuliert.

Alton wird Zeuge des Scheiterns der Chartistenpetition, und seine körperliche Geschwächtheit und die Summe der Enttäuschungen führen zu einem Fieber. In seinen Fieberträumen sieht er sich selbst die evolutionäre Entwicklung vom primitiven Lebewesen bis zum Menschen durchlaufen (Kap. 36, »Dreamland«). Eleanor pflegt ihn während seiner Krankheit, und unter ihrem Einfluss wandelt sich Alton vom agitierenden Chartisten zum friedfertig reformerischen christlichen Sozialisten. Alton und Crossthwaite erben vom verstorbenen Mackaye die Mittel, um in die ›Neue Welt‹ zu emigrieren – eine Lösung der Probleme scheint innerhalb Englands nicht möglich. Doch in Sichtweite der amerikanischen Küste stirbt der ausgezehrte Alton, nachdem er voller Glaubenssicherheit und Zukunftsoptimismus Abschied vom Leben genommen hat. Der rhetorisch-religiöse Überschwang am Ende verdeckt allerdings nicht die zuvor ausgebreitete Chancenlosigkeit von Altons Existenz.

Kingsley versuchte mit seinem Roman, einem bürgerlichen Lesepublikum die Nöte der Arbeiter näher zu bringen und zur Lösung der sozialen Frage beizutragen. Wie sein Vorgänger *Yeast* (1848) wurde *Alton Locke* jedoch bei seinem Erscheinen zum Teil scharf kritisiert. Es handelt sich um einen der bedeutendsten und gelungensten mittviktorianischen Sozialromane und eine lohnende Lektüre sowohl als soziales Dokument wie als, wenn auch uneinheitliches, literarisches Kunstwerk.

JOACHIM FRENK

Elizabeth Gaskell
* 29. September 1810 in London (Großbritannien)
† 12. November 1865 in Holybourne/Hampshire (Großbritannien)

(auch: Mrs. Gaskell) – 1832 Heirat mit dem Pfarrer William Gaskell; Leben in der ›shock city‹ Manchester; durch Arbeit ihres Mannes Einblicke in die Schattenseiten der Industrialisierung; karitatives Engagement für die Armen; ab 1848 Veröffentlichung etlicher Romane und Kurzgeschichten; kritische Auseinandersetzung mit Lebensbedingungen der Arbeiterschaft; enge Kontakte zu George Eliot, Charles Dickens, Jane Carlyle und Charlotte Brontë; 1857 Veröffentlichung einer bemerkenswerten Biographie über Charlotte Brontë; gilt als herausragende Vertreterin des frühviktorianischen Sozialromans.

Weitere Werk: *Mary Barton. Eine Geschichte aus Manchester* (*Mary Barton: A Tale of Manchester Life*, 1848), *Cranford. Alte Geschichten aus einer kleinen Stadt* (*Cranford*, 1853), *Nord und Süd* (*North and South*, 1855).

Ruth. Ein Roman / Ruth. A Novel

In dem 1853 erschienenen Roman greift die Autorin das Thema der ›gefallenen Frau‹ auf, das sie bereits in *Mary Barton* (1848) und der Kurzgeschichte »Lizzie Leigh« (1850) behandelt hatte. Hintergrund ist sowohl die mittviktorianische Debatte über Prostitution wie auch Gaskells eigene Begegnung mit einer jungen Prostituierten in Manchester, der sie zur Emigration verhalf.

Die 16-jährige Waise Ruth Hilton muss sich ihren Lebensunterhalt als Schneiderin verdienen. Zufällig lernt sie den jungen Aristokraten Henry Bellingham kennen, der sich von ihrer Schönheit angezogen fühlt. Als sie eines Tages von ihrer Arbeitgeberin bei einem Spaziergang gesehen werden, wird ihr gekündigt. Sie begleitet Bellingham nach Wales, wo sie in ihrer Unschuld die Affäre zunächst als vollkommenes Glück erfährt und erst durch die Reaktionen ihrer Umgebung erkennen muss, dass sie – in den Augen anderer – ›gesündigt‹ hat. Als Bellingham erkrankt, überredet ihn seine Mutter, Ruth zu verlassen. Ein flüchtiger Bekannter, der nonkonformistische Pfarrer Benson, und dessen Schwester nehmen die verzweifelte Ruth auf, als sich herausstellt, dass sie schwanger ist. Sie wird in der Stadt Eccleston als Witwe, Mrs. Denbigh, vorgestellt und genießt schon bald wegen ihrer Frömmigkeit und Güte hohes Ansehen. Doch sie selbst sieht sich als Sünderin und ist bereit, ihr Vergehen durch ein Leben in Selbstaufgabe zu sühnen. Nach der Geburt ihres Sohnes wird sie von dem einflussreichen, aber selbstgerechten Industriellen Bradshaw als Gouvernante angestellt. Sie trifft Bellingham wieder, der sich als Kandidat für die Parlamentswahlen in Eccleston aufhält. Er will sie heiraten, doch Ruth lehnt ab und weigert sich ebenfalls, sein Geld anzunehmen. Trotz ihrer Armut ist sie darauf bedacht, ihre Integrität zu wahren und sich nicht ›kaufen‹ zu lassen. Als nach einiger Zeit ihre Vorgeschichte bekannt wird, kehrt sich die allgemeine Stimmung gegen sie, und sie verliert ihre Stellung. Die einzige Tätigkeit, die ihr nicht verwehrt wird, ist die einer Krankenschwester, die sie während einer Typhusepidemie mit solcher Aufopferung ausfüllt, dass sie die Bewunderung der Bevölkerung zurückgewinnt. Auch Bellingham erkrankt, aber durch ihre Pflege überlebt er. Ruth jedoch hat sich bei ihm angesteckt und stirbt.

Die zeitgenössischen Reaktionen auf den Roman waren gespalten: Bei einigen stieß Ruths Stilisierung zur ›Heiligen‹ auf Unverständnis, und Charlotte Brontë fragte, warum sie am Ende sterben müsse. Andere zeigten sich durch die Offenheit schockiert, mit der außereheliche Sexualität thematisiert wurde. Die melodramatische Geschichte um Sünde und Vergebung war für die gläubige Autorin wohl die einzig denkbare Form, die traditionellen Geschichten über ›gefallene Frauen‹ zu hinterfragen und die Doppelmoral der Gesellschaft zu problematisieren.
SABINE SCHÜLTING

John Ruskin
* 8. Februar 1819 in London (Großbritannien)
† 20. Januar 1900 in Coniston/Lancashire (Großbritannien)

1836–1842 Studium in Oxford; 1870–1878 erster Slade Professor of Art in Oxford; ab 1878 geistige und physische Zusammenbrüche; führender Architektur- und Kunstkritiker und Sozialreformer des Viktorianismus; Kritiker des Kapitalismus und der maschinellen Herstellung; weitreichender Einfluss seiner christlichen Wirtschaftsethik und Kunstästhetik auf sozialreformerische und künstlerische Bewegungen (u.a. auf die Präraffaeliten, das ›Arts and Craft Movement‹, die viktorianische Architektur und den Jugendstil).

Weitere Werke: *Die sieben Leuchter der Baukunst* (The Seven Lamps of Architecture, 1848), *Die Steine von Venedig* (The Stones of Venice, 1851–1853), *Diesem Letzten. Vier Abhandlungen über die ersten Grundsätze der Volkswirtschaft* (Unto This Last. Four Essays on the First Principles of Political Economy, 1862).

Sesam und Lilien / Sesame and Lilies. Two Lectures Delivered at Manchester in 1864

Die beiden 1864 in Manchester gehaltenen Vorlesungen, die 1865 erschienen, zählen zu den einflussreichsten kulturphilosophischen Werken der viktorianischen Epoche. Die Thematik der Vorträge entsprach dem jeweiligen Anlass: Im Zentrum des ersten, *Of Kings' Treasuries* (Die Schatzkammern der Könige, 1922, H. Scheu-Riesz), den Ruskin am 6. Dezember 1864 zur finanziellen Unterstützung der Neugründung einer Bibliothek in Manchester hielt, stehen Reflexionen zum Wert der Lektüre ›guter‹ Bücher. Der zur Einweihung einer Schule am 14. Dezember 1864 gehaltene zweite Vortrag, *Of Queens' Gardens* (Königliche Gärten), entwickelt Gedanken zur sozialen Rolle der Frau und erörtert Fragen der Mädchenerziehung.

Der erste Vortrag beginnt mit einer Erläuterung der Ambiguität des Titels: Sein Thema sind nicht die materiellen Reichtümer in den Schatzhäusern der Könige, sondern die königlichen Schätze, die in guten Büchern verborgen liegen. Um diese zu erschließen, bedürfe es einer Kunst des rechten Lesens, die durch das Zauberwort ›Sesam öffne dich‹ versinnbildlicht werde. In diese Kunst führte Ruskin seine Zuhörer ein, indem er ihnen erläuterte, was, wie und warum sie lesen sollen. Zudem exemplifizierte er seine Ratschläge selbst anhand einer allegorischen

Interpretation der Petrus-Passage aus Miltons *Lycidas*. Für Ruskin waren Empfänglichkeit, Einfühlungsvermögen sowie Fleiß zur Erlangung umfassender lexikalischer Kenntnisse und semantischer Sensibilität unerlässliche Voraussetzungen für ein Verständnis bedeutender Werke. Bücher richtig benutzen hieß für ihn, sich Hilfe bei den weisesten und größten Männern zu holen. Ruskins Ansicht, dass die Identifikation mit dem Dichter notwendig sei, um Werke angemessen zu erleben, ist der romantischen Tradition verpflichtet, entspricht aber auch seiner paternalistischen Sozialtheorie.

Schon Ruskins einleitende Kritik an damals vorherrschenden Wertvorstellungen, die primär auf das soziale Emporkommen gerichtet waren und darüber den Eigenwert von Bildung vergaßen, verdeutlicht, dass seine Überlegungen zur Lektüre wertvoller Bücher in einem größeren gesellschaftspolitischen Zusammenhang standen. In dem ausführlichen, für die Ausgaben von 1871 und 1882 jeweils stark überarbeiteten Vorwort fasste Ruskin die zentrale Aussage des ersten Vortrags konzis zusammen: Er wollte zeigen, dass »wertvolle Bücher in einem zivilisierten Lande jedermann zugänglich sein müssten, vorzüglich gedruckt, zu einem entsprechenden Preis«. Seine Forderung nach der Gründung öffentlicher Bibliotheken zielte letztlich auf eine Verbesserung des Erziehungswesens ab, denn sie basierte auf der Überzeugung, dass eine sorgfältig ausgewählte Lektüre für eine umfassende moralische Erziehung von großem Nutzen sei. Die Kunst des rechten Lesens befähige den Menschen, die Ungebildeten zu leiten, weil sie ihm zu jenem wahren Königtum verhelfe, »das in einem stärkeren moralischen Standpunkt besteht«.

Thema des zweiten Vortrags ist die Frage, welche Art dieses ›königlichen Einflusses‹ Frauen ausüben können. Eine Antwort gibt bereits der ebenfalls kryptogrammatische Titel, der zahlreiche bildhafte Implikationen enthält. Die Gärten der Königin und die Lilien, die sowohl Szepter von Königinnen als auch Embleme von Unschuld, Keuschheit und Reinheit sind, repräsentieren den Macht- und Einflussbereich der Frau. Mit seinen Ansichten, dass die Frau als Gehilfin des Mannes geschaffen worden sei und sich durch eine stärker ausgeprägte Emotionalität auszeichne, legte Ruskin das Verhältnis der Geschlechter auf eine unausweichliche wechselseitige Ergänzungsbedürftigkeit fest, verwies die Frau auf den häuslichen Reproduktionsbereich und idealisierte sie im Stil des mittelalterlichen Frauenkults als ein höheres Wesen, dem Verehrung und Gefolgschaft gebührten. Anhand von Frauengestalten aus Shakespeares Dramen und Scotts Romanen und anhand von Dantes Beatrice versuchte er, die moralisch-geistige Überlegenheit der Frau und ihre segensreiche Wirkung auf den Mann zu beweisen, kam dabei jedoch über Geschlechtsstereotypen nicht hinaus. Mit seiner Anerkennung von ›weiblicher‹ Intuition als einem der ›männlichen‹ Logik gleichwertigen Mittel der Erkenntnisgewinnung und mit seiner Forderung nach einer umfassenden weiblichen Erziehung war Ruskin seiner Zeit zwar voraus; allerdings sprach er sich nur deshalb für bessere Bildungsmöglichkeiten aus, um Frauen auf ihre Rolle als Helferin vorzubereiten, die von ihnen Sanftmut, Aufopferung und Bescheidenheit verlangte. Der Schluss des Vortrags knüpft an das Thema des ersten an, da eine sorgfältig ausgewählte Lektüre Frauen befähigen könne, die Welt des Mannes besser zu verstehen und dessen Freuden zu teilen.

Das Buch, von dem schon zu Lebzeiten des Autors 160 000 Exemplare gedruckt wurden, war im 19. Jh. Ruskins populärstes Werk und vermochte nicht zuletzt dank seines eindringlichen Vortragsstils viele Leser zur Auseinandersetzung mit den bildungspolitischen Problemen anzuregen, die sich bei der kulturellen Integration des sprunghaft gewachsenen Lesepublikums ergaben. Hingegen wirkten Ruskins Ausführungen zur Rolle der Frau im Vergleich zu fortschrittlichen Vorstellungen, wie sie wenig später von J.S. Mill in seiner Schrift On the Subjection of Women, 1869 (Die Hörigkeit der Frau), entwickelt wurden, und vor dem Hintergrund der aufkommenden Frauenbewegung rasch anachronistisch. Die von Ruskin geforderte und exemplarisch verwirklichte Lektürepraxis weist auf W. Pater und jene textnahe Interpretationsmethode voraus, wie sie im 20. Jh. von der durch F. R. Leavis begründeten Schule des ›New Criticism‹ praktiziert wurde. ANSGAR NÜNNING

Robert Browning
* 7. Mai 1812 in Camberwell/London (Großbritannien)
† 12. Dezember 1889 in Venedig (Italien)

Leben als Dichter ermöglicht durch Wohlstand der Eltern; 1846 heimliche Heirat mit Elizabeth Barrett Browning gegen den Widerstand ihres Vaters; Flucht nach Italien; 1861 Tod von Elizabeth, Rückkehr nach England; wachsender Ruhm; 1833–1842 längere Verserzählungen in Auseinandersetzung mit romantischen Positionen; ab 1836, vor allem 1842–1864, Entwicklung und Perfektionierung des dramatischen Monologs; ab 1868 epische Langformen auf Basis des dramatischen Monologs; Kultivierung eines kolloquialen Redestils in der Lyrik; Einfluss auf die Moderne (Yeats, Eliot, Pound).

Weitere Werke: Die Gedichte (1842–1889), Verserzählungen (1833–1878), Meine letzte Herzogin (*My Last Duchess*, 1842), *Der Ring und das Buch* (*The Ring and the Book*, 1868–1869).

Dramatische Monologe

Der dramatische Monolog (›dramatic monologue‹) ist eine Form lyrischen Sprechens, die Browning und Tennyson in der ersten Hälfte des 19. Jh.s gleichzeitig und unabhängig voneinander aus verschiedenen Vorformen (wie der Versepistel oder der Klage) entwickelten. Konstitutiv ist ein vom Autor dissoziierter, individualisierter Sprecher, der sich in einer konkreten Situation (daher ›dramatisch‹) befindet und zu einer anderen Figur (oder Figuren) spricht, deren Antwort aber nicht mitgeteilt wird.

›Monolog‹ meint die Einzelrede in einem Dialog im Unterschied zum Selbstgespräch (›soliloquy‹). Funktion dieser hybriden Form, die Gattungselemente von Lyrik und Dramatik koppelt, ist die Objektivierung der Ich-Darstellung (in Abkehr vom romantischen Subjektivismus). Sie ermöglicht es, den Sprecher sich in seinem Selbstverständnis selbst präsentieren und dabei in seinen Motiven, Gefühlen und meist undurchschauten Problemen unwillentlich und unwissentlich enthüllen zu lassen. Hierdurch wird eine Doppelperspektive auf den Sprecher etabliert: die Möglichkeit sowohl zum Nachvollzug seiner Selbstsicht als auch zur Distanzierung und kritischen Bewertung, zu ›sympathy‹ (Mitgefühl) und ›judgment‹ (Kritik), vielfach mit ironischer Diskrepanz (Langbaum). Damit werden Bewusstseinsprozesse, die Mechanismen psychischer Selbststabilisierung sowie das Phänomen der Selbsttäuschung beobachtbar gemacht. Die so bewirkte Relativierung individueller Positionen und Hervorhebung subjektiver Begrenztheiten steht im Zusammenhang mit dem Historismus des 19. Jh.s und der generellen Problematisierung eines allgemeingültigen übergeordneten Standpunkts (wie bei der personalen Erzählweise im Roman). Browning entwickelt den dramatischen Monolog mit einem flexiblen umgangssprachlichen Redestil ausgiebiger und konsequenter als Tennyson zu seiner zentralen lyrischen Gattung.

Einzelne dramatische Monologe erschienen 1836 (*Porphyria's Lover* und *Johannes Agricola*), gefolgt von mehreren Sammlungen: *Dramatic Lyrics* (1842), *Dramatic Romances* (1845), *Men and Women* (1855), *Dramatis Personae*, 1864 (Dramenfiguren), sowie *Dramatic Idyls*, 1879 bis 1880 (Dramatische Idyllen). Danach experimentierte Browning in umfangreicheren Werken vielfältig mit dieser Technik, wie in *Balaustion's Adventure*, 1871 (Balaustions Abenteuer), oder *Fifine at the Fair*, 1872 (Fifine auf dem Jahrmarkt), und vor allem in *The Ring and the Book*, 1869 (Der Ring und das Buch).

Browning verwendete meist historische Sujets, weniger aus historistischem Interesse an früheren Epochen als wegen der durch den geschichtlichen Kontext gegebenen Möglichkeit zur Distanzierung von den vermittelten Positionen. Sprecher sind typischerweise vitale, häufig amoralische oder pathologische Gestalten voller Lebensenergie, vielfach aus dem Umkreis der italienischen Renaissance, einer Epoche mit besonderer Affinität zum Viktorianismus – als Beginn der Neuzeit und des Modernisierungsprozesses, der zur Auseinandersetzung mit der traditionellen Religion und zu verstärkter Diesseitsorientierung führte und dessen Beschleunigung sich zu dieser Zeit vollzog. Bevorzugte Themen sind entsprechend Kunst und Religion.

Das thematische Spektrum dieser lyrischen Subgattung sei an drei Beispielen veranschaulicht. Ein Sujet mit einer pathologischen Figur findet sich in *Porphyria's Lover*, in der heimlichen Liebesbeziehung zwischen der offenbar adligen Prophyria zu dem sozial niedriger stehenden Sprecher. Die im Gedicht implizierte Situation ist Porphyrias verstohlener Besuch in der Hütte ihres Geliebten als Ausdruck ihrer leidenschaftlichen Liebe. Als spontane Reaktion auf ihre Liebesbekundung erdrosselt der Mann sie und wartet mit der Leiche neben sich auf ›Gottes Wort‹, wie er sagt. In seiner wahnhaften Sicht betrachtet er diesen Mord als die Erfüllung ihres sehnlichen Wunsches nach absoluter Vereinigung mit ihm über Klassenschranken hinweg, als von Gott noch zu sanktionierende Hochzeit. In der distanzierten Außensicht vermag der Leser jedoch die dem Sprecher verborgenen Motive seines Handelns zu durchschauen: Aufgrund einer hochgradigen Ich-Schwäche definiert er seine Identität völlig über seine Rolle als Porphyrias Liebhaber (wie durch die Genitivkonstruktion und seine Namenlosigkeit im Titel angedeutet). Da er deswegen die Unsicherheit ihrer Zuwendung nicht ertragen kann, sucht er den Moment ihrer leidenschaftlichen Liebeserklärung durch ihre Tötung auf Dauer zu sichern, um sie so für immer sicher zu besitzen. Diesen Wunsch schreibt er nun ihr zu und fühlt sich daher schuldlos. Beunruhigend wirkt, dass es sich um die pathologische Pervertierung eines normalen menschlichen Verlangens nach dauerhafter, loyaler Intimität handelt.

Die Kunstproblematik steht im Mittelpunkt von *Fra Lippo Lippi*, 1855 (Bruder Lippo Lippi). Der Sprecher ist der im Titel genannte (historische) Maler und Mönch aus Florenz (15. Jh.), der bei einem verbotenen Ausflug in das Vergnügungsviertel von der Polizei aufgegriffen wird und die peinliche Situation durch Schilderung seiner Lage im Konflikt zwischen den Rollen des Geistlichen und Künstlers, zwischen kirchlichem Schaffensauftrag und sinnlicher Natur zu erläutern und zu bewältigen sucht. Damit präsentiert er einen Konflikt, der kunstgeschichtlich den Übergang von der weltverneinenden Jenseitsorientierung des Mittelalters zur körperbejahenden Diesseitigkeit der anbrechenden Renaissance widerspiegelt und den Lippi schmerzhaft als Widerspruch zwischen dem inhärenten Sinnenbezug der Malkunst und den ihm aufgetragenen sinnenfeindlichen religiösen Sujets erlebt. Diesen Widerspruch artikuliert er klarsichtig und ohne Selbsttäuschung, kann ihn jedoch nicht lösen. Stattdessen reproduziert er ihn mit Witz, indem er ein zur Buße für die Eskapade versprochenes Heiligengemälde skizziert, in das er sich als weltlichen Fremdkörper inkorporiert. Anders als in den meisten dramatischen Monologen fehlt hier die Diskrepanz zwischen bewusster Selbstsicht und undurchschauten Motiven. Über die Rekonstruktion eines historischen Moments hinaus bietet »Fra Lippo Lippi« in dem propagierten Kunstkonzept der Intensivierung von Wahrnehmung ferner wesentliche Merkmale von Brownings eigener Kunstauffassung.

Das Thema von *An Epistle, Containing the Strange Medical Experience of Karshish, the Arab Physician*, 1855 (Ein Brief über das seltsame medizinische Erlebnis von Karshish, dem arabischen Arzt), ist die zentrale christliche Heilslehre, die von der Wiedererweckung des Lazarus (Johannesevangelium 11) vermittelt wird, der größten Wundertat Christi im Neuen Testament, durch die er den Menschen die Wiederauferstehung nach dem Tode verheißt und mit der Notwendigkeit des Glaubens verknüpft. Auf das Ereignis dieser Wiedererweckung vom Tode bezieht sich der Brief des (fiktiven) arabischen Arztes an seinen Lehrer: Karshish ist Lazarus Jahrzehnte später (um 65 n. Chr.) begegnet, hat ihn befragt und versucht nun das Geschehen einerseits mit Hilfe seiner rationalen, wissenschaftlichen Prinzipien zu erklären, andererseits die von Lazarus vertretene Konzeption eines liebenden Gottes zu begreifen. Die Situation dieses Gedichts präsentiert in der außerchristlichen Sicht auf christliche Glaubenswahrheiten eine spezielle Konstellation der für den dramatischen Monolog typischen Doppelperspektive, die die Position des Sprechers relativiert. Der viktorianische Leser erkennt, wie begrenzt Karshishs Sichtweise aufgrund seiner kognitiven, kulturellen und religiösen Position im Hinblick auf die mitgeteilten heilsgeschichtlichen Sachverhalte ist, während diese ihm selbst durch seine religiöse Erziehung in ihrem Sinn völlig vertraut sind oder gar einen Bestandteil seines Glaubens bilden. Der verfremdende Blick auf die eigenen Glaubensinhalte lässt diese in neuer, schärferer Beleuchtung erscheinen. Darüber hinaus ermöglicht die Doppelperspektive von Skepsis und Wunder zudem einen aktualisierenden Anschluss an den zeitgenössischen viktorianischen Konflikt zwischen Wissenschaft und Glauben, zwischen Rationalismus und geoffenbarter Wahrheit. Und in diesem Rahmen kann die skeptische Wiedergabe von Lazarus' Bericht durch den arabischen Arzt eventuell als Form der Bestätigung der christlichen Heilslehre erfahren werden.

Mit seinem Konzept des dramatischen Monologs übte Browning als einziger Viktorianer Einfluss auf die Lyrik der Moderne im frühen 20. Jh. aus (W. B. Yeats, E. Pound und T. S. Eliot). PETER HÜHN

Elizabeth Barrett Browning

* 6. März 1806 in Coxhoe Hall/Durham (Großbritannien)
† 29. Juni 1861 in Florenz (Italien)

(auch: Elizabeth Barrett) – Nach Erkrankung lebenslang geschwächte Gesundheit; ab 1828 (Tod der Mutter) vom Vater erzwungenes zurückgezogenes Leben; Übersetzungen, Publikation von Gedichten in Zeitschriften; 1844 Begründung ihres Ruhms mit der Sammlung *Poems*; Briefwechsel mit Robert Browning; 1846 heimliche Eheschließung mit Browning und Abreise nach Italien; 1849 Geburt des Sohnes Robert (»Pen«) in Florenz; zwischen 1851 und 1856 Aufenthalte in Paris und London.

Weiteres Werk: *Aurora Leigh* (*Aurora Leigh*, 1856).

Sonette aus dem Portugiesischen / Sonnets from the Portuguese

Bei dem 1850 erschienenen und um 1845 entstandenen Zyklus von 44 Sonetten handelt es sich nicht um eine Übertragung aus dem Portugiesischen, sondern um einen bewusst zweideutigen Titel: Die Autorin und ihr Mann Robert Browning, an den diese berühmten Liebesgedichte gerichtet waren, wollten den persönlichen Bezug möglichst im Dunkeln halten. Treffender müsste der deutsche Titel eigentlich ›Sonette der Portugiesin‹ heißen, denn so nannte Robert seine Frau Elizabeth, mit der er auf abenteuerliche Weise nach Italien geflohen war.

Die Geschichte der glücklichen späten Liebe zweier erfolgreicher Autoren spiegelt sich zwar in den vor der Flucht verfassten Sonetten, die Gedichte weisen jedoch über den individuellen Kontext hinaus. Das Genre des Sonetts erhielt nicht zuletzt durch diese Gedichte neuen Aufschwung, und Elizabeth Barrett Browning schrieb aus der Perspektive der Liebenden überhaupt, nicht lediglich als Individuum. Es ist bemerkenswert, dass sie die Tradition des männlichen lyrischen Ichs, das in Sonetten seine(n) Angebetete(n) anspricht, verkehrte: Nun ist es die liebende und zugleich geliebte Frau, die ihrem Geliebten selbstbewusst ihre Gefühle schildert. Das lyrische Ich tritt somit in einer Doppelfunktion auf. Es spricht als Dichterin und zugleich ist es das Ziel der Liebe seines Gegenübers. Auf diese Weise eignet es sich die Sprecherrolle an und bleibt selbst noch als scheinbar passives Objekt der Leidenschaft aktiv.

Die von Barrett Browning gewählten Bilder sind häufig dem Alltag entlehnt. Als zentrale Sprachbilder ihrer Gedichte begegnen Gebrauchsgegenstände, Pflanzen oder Tiere: »Sieh die zerbrochnen Fenster, Fledermaus / und Eule baun im Dach. Und meine Grille / zirpt gegen deine Mandoline. Stille.« (4.) Im Gegensatz zu ihrem restlichen lyrischen Werk enthalten die Sonette nur wenig Hinweise auf ihre klassische Bildung. Die scheinbar einfachen Vergleiche und Metaphern kontrastieren mit der für das lyrische Ich und – so ist anzunehmen – auch für die Autorin überraschenden Gefühlstiefe, die sie in diesem Zyklus differenziert ausbreitet. Immer wieder wird der Gegensatz des eigenen, schon abgeschlossen geglaubten, öden und durch körperliche Schwäche geprägten Lebens mit der Vitalität des Geliebten und die durch die eigenen Gefühle neu entfachte Kraft als zentrales Thema des Zyklus variiert. In formaler Hinsicht folgen die Gedichte dem sogenannten petrarkistischen Modell (abba abba cdc dcd), das strenge Schema wird jedoch durch häufiges Enjambement und Halbreime aufgebrochen und dynamisch gestaltet.

Erst einige Jahre, nachdem sie die Sonette verfasst hatte, übergab Barrett Browning sie ihrem Mann, und es dauerte noch einige Zeit, ehe sie einer Veröffentlichung zustimmte. Besonders das 43. Sonett »How do I love thee, let me count the ways« zählt zu den beliebtesten englischen Gedichten, was beweist, dass zumindest ein kleiner Teil des Werks von Elizabeth Barrett Browning, die zu Lebzeiten fast erfolgreicher und berühmter war als ihr Mann, noch gelesen wird. Allerdings ist es sicher kein Zufall, dass ausgerechnet die Gedichte, die am ehesten dem Klischee der weiblichen ›Herzensdichterin‹ entsprechen, berühmter sind als ihre dezidiert politischen Werke. GESA STEDMAN

Christina Rossetti

* 5. Dezember 1830 in London (Großbritannien)
† 29. Dezember 1894 in London (Großbritannien)

Gedichtveröffentlichungen ab 1848; Angehörige der Church of England und Anhängerin des ›Oxford Movement‹; 1859 bis etwa 1864 Tätigkeit in einem kirchlichen Heim für ›gefallene Frauen‹; verfasste u.a. Liebesgedichte, Gedichte für Kinder, religiöse Lyrik, Kurzgeschichten und religiösen Schriften.

Weiteres Werk: Monna Innominata (Monna Innominata, 1881).

Markt der Kobolde und andere Gedichte / Goblin Market and Other Poems

Der 1862 erschienene Gedichtband, die erste Buchpublikation der Autorin, versammelt zahlreiche Gedichte recht unterschiedlichen Charakters. Das Titelgedicht ist eine Erzählung in 567 Versen über die Verführung eines heranwachsenden Mädchens durch Kobolde und ihre Errettung durch den mutigen und aufopferungsbereiten Einsatz ihrer Schwester. Die Gesänge, mit denen die ›goblins‹ ihre exotischen Früchte zum Verkauf anbieten, locken die Schwestern Laura und Lizzie allabendlich an das Ufer eines Baches. Laura lässt sich schließlich trotz Lizzies Warnungen dazu hinreißen, die verbotenen Früchte für eine Haarlocke zu erwerben. In der Folge bleibt ihr der Anblick der Kobolde und ihrer Waren versagt. Sie verzehrt sich in einer unerfüllten Sehnsucht und verfällt seelisch wie körperlich. Erlöst wird sie von Lizzie, die von den Kobolden neue Früchte erwirbt, ohne jedoch davon zu kosten, und sich selbst, von den Früchten bedeckt, ihrer Schwester als Objekt ihrer Sehnsucht anbietet. Der geschwisterliche Zusammenhalt siegt über die ebenso attraktive wie bösartige fremde Welt der Kobolde.

Wegen der expliziten Darstellung von Lust und Leidenschaft, die den Bereich des Sexuellen kaum verhüllt, zog Goblin Market im 20. Jh. die besondere Aufmerksamkeit der Literaturkritik auf sich und ist sicher Rossettis meistdiskutiertes Gedicht. Ursprünglich wurde es allerdings vor allem als Gedicht für Kinder rezipiert. In der Tat erweist sich die aus Märchen und Legenden entnommene Thematik und das Motiv des lustvollen Essens und Trinkens als für Kinder geeignete zugängliche Veranschaulichung von Sinnlichkeit, Reue und Erlösung. Kindgemäß erscheint auch die Form: Die kurzen, gereimten Verse mit freier Rhythmik und zahlreichen Wiederholungen machen das Gedicht zu einem idealen Text zum Vorlesen und Rezitieren in familiärer Runde. Mit diesem Gedicht leistete Rossetti – ebenso wie mit ihrem späteren, für kleine Kinder gedachten Lyrikband *Sing-Song* (1872) – einen wesentlichen Beitrag zur viktorianischen Blüte der Kinderliteratur.

Die Mehrzahl der übrigen Gedichte des Bandes handelt von modellhaft skizzierten Lebensschicksalen, die gelegentlich glücklicher, meist aber tragischer Art sind. Es geht um erfüllte und unerfüllte Liebe, um Rivalität und Zurückweisung, um Einsamkeit und enttäuschte Hoffnungen, um Welt, Tod und Ewigkeit. Die meisten Gedichte, kurze wie lange, erzählen eine Geschichte, an der mehrere Personen beteiligt sind. Oft sind es Dreiecksgeschichten, bei denen eine Person den Kürzeren zieht, das glückliche Paar jedoch zu demütigen versteht, so in »Maude Clare«, wo ein Brautpaar von einer früheren Geliebten des Bräutigams mit der Vergangenheit konfrontiert wird; »Noble Sisters« (Edle Schwestern), wo eine missgünstige junge Frau den Liebhaber ihrer Schwester vergrault; »Cousin Kate«, wo die zurückgelassene Geliebte ihre erfolgreichere Cousine, die ihren aristokratischen Liebhaber geheiratet hat, triumphierend auf ihren illegitimen Sohn hinweist. Um das Verhältnis zweier Liebender geht es in »A Birthday« (Ein Geburtstag), wo eine junge Frau das Eintreffen ihres Geliebten besingt; »Love from the North« (Liebe aus dem Norden), wo der Liebhaber seiner Geliebten die Eheschließung verweigert; »The Convent Threshold« (Die Klosterschwelle), wo eine Frau nach einer Liebesaffäre der Welt den Rücken kehrt und ihren ehemaligen Liebhaber gleichfalls zur Reue und Weltabkehr auffordert; »Wife to Husband« (Ehefrau an Ehemann), wo sich eine Frau von ihrem Mann wegen ihres nahenden Todes verabschiedet.

Bei einer weiteren Gedichtgruppe handelt es sich um spirituelle Meditationen, etwa zum Verlust des Paradieses (»An Afterthought«, Ein nachträglicher Gedanke; »Shut Out«, Ausgeschlossen) oder zur Lebensreise (»Up-Hill«, Bergauf). Eine allegorisch-moralische Aussage macht »An Apple-Gathering« (Ein Apfelpflücken): Wer die Blüten des Apfelbaums zur Ausschmückung des eigenen Haars verwendet, kann später keine Äpfel ernten. Eine Synthese der verschiedenen Tendenzen dieser Lyrik liegt in »The Lambs of Grasmere« (Die Lämmer von Grasmere) vor, das eine Episode aus dem ›Lake District‹ erzählt: Als Folge von Frühjahrs-Überflutungen verendeten zahlreiche Mutterschafe und konnten ihre Lämmer nicht ernähren; viele von ihnen wurden jedoch von fürsorglichen Schäfern mit der Hand ernährt und gerettet. Das Gedicht ist zum einen ein Gegenentwurf zur ichbezogenen Naturlyrik William Wordsworths (der in Grasmere gelebt hatte), zum anderen eine allegorische Veranschaulichung der spirituellen Ernährung durch Christus sowie im moralischen Sinn ein Beispiel für die ›imitatio Christi‹ in der Lebenswirklichkeit.

Rossettis besonderes Interesse galt der Form ihrer Gedichte. Vielfach imitierte sie die Balladenstrophe (»Maude Clare«) oder wählte eine einfache, strophische Form, die sich auch zur Vertonung eignet. Ihr Forminteresse, das sie etwa mit Lord Alfred Tennyson, Robert Browning und Elizabeth Barrett Browning teilte, zeugt von ihrer außerordentlichen Belesenheit und dem Wunsch, mit bedeutenden Dichtern der Vergangenheit und Gegenwart in einen Dialog einzutreten Parallelen bestehen auch zwischen ihrer Dichtung und der Malerei der ›Pre-Raphelite Brotherhood‹. Wie in präraffaelitischen Gemälden verbinden ihre Gedichte eine bewusste Formschönheit mit Gegenständen, die durch archaisches Dekor als zeitlos gekennzeichnet sind und eine spirituelle Bedeutung vermitteln. THOMAS KULLMANN

Alfred Tennyson
* 6. August 1809 in Somersby/Lincolnshire (Großbritannien)
† 6. Oktober 1892 in Aldworth (Großbritannien)

Ab 1850 Hofdichter; 1884 geadelt; berühmtester viktorianischer Lyriker; galt vielen als Repräsentant seines Zeitalters; ein entscheidendes Ereignis in seinem Leben war der Tod seines Freundes A. H. Hallam; seine von Widersprüchen geprägte Dichtung wurde nach großer Popularität im 19. Jh. zunehmend zwiespältig rezipiert und ist noch zu Beginn des 21. Jh.s umstritten, obwohl an ihrer hohen Qualität kein Zweifel besteht.

Weitere Werke: *Zum Gedächtnis* (*In Memoriam* A. H. H., 1850), *Maud. Ein Gedicht* (*Maud: A Monodrama*, 1855), *Königsidyllen* (*The Idylls of the King*, 1859–1885).

Das lyrische Werk

Tennysons Werk drückt exemplarisch die Widersprüche des viktorianischen Zeitalters aus. Es entstand in einer Zeit, in der die Dichtung von einer fortschrittsorientierten, utilitaristischen Gesellschaft an den Rand gedrängt oder, wie es Alan Sinfield ausdrückt, »marginalisiert« wurde. Als Hofdichter, Verkünder konservativer Werte und viktorianischer Patriarch befand sich Tennyson einerseits im Einklang mit seiner Zeit, andererseits erscheint er aber als ein hochsensibler, der Gesellschaft entfremdeter und dem zeitgenössischen Fortschrittsdenken abgeneigter Außenseiter, der einen abgeschlossenen Raum privater Gefühle und exotischer Empfindungen kultivierte. Anders als in der Zeit der früheren Romantik, als sich Dichter wie Blake, Coleridge, P. B. Shelley und Byron noch als politische Propheten verstanden, hatte sich der Glaube an die Imagination als eine radikale, verändernde Kraft bei dem Spätromantiker Tennyson erschöpft. Die Freiheit wurde zwar noch gepriesen, sie blieb aber an die zentralen Werte einer utilitaristisch bestimmten Gesellschaftsordnung gebunden. So erklärt es sich, dass ein subjektiv-emotional geprägter Dichter wie Tennyson Sprachrohr einer zunehmend materialistisch orientierten Gesellschaft werden konnte, ein Widerspruch, den man mit Hilfe der Theorie von den »zwei Tennysons« (Harold Nicolson) aufzulösen versucht hat.

Als Formkünstler steht Tennyson mit seiner Verskunst und Wortmusik in der Tradition von Milton, Keats und Shelley und bildet ein wichtiges Bindeglied zwischen Romantik und Präraffaeliten. Gattungen, die er wesentlich prägte und weiterentwickelte, sind die Kunstballade und der ›Dramatische Monolog‹. In seinem Metapherngebrauch, z. B. in »The Kraken« (1830) und »The Eagle« (1851), und in der musikalischen Grundanlage seiner Gedichte bewegt er sich auf den Symbolismus zu. Einen nachweisbaren Einfluss übte er auf W. B. Yeats aus.

Eine Gattung, mit der sich Tennyson vor allem in seinem Frühwerk intensiv auseinandersetzte, ist die Ballade. Neben direkten Imitationen der Volksballade wie »Lady Clare« (1830) stehen Experimente mit der Gattung wie »The Sisters« (1831) mit einem wirkungsvoll variierten Refrain, der die Refrainkunst der Präraffaeliten vorwegnimmt. *The Ballad of Oriana* (1830) ist ein Rollengedicht, das retrospektiv die versehentliche Tötung der Geliebten durch den Sprecher erzählt. Die eigentlich objektiv-narrativ angelegte Gattung der Ballade ist hier extrem subjektiviert und emotionalisiert und erhält durch den in jeder Strophe viermal wiederkehrenden Namensrefrain »Oriana« eine hypnotische Klanglichkeit, die ebenfalls auf die präraffaelitische Ballade vorausweist. Eher im ›objektiven‹ Balladenstil ist Tennysons bedeutendste Ballade *The Lady of Shalott*, 1832 (*Das Fräulein von Shalott*, 1976, K. und G. Leupold), geschrieben, ein Gedicht, das von den Präraffaeliten als beispielhafte Darstellung des Verhältnisses von Kunst und Leben bewundert wurde und zu bildkünstlerischer Wiedergabe anregte (z. B. durch Holman Hunt). Tennyson gibt hier dem Motiv der eingeschlossenen, vergeblich auf den Geliebten wartenden Frau, das er auch in »Mariana« (1830) behandelt, eine Wendung ins Poetologische. Die Dame von Shalott webt Tag und Nacht auf einer Insel im Fluss ein zauberisches buntes Gewebe. Die Wirklichkeit sieht sie nur im Spiegel als »shadows of the world« (Schatten der Welt) an sich vorbeiziehen. Als der prächtig geschmückte Ritter Lancelot auf dem Weg nach Camelot in ihrem Spiegel erscheint, verlässt sie ihre Webarbeit und blickt ihm nach. Der Spiegel zerbricht, und die Dame treibt am Ende tot in einem Boot in Camelot ans Ufer. Die Ballade weist eine intensive Visualisierung der Szenerie und Verse von üppiger Klanglichkeit auf. Die Opposition von Leben und Kunst kommt in dem in allen Strophen durchgehaltenen Reim »Camelot/Shalott« zum Ausdruck, der sich im entscheidenden Moment (Strophe 9) zu »Lancelot/Shalott« verwandelt.

Eine gänzlich andersartige Ballade von Tennyson ist das 1854 unter dem Eindruck eines Ereignisses im Krimkrieg geschriebene Gedicht *The Charge of the Light Brigade*, eines der populärsten und zugleich umstrittensten Werke des Dichters. Künstlerisch bis ins kleinste Detail ausgefeilt, ist es ideologisch fragwürdig, indem es den kollektiven Selbstmord einer Truppe von Soldaten feiert, die auf einen falschen Befehl hin, ohne zu fragen, in den sicheren Tod reiten. Der einzigen Zeile in dem Gedicht, die Kritik impliziert – »Some one had blundered« – »Jemand hatte einen Fehler gemacht« (die Zeile wurde 1855 gestrichen und später wieder eingesetzt) – folgt das Postulat des bedingungslosen soldatischen Gehorsams: »Their's not to make reply, / Their's not to reason why, / Their's but to do and die.« (»An ihnen ist es nicht zu antworten, an ihnen ist es nicht, nach dem Warum zu fragen, an ihnen ist es nur, zu tun und zu sterben«).

Viele von Tennysons besten Gedichten greifen klassische Themen auf, die er dem modernen Lebensgefühl anverwandelt. The Lotos-Eaters (1832) z. B. nimmt auf die Geschichte der Lotophagen in der Odyssee Bezug. Das Gedicht beschreibt in Spenser-Strophen zunächst die Ankunft des Odysseus und seiner Gefährten. Doch während Odysseus bei Homer diejenigen seiner Männer, die vom Lotos gegessen haben, gewaltsam ins Schiff zurückbringen lässt und eiligst wegsegelt, zeigt Tennyson Männer, die der Frucht des Vergessens endgültig verfallen. Im zweiten Teil des Gedichts singen sie ein in metrisch ungleichen Strophen geschriebenes Chorlied, das sich der Odenform annähert. Das Werk suggeriert in hochmusikalischen Versen eine exotische, sinnbetörende Welt, in der die Fremden auf der Insel aus dem aktiven Leben sinken und sich einem lethargischen Rauschzustand hingeben.

Im zweiten Teil von The Lotos-Eaters deutet sich die Gattung des ›Dramatischen Monologs‹ an, in der sich Tennyson wie keiner seiner Zeitgenossen außer Robert Browning hervortat. Der dramatische Monolog ist ein Rollengedicht, in dem sich ein vom Dichter deutlich unterschiedener Sprecher meist in einer kritischen Lebenssituation gegenüber einem oder mehreren als anwesend zu denkenden Hörern in einem längeren Redestück äußert. Tennysons vollkommenster Monolog dieser Art ist Ulysses (1842), in dem ein Odysseus der nachhomerischen Tradition spricht, der nach seiner Heimkehr, unzufrieden mit seinem häuslichen (bürgerlichen) Leben, noch einmal mit seinen Seeleuten aufbrechen will. Es ist ein von innerer Spannung und Widersprüchen getragenes Gedicht, in dem trotz der Gewissheit des Todes ein Aufbruch erstrebt und ein Ziel gesucht wird, das sich jedoch stets entzieht. Wie sich schon in dem kolloquialen Beginn zeigt, fand Tennyson in diesem Blankversgedicht zu einem gänzlich neuen sprachlichen Ausdruck.

In klangvollen Blankversen sind auch weitere dramatische Monologe geschrieben, die Figuren der griechischen Mythologie zum Sprechen bringen. In *Oenone* (1832) beklagt die Titelfigur, eine Bergnymphe, den Verlust des geliebten Paris. Interessanterweise stehen hier im Mittelpunkt der Wiedergabe des Paris-Urteils nicht die Verlockung der Aphrodite, sondern die von Pallas Athene verkündeten – für das Selbstverständnis des 19. Jh.s charakteristischen – Tugenden der Pflege und Beherrschung des eigenen Ichs (»self-reverence«, Selbstehrfurcht; »self-knowledge«, Selbsterkenntnis; »self-control«, Selbstbeherrschung) und der Preis eines tapferen, taterfüllten Lebens. Neben die eindringliche Landschafts- und Gefühlswiedergabe tritt somit die in rhetorischen Versen formulierte Moral des Viktorianers, die im späteren Werk des Dichters mehrfach penetrante Züge annimmt. Derartige Schwächen fehlen in *Tithonus*, einem der schönsten Gedichte Tennysons, das 1830 entstand, aber erst 1860 veröffentlicht wurde. Es handelt sich um den Monolog der mythologischen Titelfigur Tithonus, dem die Göttin Eos wegen seiner Schönheit einst Unsterblichkeit verlieh, wobei sie aber vergaß, ihm auch ewige Jugend zu schenken. Der unendlich gealterte, welke Mann drückt seine Sehnsucht nach dem Tode aus, während ihm die Schönheit der früheren Zeit noch schmerzvoll vor Augen steht und er das Schauspiel der täglich wiederkehrenden Eos – der Adressatin des Monologs – erlebt. Tennyson knüpft hier unmittelbar an die komplexe Todessehnsucht der Lyrik von Keats an.

Tennysons Gedichte mit heimischen Sujets sind meist weniger vollkommen. *The Princess: A Medley* (1847) steht mit der Thematik von weiblicher Bildung und Frauenherrschaft in einem historischen Zusammenhang mit der Regentschaft der jungen Viktoria in England. Das ins Komödienhafte reichende Gedicht, das die Grundlage für die satirische Oper *Princess Ida* (1884) von Gilbert und Sullivan bildet, mündet trotz feministisch anmutender Passagen – eine Zukunft rückt in den Blick, wo es zum Ausgleich der Geschlechter kommt (»The man may be more of woman, she of man«, »Der Mann mag mehr von einer Frau, sie mehr von einem Mann sein«) – in das viktorianische Idealbild von der Frau als Gefährtin des Mannes und Mutter ein. Das Werk enthält glänzende Natur- und Landschaftsdarstellungen und lyrische Einlagen, die zu Tennysons schönsten Gedichten gehören, etwa »O Swallow, Swallow, flying, flying South« und »Tears, idle tears«. Ein heute als rührselig empfundenes, aber im 19. und beginnenden 20. Jh. ungemein populäres und oft in fremde Sprachen übersetztes Werk ist *Enoch Arden. Idylls of the Hearth*, 1864 (*Enoch Arden*, 1949, A. Strodtmann), die Geschichte des totgeglaubten Seemanns, der nach langen Jahren in seine Heimat nach East Anglia zurückkehrt, seine Frau mit dem früheren Rivalen glücklich verheiratet findet und sich aus Liebe und Edelmut nicht zu erkennen gibt. Eindrucksvoll sind die beschreibenden – allerdings vielfach auch als ›parnassisch‹ (prunkhaft-aufgesetzt) getadelten – Teile des Gedichts, insbesondere der Kontrast zwischen der Südseelandschaft, in der der Protagonist Schiffbruch erleidet, und seiner englischen Heimat. Künstlerisch stärker durchgeformt ist das *Enoch Arden* thematisch verwandte Gedicht *Locksley Hall* (1842), der in Trochäen geschriebene Monolog eines Mannes, der sich an der Küste von Lincolnshire an seine unglückliche, an den sozialen Verhältnissen gescheiterte Jugendliebe erinnert. Auch dieses selbstquälerische Gedicht nimmt Bezug auf den Fortschrittsglauben: »Science moves, but slowly slowly, creeping on from point to point.« (»Die Wissenschaft bewegt sich, aber langsam, langsam und kriecht von einem Punkt zum anderen«).

Eine besondere Stellung in Tennysons Dichtung nehmen zwei längere ins Argumentative und Philosophische reichende Werke ein, die aus Einzelgedichten zusammengesetzt sind. *In Memoriam A.H.H.* (1850), eine Elegie auf den frühen Tod von Tennysons Jugendfreund A.H. Hallam, knüpft an die Tradition der englischen Elegie an. Tennysons zweites großes argumentatives Gedicht ist *Maud: A Monodrama* (1855), ein Monolog in der Form einer Gedichtfolge, die eine Seelengeschichte schreibt. George Eliots Urteil, das im Zusammenhang mit Tennysons Zyklus von Artusepen (*The Idylls of the King*) steht und demzufolge es die kürzeren Gedichte seien, die Tennyson unsterblichen Ruhm verschafft haben, ist begründet. Auch bedeutende Zyklen wie *In Memoriam* und *Maud* setzen sich aus Einzelgedichten zusammen. Was abwertend als ›Tennysonian‹ oder ›Parnassian‹ bezeichnet wurde und dem Dichter die sprachspielerische Benennung »Lawn Tennyson, gentleman poet« (James Joyce, *Ulysses*) eintrug – die Übereinstimmung seiner als prophetische Weisheiten verkündeten Gedanken mit gängigen viktorianischen Auffassungen, die dem Zeitgeschmack entsprechende Gefühlsseligkeit und der veräußerlichte Wort- und Klangprunk – findet sich eher in seinen längeren Dichtungen. Die kürzeren Gedichte, besonders die dramatischen Monologe, die Kunstballaden und die liedhaften Stücke, zeigen ihn als einen herausragenden Formkünstler, einen Meister im Umgang mit den musikalischen und metaphorischen Möglichkeiten der Sprache, der, in der Tradition von Spenser, Milton und Keats stehend, inneren Erfahrungen gültigen poetischen Ausdruck verlieh. Ein letztes Zeugnis dafür ist das drei Jahre vor seinem Tod entstandene Abschiedsgedicht »Crossing the Bar« (1889), das er am Schluss aller Ausgaben seiner Gedichte gedruckt wissen wollte. WOLFGANG G. MÜLLER

Charles Robert Darwin

* 12. Februar 1809 in Shrewsbury/Shropshire (Großbritannien)
† 19. April 1882 in Downe/London-Bromley (Großbritannien)

1825–1827 Medizinstudium in Edinburgh; 1828–1831 Studium der Theologie, Botanik und Geologie in Cambridge; 1831–1836 Teilnahme an der Weltumseglung des Kapitäns Fitz Roy auf dem Forschungsschiff ›Beagle‹ (u.a. Südamerika, Galápagos-Inseln, Tahiti, Australien und Südafrika); 1838 Sekretär der Geological Society; 1839–1843 zoologische und geologische Veröffentlichungen zur ›Beagle‹-Reise; 1842 und 1844 erste ausformulierte Entwürfe der Evolutionstheorie, fast deckungsgleich mit der Evolutionstheorie des Naturhistorikers Alfred Russel Wallace – am 1. Juli 1858 wurden beide in einer Sitzung der Linnean Society verlesen; weitere Buchveröffentlichungen mit evolutionstheoretischem Hintergrund.

Weitere Werke: *Die Abstammung des Menschen und die geschlechtliche Zuchtwahl* (The Descent of Man, and Selection in Relation to Sex, 1871), *Der Ausdruck der Gemüthsbewegungen bei dem Menschen und den Thieren* (The Expression of the Emotions in Man and Animals, 1872).

Über die Entstehung der Arten im Thier- und Pflanzenreich durch natürliche Züchtung oder, Erhaltung der vervollkommneten Rassen im Kampf um's Daseyn / On the Origin of Species by Means of Natural Selection. Or The Preservation of Favoured Races in the Struggle for Life

Das 1859 publizierte Werk spielt eine zentrale Rolle in der Entwicklung der modernen Wissenschaft und der säkularen Moderne schlechthin. Darwins Theorie über die Geschichte und Vielfalt des Lebens und die sich daraus ergebende Vorstellung, dass auch der Mensch mit all seinen biologischen und kulturellen Merkmalen das Produkt natürlicher Mechanismen ist, hat nicht nur die Praxis der Biologie unwiderruflich verändert, sondern wurde auch schnell als grundsätzliche Herausforderung philosophischer und religiöser Traditionen des Abendlandes erkannt. Darwins Werk beeinflusst daher seit seiner Erstveröffentlichung mit wechselnder Intensität, aber immer kontrovers, das Denken in der Ethik, Theologie, Sozial- oder Erkenntnistheorie.

Das Erscheinen dieses epochalen Werks war die Kulmination einer ereignisreichen Entwicklung, die mehr als 20 Jahre in Anspruch genommen hatte. Der Inhalt und die endgültige Form des Werks sind nur vor diesem Entstehungshintergrund zu verstehen. Nach seiner Rückkehr von der fünfjährigen Weltumseglung an Bord der ›Beagle‹ und der Aufarbeitung seiner Sammlungen formulierte Darwin zwischen März 1837 und September 1838 in einer Reihe von Notizbüchern die theoretischen Grundzüge der Theorie. 1842 verfasste er eine kurze Skizze seiner Theorie, 1844 vertraute er einigen engen Freunden einen längeren Essay an. Ein publizistischer Skandal ließ Darwin jedoch von einer Veröffentlichung seiner Theorie Abstand nehmen.

Im Oktober 1844 erschien anonym das von dem schottischen Journalisten und Verleger Robert Chambers verfasste *Vestiges of the Natural History of Creation*. Diese provokante materialistische Geschichte des Universums und des Lebens machte eine breite britische Leserschaft mit der Möglichkeit der Wandelbarkeit von Organismen vertraut. Kritiker aus der etablierten Wissenschaft reagierten mit harschen Verurteilungen, doch das Werk wurde zu einem sensationellen Bestseller. Darwin befürchtete, dass auch ein seriöses, für die Wandelbarkeit der Arten sprechendes Werk in diesen Strudel der Auseinandersetzungen hineingezogen werden würde; denn der Autor der *Vestiges* zeichnete sich vor allem durch Spekulationsfreude, nicht durch solides Wissen aus. Darwin widmete die folgenden Jahre der sorgfältigen und umfassenden anatomischen und stammesgeschichtlichen Untersuchung der Rankenfüßler, einer artenreichen Gruppe von Krebstieren, um seine Glaubwürdigkeit als ernst zu nehmender Wissenschaftler zu stärken.

Im September 1854 schloss Darwin diese langwierige Arbeit ab, und im Mai 1856 fasste er den Entschluss, ein umfassendes Werk mit dem Titel *Natural Selection* zu schreiben. Im Juni 1858 erhielt Darwin aber einen auf der ostindischen Insel Ternate von Alfred Russel Wallace aufgegebenen Brief, in dem Wallace Gedanken über den Artenwandel entwarf, die Darwins eigener Theorie zum Verwechseln zu gleichen schienen. Darwin und seine Freunde reagierten schnell: Am 1. Juli 1858 wurde in London die Theorie unter der gemeinsamen Autorschaft von Darwin und Wallace der Öffentlichkeit vorgestellt. Um seine Priorität zu sichern, begann Darwin im August mit einer Zusammenfassung seines in Arbeit befindlichen großen Werks. Diese Zusammenfassung entwickelte sich in den folgenden Monaten zu *On the Origin of Species*, das schließlich am 14. November 1859 erschien.

Charles Darwins Werk bietet keine chronologische Nacherzählung der Entwicklung der Lebensformen, sondern ein strukturiertes, durch zahlreiche Beobachtungen und Tatsachen unterstütztes ›langes Argument‹ für zwei zentrale Ideen: dass Arten wandelbar sind und sich in neue Abstammungslinien aufspalten könnten und dass die natürliche Auslese die hauptverantwortliche Ursache für diesen Wandel ist. Die erste Idee führt zur bekannten Metapher vom ›Baum des Lebens‹ und zur Vorstellung, dass alle irdischen Lebensformen auf einen gemeinsamen Ursprung zurückzuführen sind.

Der Aufbau des Buches folgt jedoch vor allem der Notwendigkeit, den Leser von der Wirksamkeit der natürlichen Auslese zu überzeugen. Im ersten Kapitel zeigt Darwin, dass die von Züchtern vorgenommene künstliche Auslese die Ursache für den Wandel und die Vielfalt domestizierter Rassen ist. Diese Form der Auslese beruht auf zwei Mechanismen: Variation und Unterschiede in der Eignung (»fitness«) der Individuen. Erblichkeit ist nie perfekt, und die Nachkommen zeigen immer ungerichtete Abweichungen von der Elterngeneration. Der Züchter wählt dann die Varianten aus, die sich am besten für die Erfüllung seiner Ziele eignen, und erlaubt nur diesen Individuen, sich fortzupflanzen. Dieser Prozess der bewussten Auslese von erblichen Varianten führt über viele Generationen zu einem gerichteten Wandel. In den folgenden beiden Kapiteln argumentiert Darwin, dass in der Natur direkte Entsprechungen zu den Vorgängen bei der Tier- und Pflanzenzucht existieren: Auch in der Natur tauchen ständig ungerichtete, d. h. sowohl vorteilhafte als auch unvorteilhafte Variationen auf; vorteilhafte Abweichungen erlauben es ihren Trägern, sich erfolgreicher als ihre innerartlichen Konkurrenten im Kampf um knappe Ressourcen zu behaupten oder sich wirksamer fortzupflanzen; wenn diese Abweichungen erblich sind, also z. B. ein überdurchschnittlich großes Individuum überdurchschnittlich große Nachkommen hat, dann kann auch in der Natur mit einem schrittweisen Wandel der Arten und in genügend langen Zeiträumen mit der Aufspaltung in neue Arten gerechnet werden.

Im vierten Kapitel versucht Darwin seine Leser davon zu überzeugen, dass die im Vergleich zur künstlichen Auslese viel stärker ausgeprägten Vorgänge der natürlichen Auslese tatsächlich zu Artenwandel und Diversifizierung führen können und nicht vor etablierten Artgrenzen haltmachen. Darwin nimmt sich dann der Aufgabe an, zu zeigen, dass seine Theorie viele bisher rätselhafte Erscheinungen erklären kann, z. B. dass extrem ausgeprägte Merkmale die höchste Variabilität zeigen. Bevor er im letzten Teil des Buches diese Argumentationslinie weiterführt und zeigt, welche Gruppen von Tatsachen durch seine Theorie schlüssig erklärt werden können – so die Abfolge von Lebensformen in geologischen Schichten, die geographische Verbreitung verwandter Arten und Ähnlichkeiten in der Morphologie und der Individualentwicklung von Arten –, widmet er zunächst vier Kapitel der Entkräftung von möglichen Einwänden gegen seine Theorie.

Der Aufbau von On the Origin of Species orientiert sich vermutlich an zeitgenössischen Entwicklungen in der entstehenden Wissenschaftsphilosophie, die sich die Identifikation von ›wahren‹ (im Gegensatz zu ›spekulativen‹) Ursachen zur Aufgabe gemacht hatte. Darwins Argumentation soll zuerst in einem Analogieschluss etablieren, dass die natürliche Auslese in der Natur existiert, und dann mit Hilfe umfangreichen Tatsachenmaterials zeigen, dass diese Auslese auch tatsächlich ursächlich für die Abstammungsverhältnisse und die Anpassung der Organismen ist. Darwins Überzeugungsarbeit war allerdings nur begrenzt Erfolg beschieden: Die gemeinsame Abstammung der Lebensformen wurde schnell akzeptiert, die ziellos agierende natürliche Auslese als ›wahre‹ Ursache des Wandels wurde jedoch weniger begeistert aufgenommen und konnte sich erst im 20. Jh. in der Evolutionsbiologie durchsetzen.

On the Origin of Species handelt vom Wandel durch Konkurrenz und von der Kolonisierung von Lebensräumen und ist vereinbar mit einem optimistischen Fortschrittsdenken; das Werk ist damit ein typisches Produkt des viktorianischen England. Darwins Argument ist aber ungemein flexibel – er lässt z. B. offen, wie wichtig der Mechanismus der natürlichen Auslese für die Erklärung verschiedener Erscheinungen in der Natur ist –, er vermeidet eine zu komplizierte Fachsprache und geht sehr sparsam mit Hinweisen auf andere Literatur um. On the Origin of Species hat sich wegen dieser Flexibilität und Lesbarkeit innerhalb und außerhalb der Biologie als ein Werk etabliert, das seine Entstehungsbedingungen hinter sich gelassen hat und das immer wieder neu und produktiv gedeutet werden kann. THOMAS P. WEBER

George Meredith
* 12. Februar 1828 in Portsmouth (Großbritannien)
† 18. Mai 1909 in Box Hill/Dorking (Großbritannien)

1842–1844 prägende Ausbildung bei den Herrnhuter Brüdergemeinen, Neuwied; Lehrzeit in Londoner Anwaltskanzlei; 1858 von seiner Ehefrau Mary wegen eines anderen Mannes verlassen; bis zur glücklichen Heirat mit Mary Vulliamy 1864 alleinerziehender Vater; 1860–1894 tonangebender Lektor bei Chapman and Hall; Kriegskorrespondent; der Ruf des ›Unmoralischen‹ hemmte die frühe literarische Karriere; gerühmt als brillant erzählender Unterhalter, berüchtigt für seinen bildbefrachteten, archaischen Schreibstil.

Weitere Werke: Das lyrische Werk (1851–1901), Moderne Liebe (Modern Love, 1862), Der Egoist. Eine Komödie in Erzählform (The Egoist. A Comedy in Narrative, 1879), Diana vom Kreuzweg (Diana of the Crossways, 1885).

Richard Feverel. Eine Geschichte von Vater und Sohn / The Ordeal of Richard Feverel

Der 1859, also im selben Jahr wie Charles Darwins epochemachendes Werk *The Origin of Species*, erschienene Roman wurde vom Autor mehrfach überarbeitet und fand erst mit der revidierten Ausgabe von 1878 seine endgültige Gestalt. Er gilt nicht nur als frühes Meisterwerk des viktorianischen Dichters, sondern auch als ein Meilenstein in der Geschichte des viktorianischen Romans. Mit seiner ironischen Zeitkritik an viktorianischen Normen und seiner Konzentration auf die psychologische Entwicklung der Hauptfiguren weist dieser Roman ebenso wie George Eliots im selben Jahr erschienener Roman *Adam Bede* auf die skeptischen Werke des Fin de Siècle (vor allem auf die Thomas Hardys, Samuel Butlers d. J. und George R. Gissings) und die Erzählkunst des Modernismus voraus.

Im Mittelpunkt dieses negativen Entwicklungs- und Bildungsromans stehen die schweren Schicksalsprüfungen der Titelfigur Richard Feverel und dessen höchst ambivalente Beziehung zu seinem alleinerziehenden Vater, dem monomanischen Aristokraten Sir Austin Feverel, der von der Welt zurückgezogen als Schlossherr in ›Raynham Abbey‹ auf der Isle of Wight lebt. Seit ihn seine Frau verlassen hat, kreist sein ganzes Denken und Handeln allein um die sehr autoritäre Erziehung seines Sohnes Richard, die einem von ihm ersonnenen ›System‹ folgt, das durch den Handlungsverlauf ad absurdum geführt wird. Es entspricht der für Merediths Erzählkunst charakteristischen dramatischen Ironie, dass der Vater mit seinen Erziehungsmethoden letztlich das Gegenteil von dem erreicht, was er ursprünglich beabsichtigt hatte, denn der im Grunde gutherzige und tugendhafte Sohn wächst zu einem stolzen und verwöhnten jungen Aristokraten heran, der sich zunehmend gegen die Erziehungsmethoden des Vaters auflehnt. Dessen Autorität wird völlig untergraben, als sich Richard in Lucy Desborough, die 17-jährige Nichte eines benachbarten Farmers, verliebt, die Sir Austin vor allem wegen ihres katholischen Glaubens als Schwiegertochter ablehnt. Mit allen Mitteln bemüht er sich um eine Zerstörung des Liebesidylls der beiden, die schließlich mit einer heimlichen Heirat auf seine Schikanen reagieren. Dann aber appelliert der Vater mit Erfolg an das Pflichtgefühl seines Sohnes und ›verbannt‹ ihn nach London, um, wie er hofft, das ungleiche Paar endgültig zu trennen. Jeder der beiden Liebenden sieht sich nun schweren Versuchungen ausgesetzt. Ein gewisser Lord Mountfalcon möchte sich Lucy zu Willen machen und lässt, um ihren Widerstand zu brechen, Richard von der schönen, amoralischen Bella Mount verführen. Der junge Mann unterliegt nicht zuletzt deshalb der Versuchung, weil er in sentimentaler Selbstverblendung glaubt, Bella von ihren Sünden ›erlösen‹ zu können. Voll Reue über seinen Ehebruch sucht er im Rheinland Exil, kehrt aber sofort zurück, als er erfährt, dass Lucy, die ihm unbeirrt treu geblieben ist, ein Kind geboren hat. Lucy ist es inzwischen gelungen, sich mit Sir Austin auszusöhnen. Ohne innere Notwendigkeit wird nun dieser glückliche Ausgang zu einem tragischen Ende umgebogen: Richard erfährt von Mountfalcons Intrigen und fordert ihn zu einem Duell, in dem er selbst schwer verwundet wird, und Lucy, die diesem Schicksalsschlag nicht gewachsen ist, stirbt.

Obgleich das Hauptthema, die Schicksalsprüfung eines jungen Mannes, dem Entwicklungsroman entspricht, verweisen der Handlungsverlauf sowie der Verzicht auf ein positives Ende und auf poetische Gerechtigkeit auf den negativen Bildungsroman. Ein zweites Motiv weist auf das zentrale Thema von Merediths Meisterwerk *The Egoist* (1879) voraus: Mit teilweise satirischen Mitteln wird die Ichsucht des Sir Austin gegeißelt, der erst durch eigene Leiderfahrung zu einer toleranteren Haltung findet. Mit seiner auktorialen und ironischen Erzählhaltung lehnt sich dieser frühe Roman Merediths formal und stilistisch an so unterschiedliche Vorbilder wie Fielding, Sterne und Carlyle an und zeigt in den Porträts der Nebenfiguren gelegentlich auch den Einfluss Dickens'. Zu den weiteren Merkmalen von Merediths Erzählen zählen der intensiv lyrische Ton, die Bildersprache der Liebesszenen und die von den Zeitgenossen als durchaus neuartig empfundene Darstellungstechnik: Meredith konzentrierte sich weniger auf das äußere Geschehen als auf die Analyse von Bewusstseinszuständen und Seelenlagen, von komplizierten Handlungsmotiven und endlosen Selbsttäuschungen, was auch durch den ironischen Erzählstandpunkt unterstrichen wird. Damit nahm er wesentliche Züge der Erzähltechnik Henry James' und des modernen Bewusstseinsromans vorweg.

Die zeitgenössische Kritik und das viktorianische Publikum konnten dem Werk wenig abgewinnen, das bewusst gegen die moralischen und erzähltechnischen Konventionen einer auf Fortsetzungsromane (mit anschließender dreibändiger Ausgabe des Werks) eingestimmten Zeit verstieß. Neben Einwänden gegen die noch recht unbeholfene Handlungsführung und die ungewohnte Verbindung komischer und tragischer Elemente sorgte vor allem der Vorwurf der Immoralität, der auf der Verführung eines tugendhaften jungen Mannes durch eine reifere Dame von Welt gründet, dafür, dass das Buch ein finanzieller Fehlschlag wurde. Gleichwohl besitzt der Roman bereits einige jener Qualitäten, die dem Autor seinen (wenn auch immer wieder umstrittenen) Platz in der englischen Literatur gesichert haben. Erfolg beim breiten Publikum hatte Meredith erst 25 Jahre später mit *Diana of the Crossways*, obwohl er in der Zwischenzeit so bedeutende Romane wie *The Adventures of Harry Richmond*, *Beauchamp's Career* und *The Egoist* veröffentlicht hatte.

ANSGAR NÜNNING

Mary Elizabeth Braddon

* 4. Oktober 1835 in London (Großbritannien)
† 4. Februar 1915 in Richmond upon Thames (Großbritannien)

Ab 1852 Schauspielerin; verfasste Stücke und Gedichte, ab 1860 auch populäre Romane; 1862 Durchbruch mit *Lady Audley's Secret*; danach mehrere Romane pro Jahr, meist mit ›transgressiven‹ Frauenfiguren; 1874 Heirat mit ihrem Verleger John Maxwell, mit dem sie seit 1861 zusammenlebte und mehrere Kinder hatte.

Lady Audley's Geheimnis / Lady Audley's Secret

Nach Wilkie Collins' genrekonstituierendem *The Woman in White*, 1861 (*Die Frau in Weiß*), begann dieser Roman 1861 in monatlicher Folge zu erscheinen. Dem ersten von einer Frau verfassten Sensationsroman, noch dazu mit einer unkonventionellen Protagonistin, war ein sofortiger Durchbruch beschieden. Obwohl die moralische Empörung der Rezensenten hohe Wellen schlug, wurde der Roman allein 1862 innerhalb von drei Monaten neunmal in Buchform (als typische ›three-volume novel‹) aufgelegt. Der Erfolg bei der Leserschaft zog sich durch alle sozialen Schichten, was das Entsetzen der Kritiker noch verstärkte.

Die Titelfigur gelangt durch ihre Heirat mit Sir Michael Audley in höhere Gesellschaftskreise, in denen sie sich als scheinbar ideale Verkörperung der viktorianischen Frau schnell etabliert. Die Leser erhalten aber vom allwissenden Erzähler bereits am Ende des ersten Kapitels einen Hinweis, dass Lady Audley ein dunkles Geheimnis hat. Durch einen zweiten Plotstrang über den aus Australien zurückkehrenden George Talboys, der mit Sir Michaels Neffen Robert befreundet ist und dessen Frau angeblich vor seiner Ankunft in Großbritannien verstorben ist, wird immer deutlicher, dass Lady Audley ihre Identität als Georges mittellose Frau abgelegt und ein neues Leben begonnen hat. Nach einer vom Erzähler angedeuteten Konfrontation der beiden verschwindet George spurlos, was bei seinem Freund zusehends düstere Befürchtungen auslöst. Robert, der bisher eher sporadisch als Anwalt gearbeitet hat, wächst in die Rolle des Amateurdetektivs hinein und findet dadurch zu seiner maskulinen Identität. Diese Entwicklung verläuft in klarer Abgrenzung von Lady Audley, die mit allen ihr zur Verfügung stehenden Mitteln zurückschlägt.

Für die Wirkung des Romans ist es zentral, dass der Leser wiederholt an den Gedanken der kriminellen Protagonistin teilhaben kann und eine gewisse Sympathie für sie empfindet. So wurde das Werk in der feministischen Forschung der 1970er Jahre oft behandelt, während sich die neuere Sekundärliteratur vor allem auf die Entwicklung Roberts (einschließlich eines möglichen homosexuellen Subtexts) konzentriert. Im Roman selbst wirken neben Robert zwei als moralisch ›gut‹ gekennzeichnete, aber trotzdem leicht unkonventionelle Frauen als Gegenpol zu Lady Audley: Roberts maskulin-ungestüme Cousine Alicia und seine spätere Frau Clara, Georges selbstbewusste Schwester. Das wichtigste ›Sicherheitsventil‹ ist aber die ererbte Geisteskrankheit, die Lady Audley am Ende für sich in Anspruch nimmt. Diese Wendung erlaubt es den ›guten‹ Romanfiguren, sie in ein Sanatorium im Ausland abzuschieben und danach Frieden zu finden – zumal sich herausstellt, dass George den Mordanschlag seiner Exfrau wider Erwarten überlebt hat. Auch die Leser können sich auf diese Weise leicht von der ›transgressiven‹ Frau distanzieren. Die Problematisierung geistiger ›Normalität‹ im gesamten Plot unterminiert aber gleichzeitig diese einfache Lösung. Der Erfolg des Romans ist sicher auch darauf zurückzuführen, dass (wie es der hinzugezogene Psychiater selbst andeutet) Lady Audleys wahres Geheimnis genauso gut sein kann, dass sie sehr wohl zurechnungsfähig ist und einfach nur die Regeln der viktorianischen Gesellschaft geschickt ausgenutzt hat. Eine solche Lesart ermöglichte dem zeitgenössischen (und gerade dem weiblichen) Publikum subversive Phantasiespiele, die viel weiter reichten als das konventionelle Happy End.

Auch wenn Braddon den Roman unter dem Druck der jeweils nächsten Fortsetzung zusammengeschrieben hat, ist er also keineswegs oberflächlich. Das erklärt seine Wirkung weit über die sensationsorientierten 1860er Jahre hinaus. *Lady Audley's Secret* wurde im 19. Jh. unzählige Male dramatisiert und am Ende des 20. Jh.s verfilmt. MERLE TÖNNIES

Lewis Carroll

* 27. Januar 1832 in Daresbury/Cheshire (Großbritannien)
† 14. Januar 1898 in Guildford/Surrey (Großbritannien)

(d.i. Charles Lutwidge Dodgson) – 1855–1881 Mathematik-Dozent am Christ Church-College in Oxford; ab 1856 passionierter Fotograf; 1861 Weihe zum Diakon; verfasste mathematische Schriften; Parodien und satirische Pamphlete unter Pseudonym; exzentrischer Kindernarr, als Autor von kindgerechten Nonsens- und Traummärchen, Gedichten und längeren Erzählungen ein richtungweisender Repräsentant des ›goldenen Zeitalters‹ der englischen Kinderliteratur.

Weiteres Werk: *Alice hinter den Spiegeln* (*Through the Looking-Glass and What Alice Found There*, 1871).

Alice im Wunderland / Alice's Adventures in Wonderland

Das aus einer mündlichen Stegreiferzählung hervorgegangene, 1861 erschienene Kinderbuch wurde zusammen mit der Fortsetzung *Through the Looking-Glass* (1871) in der motivischen Verbindung von Traum, Märchen und Nonsens zum Klassiker der englischen Kinderliteratur. Beide Bücher fanden zudem in mehr als 50 Übersetzungen weltweite Verbreitung. Sie haben als bizarr-subversive Modelle moderne Autoren von James Joyce bis Raymond Queneau und Künstler vor allem des Surrealismus wie Salvador Dalí oder Max Ernst animiert. Sie wurden von den populären Medien (Film, Funk und Fernsehen) immer wieder bearbeitet und lieferten einen Zitatenschatz geflügelter Worte. Zur Publikumswirksamkeit beider Bücher, die bei Jung und Alt gleichermaßen Anklang fanden, trugen maßgeblich auch die Illustrationen von John Tenniel bei.

Das Geschehen betrifft die siebenjährige Alice, die zum Zeitvertreib einem aufgeregten Kaninchen in sein Loch folgt und so in eine untergründige ›Anderwelt‹ fällt, wo sie eine Reihe von Abenteuern erlebt: Sie verändert mehrfach durch Zauberspeisen ihre Größe, begegnet diversen eigensinnigen Tieren, kommt in das Tollhaus der garstigen Herzogin mit der ewig grinsenden Cheshire-Katze und dem sich zum Ferkel wandelnden Baby, lässt sich in die verrückte Teegesellschaft von Märzhase, Hutmacher und Schlafmaus verwickeln und erreicht den ersehnten Garten des Königs, in dem sich ein Hof lebendiger Spielkarten und Fabelmonster tummelt. Den Schluss bildet eine Gerichtsverhandlung um den Kuchendiebstahl des Herzbuben im Palast, die sich von der Farce prinzipieller

Vorverurteilung zur grotesken Turbulenz steigert, bis Alice dem Unfug ein Ende bereitet und auf der heimischen Wiese aus dem Traum erwacht.

In der Konfrontation der Protagonistin mit der Reihe egozentrischer Kreaturen inszeniert Carroll die Unterlegenheitsgefühle und Entgrenzungsbedürfnisse, die Selbsterprobung und das Rollenspiel des heranwachsenden Kindes, das sich gegenüber einem die Erwachsenenwelt ›über Tag‹ verzerrt karikierenden Umfeld trotz fortwährender Verunsicherungen beherzt bewährt. Mit gesundem Menschenverstand begegnet sie dem dort auftrumpfenden Unverstand, einer durch Inkongruenzen und Inversionen auf Schritt und Tritt verrätselten Welt, in der man gegen Empirie und Logik verstößt und wo Mensch, Tier und Materie metamorph durcheinandergeraten.

Ein Gutteil der Situationskomik ergibt sich aus der Konstellation des fasziniert-wissbegierigen Eindringlings und der befremdlichen Sonderlinge des phantastischen Reiselands, die sich in humorloser Zwanghaftigkeit und im dialogischen Schlagabtausch gegenüberstehen. Dabei werden gerade die vertrautesten Erfahrungsbereiche des Kindes grotesk verfremdet: Freizeit und Spiel, Heim und Herd, Unterricht und Geselligkeit. Ein besonderer Reiz geht von der spielerischen Sprachkomik des Nonsens aus. Die unsinnige Verwirrung der Kommunikation erfährt Alice vor allem in ihren Versuchen, zu einer Verständigung mit den Wunderlandwesen zu kommen, die sie quasi-rituell in abstruse Dispute verwickeln und sie so unter Druck setzen, dass ihr selbst bald sprachliche Fehlleistungen unterlaufen: Die spielerische Manipulation der Sprache auf allen Ebenen lässt sie letztlich als höchst unzuverlässiges Verständigungs- und Ausdrucksmedium erscheinen.

Die Struktur der Erzählung ist episodenhaft. Alice schwankt in der Folge der Abenteuer zwischen kindlicher Spontaneität und frühreifer Vernunft und verhält sich paradoxerweise meist erwachsener als die sich kindisch gebärdenden Autoritätsfiguren, die ihr mit repressiven Ritualen zusetzen. Sie macht keine Entwicklung durch und zieht, als sie den Traum im abschließenden Rahmen der Schwester erzählt, keine Bilanz im Sinne eines Lernprozesses. Dies unterstreicht zugleich den Unterhaltungscharakter der Erzählung, die im Unterschied zur Tradition der (hier mehrfach auch parodierten) erbaulichen Kinderliteratur auf Spannung und Witz setzt, nicht zuletzt den schon von den ursprünglichen Zuhörern der Geschichte eingeforderten Nonsens. Die Erwartungshaltung ist zugleich im Kontext des viktorianischen Geschmackswandels zu sehen, der durch das verstärkte Aufkommen und die formale Auffächerung jeglicher Art von ›innocent mirth‹ (unschuldiger Heiterkeit) gekennzeichnet war.

Beide Alice-Bücher wurden nicht nur nach literarischen Kriterien auf vielfältige Weise gedeutet, wobei manche Interpreten aus den Texten verschlüsselte Botschaften herauslesen, die Carroll auch in seinen kühnsten Träumen kaum hineingelegt hätte. Überzeugender ist die Forschungsrichtung, die die Texte als das betrachtet, was sie von Anfang an waren: Kinderbücher. Als solche sind sie prototypisch für viele spätere Klassiker der Kinderliteratur in der angelsächsischen Welt: von L. Frank Baums *The Wonderful Wizard of Oz*, 1900 (*Der Zauberer von Oz*), und Kenneth Grahames *The Wind in the Willows*, 1908 (*Der Wind in den Weiden*), bis zu J. K. Rowlings Reihe der *Harry Potter*-Bücher (ab 1997).

EBERHARD KREUTZER

Wilkie Collins

* 8. Januar 1824 in London (Großbritannien)
† 23. September 1889 in London (Großbritannien)

Studium der Rechtswissenschaft am Lincoln's Inn; 1851 Zulassung als Anwalt; 1847 Publikation einer Biographie seines Vaters, des damals bekannten Landschafts- und Genremalers William Collins, anschließend Veröffentlichungen zahlreicher Romane und Erzählungen in schneller Folge; enge Freundschaft mit Charles Dickens; bedeutender viktorianischer Schriftsteller; Begründer des Genres der ›Detective Novel‹ und des ›Mystery Thrillers‹.

Weiteres Werk: *Die Frau in Weiß* (*The Woman in White*, 1860).

Der Monddiamant / The Moonstone. A Romance

Der Detektiv- und Sensationsroman wurde erstmals 1868 veröffentlicht und erschien 1871 in einer überarbeiteten Fassung. Bei seiner Entstehung befand sich die Gattung des Sensationsromans auf ihrem Höhepunkt; Collins selbst hatte mit zahlreichen Werken an ihrer Entwicklung mitgewirkt. Der Detektivroman war dagegen gerade erst im Entstehen begriffen, und *The Moonstone* spielte dabei eine wichtige Rolle. T. S. Eliot hat denn auch den Roman 1927 als den »ersten und größten englischen Detektivroman« bezeichnet.

Die Handlung beginnt mit dem Raub des Titel gebenden gelben Diamanten in Indien, der nach Großbritannien verbracht wird. 1848 wird er der jungen Adeligen Rachel Verinder hinterlassen, verschwindet aber bereits in der ersten Nacht. Schnell wird klar, dass dafür nicht die Inder verantwortlich sein können, die sich ihr Kleinod zurückholen möchten, sondern dass das Verbrechen von Engländern verübt worden sein muss, die abends an Rachels Geburtstagsfeier teilnahmen. Der örtliche Polizist kann das Rätsel nicht lösen. Der für seine Erfahrung mit Familienskandalen berühmte Sergeant Cuff aus London (die typische von außen kommende, überlegene und leicht idiosynkratische Detektivfigur) kann zwar einige Ermittlungserfolge verbuchen, aber die Familie nimmt ihn zunehmend als Eindringling wahr. Er verdächtigt Rachel und die Bedienstete Rosanna (die aus einer Besserungsanstalt in den Haushalt gekommen ist), die beide in Rachels Cousin Franklin Blake verliebt sind und sich sehr merkwürdig verhalten, den Diamanten auf die Seite geschafft zu haben. Rachels Mutter zieht daraufhin den Ermittlungsauftrag zurück.

Rachel, die ihrerseits Franklin verdächtigt, macht diesem klar, dass sie ihn nicht wieder sehen will, und verlässt ihr Elternhaus, während Rosanna im Treibsand Selbstmord begeht.

Als Franklin nach einem Jahr zurückkehrt, findet er das Rätsel immer noch ungelöst und wird vom Detektivfieber gepackt. Paradoxerweise findet er heraus, dass er selbst – ohne sich daran zu erinnern – den Stein entwendet hat und dabei von den beiden Frauen beobachtet worden ist. Erst Ezra Jennings (der Assistent des örtlichen Arztes, der durch sein ungewöhnliches Äußeres und seine gemischte britische und koloniale Abstammung ein sozialer Außenseiter ist) findet die Lösung und kann sie durch ein Experiment beweisen: Franklin hat den Diamanten unter dem Einfluss von Opium, welches ihm der Dorfarzt ohne sein Wissen gegeben hatte, an sich genommen. Von dem Verdacht befreit, können er und Rachel zusammenfinden. Sergeant Cuff trägt nur noch abschließend zur Aufklärung des Verbleibs des Steins bei, der Franklin bald gestohlen wurde, was ebenso atypisch für den entstehenden klassischen Detektivroman ist wie seine falschen Schlussfolgerungen über Rachel. Der Diamant findet seinen Weg zurück nach Indien, wo er wieder seine sakrale Funktion erfüllt.

Somit sind am Ende alle Handlungsstränge gelöst. Wie in Braddons *Lady Audley's Secret* hat der sonst eher ziellose Franklin durch die Detektivarbeit (die streckenweise der ›quest‹ der im Untertitel genannten Romanze gleichkommt) seine Identität als britischer Mann gefunden. Die außergewöhnlich selbstbewusste Rachel, mit deren Jungfräulichkeit viele Interpretationen den Diamanten gleichgesetzt haben, wird in die etablierte Rolle einer Ehefrau eingebunden. Damit ist die Bedrohung der viktorianischen Familie auf allen Ebenen abgewendet. Rosanna, Rachels Gegenstück in einer unteren sozialen Schicht, deren leidenschaftliche Gefühle der Leser direkt in Briefform verfolgen konnte, muss für diesen Frieden geopfert werden. Jennings wird dagegen ›rehabilitiert‹. Für die 1860er Jahre recht ungewöhnlich, lässt sein Äußeres keine Rückschlüsse auf seine inneren Werte zu, und Franklin und Rachel werden sogar dafür belohnt, dass sie sich nicht von seiner Hybridität abschrecken lassen. Durch die zentrale Rolle, die Jennings in der Lösung des Rätsels spielt, wird außerdem medizinisches Wissen (speziell solches über unterbewusste Prozesse – Jennings rätselhafter Erscheinung angemessen) der Rationalität des Detektivs als mindestens gleichwertig gegenübergestellt.

Die Handlung des Romans wird von einer ganzen Reihe unterschiedlicher Erzähler vermittelt, die alle aus der Ich-Perspektive über ihre eigenen Beobachtungen berichten. Die dadurch suggerierte Verlässlichkeit wird aber durch die Beschränktheit der meisten Erzählerfiguren untergraben. Gleichzeitig gibt es im Verlauf der Erzählungen immer wieder Hinweise darauf, dass Franklin selbst die Berichte in Auftrag gegeben hat, sie also seiner editorischen Kontrolle unterliegen. Somit entwickelt der Roman die traditionelle allwissende Erzählperspektive fort, führt aber noch kein wirklich multiples Erzählen ein.

Auf inhaltlicher Ebene werden Innovationen durch das traditionelle Ende ermöglicht und gleichzeitig relativiert. Der Roman verbindet die zentralen Themen seiner Zeit (Empire, Weiblichkeit und Männlichkeit, Familie, soziale Klasse, Hybridität) auf sehr unkonventionelle Weise. Der direkte Bezug zu aktuellen Diskussionen hat sicher zu seiner großen Bekanntheit beigetragen. Die Souveränität, mit der Collins den komplexen Plot entwickelt, wurde und wird allgemein gelobt. Der Autor selbst brachte den Roman auch auf die Bühne, und er wurde mehrfach verfilmt, zuletzt 1996. MERLE TÖNNIES

George Eliot

* 22. November 1819 in South Farm/Warwickshire (Großbritannien)
† 22. Dezember 1880 in London (Großbritannien)

(auch: Marian Evans Lewes; d.i. Mary Ann Evans) – 1841 Umzug nach Coventry und Kontakt zu freigeistigen Intellektuellen; Wandlung zur Agnostikerin; 1846–1854 Übersetzung von D.F. Strauß' *Das Leben Jesu*, Ludwig Feuerbachs *Wesen des Christenthums* und Spinozas *Ethik*; ab 1850 Mitarbeit an der angesehenen *Westminster Review* (brillante Essays und Rezensionen zu zeitgenössischer Literatur); lebte ab 1854 mit dem verheirateten Literaten und Goethe-Biographen G.H. Lewes zusammen (gesellschaftliche Ächtung); ab 1856 unter dem Pseudonym ›George Eliot‹ erste Erzählungen; nach großem Anfangserfolg weitere gesellschaftskritische, psychologisch orientierte, realistische Romane; nach Lüftung des Pseudonyms teilweise gesellschaftliche Akzeptanz trotz des unkonventionellen Lebens.

Weitere Werke: *Adam Bede* (Adam Bede, 1859), *Silas Marner* (Silas Marner, the Weaver of Raveloe, 1861), *Romola* (Romola, 1862/63), *Felix Holt, der Radikale* (Felix Holt, the Radical, 1867), *Daniel Deronda* (Daniel Deronda, 1876).

Die Mühle am Floss / The Mill on the Floss

Wie das Erstlingswerk der Autorin war ihr zweiter Roman ein kommerzieller Erfolg; er erschien im April 1860 in drei Bänden und erlebte noch im selben Jahr eine Neuauflage. Trotzdem war die zeitgenössische Kritik gespalten, wenngleich überwiegend positiv. Einige Kritiker nahmen jedoch Anstoß an den zu alltäglichen Hauptfiguren – wie Jahrzehnte später auch John Ruskin – oder beklagten den trostlosen Determinismus, der blindes Schicksal über menschliches Glück und menschliche Tugend triumphieren ließ.

Dorlcote Mill, die Mühle am Floss, in der Nähe des Küstenstädtchens St Ogg's in Mittelengland gelegen, ist der Titelschauplatz der Handlung, die sich vor allem um die Familie Tulliver und das Schicksal der Geschwister Tom und Maggie dreht – einer der ursprünglich diskutierten Titel lautete »The Tulliver Family«. Die Tullivers, eine achtbare Familie, in deren Besitz sich die Mühle am Floss seit Generationen befindet, ist finanziell ruiniert, als Mr. Tulliver, gutherzig, aber auch eigensinnig und leicht reizbar, durch einen Prozess die Mühle an seinen Erzfeind, den Anwalt Wakem, verliert. Tulliver, vom Schlag getroffen, schwört – wie auch sein Sohn Tom – Rache und fristet fortan als Pächter der Mühle sein Dasein, während Tom durch harte Arbeit bei der Handelsfirma Guest & Co die Schulden seines Vaters abbezahlt. Das Schicksal will es, dass Tulliver stirbt, nachdem die Hypothek gerade getilgt ist und er sich an Wakem in einer Prügelei zu rächen versucht hat.

Die Feindschaft der Familien Tulliver und Wakem bildet die Folie für den zentralen Konflikt, das problematische Verhältnis der Geschwister Tom und Maggie. Der nur mittelmäßig begabte, aber selbstzufriedene und selbstgerechte Tom dominiert seine Schwester Maggie, die ihn trotzdem von früher Jugend an liebt. Maggie, feinfühlig, leidenschaftlich und intelligent, sucht Verständnis bei dem körperlich behinderten, ihr jedoch seelenverwandten Sohn des verhassten Rechtsanwalts Wakem, Philip, mit dem sie sich seit ihrer ersten Begegnung angefreundet und heimlich getroffen hat. Als Tom davon erfährt, unterbindet er diese Beziehung im Gedanken an die Familienfehde. Während eines Besuchs bei ihrer Cousine Lucy Deane fühlt sich Maggie, nun eine junge Frau, von Lucys attraktivem Verlobten Stephen Guest, dem reichen Erben der Handelsfirma, angezogen, nimmt aber auch zu Philip wieder Kontakt auf. Beide Männer sind in sie verliebt, doch als Stephen ihr eine Liebeserklärung macht, ruft sie ihm das moralische Dilemma, seine Verpflichtungen gegenüber Lucy und die ihren gegenüber Philip, ins Bewusstsein. Durch eine harmlose Bootsfahrt mit Stephen, der unerwartet anstelle von Philip auftaucht, kompromittiert sich Maggie in den Augen der Gesellschaft, wird von ihrem selbstherrlichen, unversöhnlichen Bruder des Hauses verwiesen und fast von der gesamten Bevölkerung geächtet. Das tragische Ende der Geschichte, seit Edward Bulwer-Lytton oft kritisiert, obwohl es durch mehrere Anspielungen und Motive vorbereitet ist, hat melodramatische und erotische Züge: Als das Tal des Floss überflutet wird, rettet Maggie in Umkehrung der Geschlechterrollen ihren Bruder aus der Mühle, und es bleibt gerade noch Zeit für Reue und Versöhnung, ehe das Boot kentert und die beiden Geschwister in inniger Umarmung ertrinken, einem inzestuösen Liebestod ähnlich.

The Mill on the Floss, ein sehr populärer Gesellschaftsroman, wenn auch nicht Eliots reifstes Werk, zeichnet sich durch eine vorwiegend realistische Erzähltechnik aus, die einen ungeschminkten, gelegentlich satirisch-ironischen Blick auf das ländliche Milieu gewährt und auch den Übergang von der Agrar- zur Industriegesellschaft, beispielsweise anhand der florierenden Handelsfirma Guest & Co, thematisiert.

Allerdings wird die realistische Konzeption stellenweise durch das Verwischen der Grenze zwischen Traum und Wirklichkeit durchbrochen: So geht zu Beginn des Romans die erinnerte Vergangenheit in die Gegenwart der Handlung über, die u. a. die Rolle der Frau in der frühviktorianischen Gesellschaft kommentiert. Die Schilderung von Maggies Jugendjahren, die wie in *Scenes of Clerical Life* unverkennbar autobiographische Elemente enthält, zeichnet sich durch ein für die Zeit ungewöhnliches, verständnisvolles Einfühlungsvermögen in die kindliche Psyche aus, weshalb gerade die ersten Teile des Romans besonders geschätzt werden. Maggie wird in ihrem Selbstfindungsprozess, durch den sie sich zu einer zugleich klugen und ›cleveren‹ Frau entwickelt, von den bedrückenden gesellschaftlichen Normen, insbesondere von männlicher Macht, intellektuell wie sexuell eingeengt und stößt auf zunehmende Verständnislosigkeit bei ihrem Bruder und der Gesellschaft.

Der Vergleich mit Bildungsromanen, beispielsweise mit Charlotte Brontës *Jane Eyre*, liegt nahe, doch Maggies Suche bleibt letztlich erfolglos, denn weder kann sie viktorianische Werte wie Heirat und Familie verwirklichen, noch ist ihr persönlich Glück beschieden. Deshalb verweist die Kritik auf einen denkbaren Zusammenhang mit Darwins ein Jahr zuvor erschienenem Buch *On the Origin of Species*, evolutionstheoretischen Gedanken, die Eliot schon aus dem Umgang mit G. H. Lewes und Herbert Spencer vertraut waren. Danach wären – eine anfechtbare These – die Tullivers Repräsentanten einer Gemeinschaft, die unfähig ist, sich der modernen Evolution anzupassen, und deshalb untergeht. Die dem Roman, der heute zu den Klassikern des 19. Jh.s gezählt wird, attestierten Schwächen betreffen vor allem das tragische Ende, das den moralischen Konflikt, Maggies und Stephens Schuldigwerden an Lucy und Philip, nicht löst, sondern umgeht. BERND LENZ

Middlemarch / Middlemarch. A Study of Provincial Life

Der längste und erfolgreichste Roman der Autorin wuchs erst in einem relativ späten Stadium aus zwei Erzählprojekten zusammen und erschien 1871 bis 1872 in Fortsetzungen. *Middlemarch* ist die Chronik des alltäglichen Lebens einer fiktiven Provinzstadt in Mittelengland während des sozialen und politischen Umbruchs vor dem ersten ›Reform Act‹ von 1832. Literarisch mehrere Gattungen kombinierend (Gesellschaftsroman, Bildungsroman, historischer Roman), entwarf Eliot ein umfassendes Panorama der bürgerlichen englischen Gesellschaft mit Psychogrammen des schleichenden Verfalls und berührte dabei verschiedene Bereiche, mit denen sie eng vertraut war (z. B. Geschichte, Politik, Ökonomie, Literatur und Theologie). Entsprechend groß ist das gesellschaftlich differenzierte Figurenarsenal, das alle damaligen Schichten außer der Unterschicht umfasst.

Die Handlung gliedert sich in vier durch die Figuren miteinander verwobene Stränge, doch liegt der erzählerische Schwerpunkt jeweils auf einer anderen Figur. Im Mittelpunkt des ersten Stranges steht Dorothea Brooke, als empfindsame, geistvolle und kultivierte Vertreterin des niederen Landadels eine typische Eliot-Gestalt. Ihre weitgespannten geistigen Ambitionen haben sie irrigerweise zur Heirat mit dem wesentlich älteren und sogar vorzeitig gealterten Gelehrten Casaubon veranlasst, einem der zahlreichen Vertreter aus Eliots Kabinett der Geistlichen, das sie zum ersten Mal in *Scenes of Clerical Life* präsentierte. Dorothea sieht Causabon zunächst als intellektuelles Vorbild, doch erweist er sich als egozentrischer Pedant. Durch Casaubons Tod aus dieser unglücklichen Ehe erlöst, verliebt sie sich in ihren Cousin Will Ladislaw, einen attraktiven, ehrgeizigen Maler, den sie heiratet und nach ihrem Umzug nach London bei seiner politischen Karriere unterstützt.

Auch im zweiten Handlungsstrang, in dessen Zentrum die mittelständische Familie Vincy steht, geht es um eine Ehe zwischen Partnern mit unvereinbaren Charakteren. Rosamond Vincy, eine junge, kokette Schönheit ohne geistige Interessen, heiratet den reformfreudigen Arzt Tertius Lydgate, der sich durch revolutionäre medizinische Ideen die Feindschaft der in provinzieller Engstirnigkeit verharrenden Ärzteschaft von Middlemarch zuzieht. Rosamonds gesellschaftlicher Ehrgeiz und die wissenschaftlichen Ziele ihres Mannes geraten in einen unlösbaren Konflikt, dem Lydgate zum Opfer fällt: Desillusioniert und verschuldet wird er zu einem Modearzt für reiche Patienten in London und auf dem Kontinent.

Der dritte Handlungsstrang, der sich der Familie des integren, in Fragen der Ehre unbeugsamen Gutsverwalters Caleb Garth widmet, bildet durch seinen optimistischen, idyllischen Ton einen Kontrast zu den anderen Strängen. Dank seiner Jugendliebe Mary Garth wandelt sich der durch seine Bildung eigentlich für ein geistliches Leben bestimmte, dafür aber ungeeignete Fred Vincy, Rosamonds Bruder, von einem verwöhnten Schwächling zu einem verantwortungsbewussten Mann. Während Fred es zunächst nur auf das Vermögen seines Onkels Peter Featherstone, eines eigenwilligen Sonderlings, abgesehen hatte, heiratet er Mary schließlich und findet Erfüllung in der Familie und in der Verwaltung des Gutes.

Der vierte Handlungsstrang kreist um den wohlhabenden, aber aus Profitgier moralisch korrupten Bankier Bulstrode, den Schwager von Freds und Rosamonds Vater. Bulstrode, Verkörperung einer scheinheiligen puritanischen Religiosität, versteht es ausgezeichnet, seine zweifelhaften Geschäfte vor sich selbst zu rechtfertigen, wird aber von seinen früheren Sünden schließlich eingeholt. Im Bestreben, seine Vergangenheit zu vertuschen, bewirkt er den Tod seines Erpressers Raffles. Um der Schande zu entgehen, verlässt er die Stadt mit unbekanntem Ziel, obwohl seine Frau weiterhin treu zu ihm hält. Bezeichnenderweise bleiben, nachdem die verschiedenen Lernprozesse abgeschlossen sind, von den Hauptfiguren nur Mary und Fred in Middlemarch.

Middlemarch kritisiert zwar die dargestellte provinzielle Welt, versucht aber gleichzeitig, beim Leser Verständnis und Mitgefühl für das Verhalten der Figuren zu wecken. Schon Lydgate legt bis zu einem gewissen Grad den öden Provinzialismus des Ortes bloß, doch unterliegt er seiner willensstarken Frau und endet als konformistischer Karrieremacher. Die eigentliche Kontrastfigur zum Provinzialismus von Middlemarch ist der junge Maler Ladislaw, der durch seine ausländische Abstammung und seinen weiten geistigen Horizont von vornherein zum Außenseiter prädestiniert ist und alternative Ideale verkörpert. Er durchschaut gleichermaßen Rosamonds eitle gesellschaftliche Ambitionen und die Unfruchtbarkeit von Casaubons wissenschaftlichen Bemühungen und vermag als Einziger in Fragen von Politik und Kunst über den provinziellen Horizont von Middlemarch hinauszuschauen. Indirekte Kritik an den herrschenden Zuständen übt schließlich auch Caleb Garth, Marys Vater, dessen schlichte Ehrlichkeit und Arbeitsgesinnung sich wohltuend von dem zweifelhaften Geschäftsgebaren der sogenannten höheren Kreise abheben.

Es bedurfte nicht erst feministischer Kritik, um Dorotheas idealistisch scheinende Verbindung zu Ladislaw zu relativieren. Schon eine enttäuschte Florence Nightingale hätte sich eine unabhängigere, nicht auf eine erneute Heirat als beklagenswerten Kompromiss festgelegte Dorothea gewünscht, doch Eliot beugte sich in dieser Hinsicht – wie auch Jane Austen vor ihr – den gesellschaftlichen Konventionen ihrer Zeit, vielleicht auch mit Rücksicht auf das Publikum.

Trotzdem markiert *Middlemarch* unbestritten den Höhepunkt in Eliots Schaffen. Viele ihrer früheren Werke führen künstlerisch zu diesem Roman hin, dessen Vielschichtigkeit und Vorzüge auch in Zeiten gelobt wurden, als Eliots literarischer Stern zu sinken begann: verständnisvolle, individuelle Charakteranalysen, Rekonstruktion der gesellschaftlichen Bedingungen, ein komplexerer und subtilerer psychologischer Realismus als in Frühwerken wie *Adam Bede*, ein dichtes Gewebe von einheitsstiftenden Bildern und Symbolen, eine vielsträngige, erzähltechnisch trotz der Multiperspektive geschickt zusammengehaltene Struktur, die mit der Komplexität der Wirklichkeit korrespondiert, und schließlich ein einfühlsamer, wenngleich auktorial-ironischer Erzähler, der zwar alle anderen Erzählstimmen überlagert, jedoch keine absolute Wahrheit für sich beansprucht. Eliot als Vorläuferin der Moderne zu apostrophieren, ist schon ein Gemeinplatz. Dieses klassische Meisterwerk des 19. Jh.s scheint hingegen sogar schon poststrukturalistische und postmoderne Sichtweisen vorwegzunehmen, nicht nur durch intertextuelle Erzählverfahren, sondern auch durch den Verweis auf die fast unerschöpfliche Bedeutung von Zeichen: »Zeichen sind kleine, messbare Dinge, aber Deutungen sind grenzenlos«, so mahnt der Erzähler schon zu Beginn des Romans. BERND LENZ

Anthony Trollope
* 24. April 1815 in London (Großbritannien)
† 6. Dezember 1882 in London (Großbritannien)

1834–1867 Angestellter der Postverwaltung; scheiterte 1868 als Kandidat der Liberalen; verfasste ab 1843 insgesamt 47 Romane; besonders populär sind seine Romanreihen über den Klerus (Barsetshire Novels) und über die parlamentarische Politik (Palliser Novels); bekannt für seine realistische Darstellung des Wandels Englands zu einer modernen bürgerlichen Gesellschaft.

Weiteres Werk: *Die Türme von Barchester* (*Barchester Towers*, 1857).

Wie wir heute leben / The Way We Live Now
Dieser voluminöse gesellschaftskritische Roman erschien von 1874 bis 1875 in monatlichen Fortsetzungen und 1875 in zwei Bänden. Ein politisch enttäuschter Autor prangert in einem eindrucksvollen satirischen Panorama aktuelle Missstände an, die als Symptome eines allgemeinen moralischen und sozialen Verfalls erscheinen.

Das komplexe Handlungsgeflecht rankt sich um drei prototypische Familien: die Melmottes, die Carburys und die Longestaffes. Im Zentrum der 1873 spielenden Handlung steht Augustus Melmotte, ein reicher Financier unbekannter Herkunft. Er führt mit seiner (zweiten) Frau, die Jüdin ist, sowie seiner eigenwilligen Tochter Marie ein aufwendiges Leben und steigt schließlich in die Londoner High Society auf. Alle buhlen um seine Gunst: Aristokraten, Kirchenvertreter und politische Parteien. Auf dem Höhepunkt seiner Karriere bewirtet er sogar den Kaiser von China (eine Parodie auf den Besuch des Schahs von Persien, 1873) und wird als Kandidat der Konservativen ins Parlament gewählt. Melmotte engagiert sich im amerikanischen Eisenbahngeschäft und gründet eine (Schein-)Gesellschaft, in deren Vorstand er Vertreter des englischen Adels holt. Schließlich wird dieser ›Napoleon‹ der internationalen Finanzwelt als Spekulant und Betrüger entlarvt. Melmottes Selbstmord weist trotz aller Satire auch pathetische und sogar heroische Züge auf.

Als Gegenfigur zu Melmotte fungiert ein Gutsbesitzer aus Suffolk: Roger Carbury, ein altmodischer, auf Tradition und Ehre bedachter Gentleman, der einer vergangenen Ära angehört. Lady Carbury, die Witwe seines Cousins, lebt in London und versucht, ihr bescheidenes Einkommen durch amateurhafte Schriftstellerei aufzubessern. Sie hofft, dass ihr Sohn

Felix, der sein Erbe bereits verschleudert hat, Melmottes Tochter heiraten wird. Dank Maries Findigkeit gelingt es den beiden auch beinahe durchzubrennen, aber Felix verpasst den Zug, weil er betrunken ist. Seine Schwester Henrietta (Hetta) wird von Roger Carbury aufrichtig geliebt, sie aber bevorzugt den jüngeren und moralisch schwächeren Paul Montague. Auch dieser gehört zunächst Melmottes Eisenbahngesellschaft an und ist zudem mit Mrs. Winifred Hurtle verlobt, einer sehr ambivalent dargestellten selbstbewussten Amerikanerin mit dunkler Vergangenheit.

Auch die Longestaffes, Nachbarn von Roger Carbury, stehen in Verbindung zu Melmotte. Wegen finanzieller Probleme vermietet Mr. Longestaffe sein Londoner Haus an ihn und wird ebenfalls Vorstandsmitglied. Seine Tochter Georgiana muss ihre Aufenthalte in London, dem ›Heiratsmarkt‹, selbst organisieren und wird dabei unfreiwillig Gast bei den Melmottes. Nach diversen Erniedrigungen senkt sie ihre Ansprüche immer weiter ab und heiratet beinahe einen – aus der Sicht ihrer Familie vulgären – jüdischen Bankier. Adolphus (Dolly) Longestaffe, ein adliger Müßiggänger wie sein Freund Sir Felix Carbury, gerät in Streit mit seinem Vater, als dieser familiären Grundbesitz an Melmotte verkaufen will. Schließlich findet Dolly heraus, dass Melmotte seine Unterschrift gefälscht hat, und besiegelt so dessen Untergang.

Der Skandal um Melmotte hatte durchaus aktuelle Bezüge. Die Presse berichtete immer wieder von berüchtigten Spekulanten, die mit Eisenbahnaktien Scheingeschäfte tätigten, und von Bankiers und Parlamentsmitgliedern, die nach betrügerischem Bankrott Selbstmord begingen. Die satirische Attacke auf die ›Weiße-Kragen-Kriminalität‹ trifft aber nicht allein die Finanzwelt, sie zeigt sich auch auf dem literarischen Markt. Dort wird für schlechte Bücher mittels Rezensionen geworben, die mit Geld oder, wie bei Lady Carbury, mit sexuellen Gunstbezeugungen erkauft sind. In den Clubs betrügen junge Adlige beim Spiel, und Schulden werden mit wertlosen Schuldverschreibungen beglichen. Einladungen zu Dinnerpartys und potenzielle Heiratskandidaten und -innen werden wie Aktien gehandelt. Trotz allem bleibt der Schluss versöhnlich: Roger Carbury adoptiert Paul und Hetta, und alle gefährlichen Außenseiter verlassen London.

Im Vergleich zu den – dank ihrer komisch-optimistischen Grundhaltung populären – Barchester-Romanen war die zeitgenössische Rezeption dieses Romans nicht allzu positiv. Erst im 20. Jh. wurde er aufgrund seiner Analyse einer von materiellen Einzelinteressen geprägten Gesellschaft wiederentdeckt und sogar als Meisterwerk eines ernsteren bzw. ›moderneren‹ Trollope eingestuft. Den Status des Romans als viktorianischer Klassiker bekräftigt auch Andrew Davies' BBC-Verfilmung (1970) – ein Klassiker, der freilich auch die kulturelle Verankerung latent fremdenfeindlicher und antisemitischer Haltungen dokumentiert.

DORIS FELDMANN

Edward Bulwer-Lytton

* 25. Mai 1803 in London (Großbritannien)
† 18. Januar 1873 in Torquay/Devon (Großbritannien)

1822–1825 Studium in Cambridge; neben journalistischer und literarischer Karriere ab 1831 Mitglied des Unterhauses; Entwicklung vom reformfreudigen liberalen zum konservativen Politiker; erfolgreicher Verfasser eines thematisch breiten Romanwerks (Science Fiction, Bildungs-, Kriminal-, Schauer-, Familien- und Gesellschaftsromane); geriet im 20. Jh. in Vergessenheit und wurde Anfang des 21. Jh.s als ›viktorianische Ikone‹ wiederentdeckt.

Weitere Werke: *Pelham oder Begegnisse eines Weltmannes* (Pelham. Or, The Adventures of a Gentleman 1828), *Die letzten Tage von Pompeji* (The Last Days of Pompeii, 1834), *Rienzi* (Rienzi, 1835).

Das kommende Geschlecht / The Coming Race

Der 1871 erschienene Roman, ein frühes Beispiel des Science Fiction-Genres, ist weniger wegen seiner Handlung von Interesse als aufgrund der Tatsache, dass der Autor in dieser Darstellung einer fremden Zivilisation fast die gesamten sozialen, ästhetischen und politischen Diskurse seiner Zeit verhandelt: Charles Darwins Evolutionstheorie, die Emanzipation der Frauen, den gesellschaftlichen Stellenwert von Kunst, Okkultismus, Demokratie und Kapitalismus.

Der Erzähler, ein Amerikaner, begleitet einen Ingenieur in eine Mine hinunter, in der dieser eine Höhle mit künstlichem Licht und eine Straße entdeckt hatte. Bei einer Explosion stirbt der Ingenieur, und der Erzähler verliert das Bewusstsein. Als er erwacht, findet er keine Möglichkeit, an die Erdoberfläche zurückzukommen und macht sich auf, die fremde unterirdische Welt zu erforschen. Auf seinem Weg durch die hell erleuchtete Welt begegnet er den Vril-ya, Angehörigen einer überlegenen Zivilisation. Sie nehmen ihn freundlich auf, und im Folgenden beansprucht die Beschreibung dieser Zivilisation den größten Raum. Die Vril-ya haben als friedliche Vegetarier eine Welt ohne Neid, Ruhm, Armut, religiöse Intoleranz, Unterdrückung oder Unfreiheit geschaffen. In dieser Gesellschaft sind die Konflikte der spätviktorianischen Epoche, d.h. die auf dem Kapitalismus, Protestantismus und der bürgerlichen Industriegesellschaft basierenden Ungleichheiten alle gelöst. Doch Bulwer-Lytton ist weit entfernt davon, dies als utopischen Zustand zu beschreiben: Vielmehr sieht er in dem Gleichheitsprinzip den Grund einiger Fehlentwicklungen. So gibt es beispielsweise bei den Vril-ya keine lebendige Kunst und Literatur, denn die ästhetische Schaffenskraft, die ja auf Veränderung aus ist, ist verloren gegangen.

Ihre Zivilisation verdanken die Vril-ya der Entdeckung von Vril, einer elektromagnetischen Energie, die gleichermaßen zu lebenserhaltenden, zerstörenden und heilenden Zwecken eingesetzt werden kann. Vril wird außerdem zu telepathischen und manipulativen Zwecken eingesetzt: Es kann Gedanken übertragen und beeinflussen. Mit der Anwendung des Vril gingen biologische Adaptionen einher: Die Körper der Vril-ya sind mit Vril gefüllt und nur auf Grund der Entwicklung eines bestimmten Nervenstranges in der Hand, sind die Vril-ya in der Lage, den Vril-Stab, mit dem sie diese Energie einsetzen können, zu bedienen. Aufgrund seiner biologischen Unterlegenheit ist der Erzähler nicht in der Lage, den Vril-Stab zu bedienen. Eine Ungleichheit besteht jedoch in diesem Staat: Frauen sind größer, stärker und intelligenter als Männer und suchen sich ihre Sexualpartner aus. Für den Erzähler hat dies fatale Folgen: Als zwei Frauen sich für ihn interessieren, interveniert der Staat und verurteilt ihn aus eugenischen Gründen zum Tod, da er für biologisch unterlegen erachtet wird. Eine der beiden Frauen rettet ihn, indem sie einen Gang sprengt, durch den er wieder auf die Erdoberfläche gelangen kann. Er erzählt seine Geschichte als alter Mann, der vor den Vril-ya warnt, die eines Tages an die Erdoberfläche kommen und die Menschheit zerstören werden.

Das Science Fiction-Modell dient als Vehikel einer umfassenden satirischen Kritik an bedeutenden zeitgenössischen Reformideen und gesellschaftstheoretischen Konzepten. So wird der auf Jeremy Benthams utilitaristischen Prinzipien (»alles ist gut, was die größte Menge Glück für die größte Menge Menschen hervorbringt«) aufgebaute Staat einer kritischen Prüfung unterzogen, denn die Vril-ya können ihr eigenes Glück nur in Balance halten, indem sie andere Völker zerstören. Das Thema der Gleichheit der Geschlechter – programmatisch von John Stuart Mill in *On the Subjection of Women* (1869) gefordert – scheint in Bulwer-Lyttons Roman in der Umkehrung der viktorianischen Geschlechterrollen als weibliche Dominanz pervertiert. Ein weiteres Modell, mit dem sich der Roman kritisch auseinandersetzt, ist der Darwinismus: Die Evolutionstheorie wird im Rahmen einer inhumanen Eugenik interpretiert. So verdichten sich hier die Auffassungen eines gesellschaftstheoretisch und politisch engagierten Autors, der als reformfreudiger Liberaler seine politische Karriere begonnen hatte, gegen Ende seines Lebens jedoch zunehmend konservativer, demokratiefeindlicher und skeptisch gegenüber sozialen Veränderungen wurde. BARBARA SCHAFF

William Morris

* 24. März 1834 in Walthamstow/Essex (Großbritannien)
† 3. Oktober 1896 in Hammersmith/London (Großbritannien)

Studium in Oxford; Verbindung mit der Bewegung der Präraffaeliten; Tätigkeit als Maler, Architekt, Dichter, Erzähler, Buchdrucker (Kelmscott Press), Hersteller von Tapeten, Teppichen, Möbeln; setzte sich für ein sozialistisches Reformprogramm ein; einer der Begründer des ›Arts and Crafts Movement‹.

Weiteres Werk: Das lyrische Werk (1858–1884).

Kunde von Nirgendwo oder ein Zeitalter der Ruhe / News from Nowhere. An Epoch of Rest, Being Some Chapters from a Utopian Romance

Der sozialutopische Roman erschien 1890. Morris war seit den frühen 1880er Jahren mit der liberalen Politik zunehmend unzufrieden, und 1883 bekannte er sich, angeregt von den Schriften John Ruskins und Thomas Carlyles, offen zum Sozialismus. Ein Jahr darauf gründete er zusammen mit Gleichgesinnten die Socialist League. Seine politischen Anliegen standen in Wechselwirkung mit einer enorm produktiven künstlerischen und kunstgewerblichen Tätigkeit im Umkreis der Präraffaeliten und des ›Arts and Crafts Movement‹ und dem Engagement in der ›Society for the Protection of Ancient Buildings‹. Der Grund für seine wachsende Radikalisierung war neben einer allgemeinen Desillusionierung gegen Ende der viktorianischen Epoche die Ablehnung einer primär funktionalistisch orientierten sozialistischen Arbeiterbewegung mit ihrer wachsenden Zahl von Anhängern, die einen staatlich gelenkten, rein ökonomischen Sozialismus befürworteten. Ausdruck solcher Ansichten war auch die populäre Utopie des Amerikaners Edward Bellamy *Looking Backward* (1888), die den unmittelbaren Anlass für Morris' Schrift bot. Morris hielt die grundsätzliche Reduktion von Arbeit durch Technologie und Mechanisierung für einen fundamentalen Fehler, der einer Selbstverwirklichung durch nicht-entfremdete Tätigkeit entgegenwirkt.

In seiner Utopie setzt Morris diese Auffassungen literarisch um. Die Handlung spielt im London des Jahres 2000. Der Erzähler William Guest wacht nach einer abendlichen Debatte unter Freunden in der Zukunft auf und sieht die erhoffte sozialistische Revolution verwirklicht. Er findet sich in einer von industrieller Hässlichkeit, sozialer Ungerechtigkeit und ökonomischer Ausbeutung befreiten Welt wieder, in der die Menschen nicht nur politisch emanzipiert, sondern auch kreativ tätig sind. Die Mitglieder der neuen Gesellschaft leben in Glück und Harmonie, von Krankheiten, Neid und Habgier wissen sie nichts mehr. Ein alter Mann schildert dem Besucher einige der vorausgegangenen Klassenkämpfe und erklärt die politische Konzeption der Gesellschaft. Diese vereint traditionelle Handwerkskünste mit einer modernen, technisch und politisch erneuerten Gesellschaft. Der Entwurf wendet sich somit nicht nur gegen politische Unterdrückung und ökonomische Ausbeutung, sondern auch gegen die entfremdete, mechanisierte Arbeit des Industriezeitalters. Die freiwillige Betätigung als Handwerker, Wissenschaftler und Künstler, die jedem Bürger des Nirgendwo offensteht, bringt die schönsten Artefakte hervor. Der Verzicht auf maschinelle Massenproduktion hat die Landschaft von Smog und Ruß wie auch von hässlichen Fabrikanlagen befreit und eine ländliche Idylle wiedererstehen lassen. Doch wer für die Regulierung der Arbeit, die Verteilung der Waren und die gesellschaftliche Ordnung zuständig ist, erfährt der Leser nicht genau, obwohl die kleinen Kooperativen, Läden und Werkstätten in den Händen von Bürgern auf eine basisdemokratische Organisation hindeuten. Obgleich der Erzähler sich in eine der selbstbewussten jungen Frauen verliebt, wird ihm zu verstehen gegeben, dass er zu sehr vom Unglück der alten Zeit belastet sei, um zu bleiben. Daraufhin begibt er sich ans Themseufer, wo er angekommen war, und erwacht wieder in der alten Welt, jedoch voller Hoffnung, Anhänger für seinen Zukunftsplan zu gewinnen.

Der genretypische Besucher aus einer anderen Welt hat hier explizit einen Status als Gast (»guest«), der seine Beobachtungen stets an die Gegenwart des ausgehenden 19. Jh.s rückkoppelt. Dass das Gesellschaftsideal nicht mehr als fiktional mögliche Welt gezeigt wird, sondern nur mehr als Traumvision erlebt werden kann, zeigt, dass die Utopie durch konkreten gesellschaftlichen Wandel und durch Verwissenschaftlichung von Historizität und Evolution bereits brüchig geworden ist. *News from Nowhere* war eine der letzten positiven Utopien; Morris trug seinerseits zur Weiterentwicklung der philosophisch-politischen Basis des Genres bei, indem er die statische Raumutopie nach dem Muster von Thomas Morus' *Utopia* (1516) in einen zeitlichen Zukunftsentwurf überführte. Die Bezeichnung ›Romanze‹ (*An Epoch of Rest, Being Some Chapters from a Utopian Romance*) im Untertitel verweist darauf, dass sich der Autor nicht zur vollständigen Darstellung eines Gesellschaftsentwurfs verpflichtet fühlte. Das korporative Ideal freier ländlicher Gemeinschaften von künstlerisch tätigen Menschen bietet bewusst unzureichende ökonomische und systemische Informationen. Morris wollte mit seiner Schrift an ästhetische und moralische Werte appellieren, die nicht automatisch aus einer utilitaristischen Gleichheit resultieren. Die neogotische Handwerkskunst, retrospektive Ästhetik und korporative Arbeitsorganisation schienen schon den Zeitgenossen nostalgisch, sentimental und ohne Anknüpfungspunkte für die entstehende Massengesellschaft. Heutigen Lesern muss jedoch die ökologische Komponente des Zukunftsentwurfs visionär erscheinen. RENATE BROSCH

H. G. Wells
* 21. September 1866 in Bromley/Kent (Großbritannien)
† 13. August 1946 in London (Großbritannien)

(d.i. Herbert George Wells) – Abgebrochene Tuchhändler- und Drogistenlehre; 1884–1887 naturwissenschaftliches Studium am ›Royal College of Science‹; 1890 Bachelor of Science in Zoologie; Lehrer, Wissenschaftsjournalist, ab Mitte der 1890er Jahre hauptberuflicher Autor (über 100 Werke); einer der wichtigsten britischen Autoren von Kurzgeschichten sowie einer der Begründer der modernen Science Fiction; verfasste auch realistische, im kleinbürgerlichen Milieu angesiedelte Gesellschaftsromane; 1903–1908 Mitglied der sozialistischen ›Fabian Society‹.

Weitere Werke: *Der Unsichtbare* (The Invisible Man, 1897), *Krieg der Welten* (The War of the Worlds, 1898), *Die ersten Menschen im Mond* (The First Men in the Moon, 1901), *Kipps* (Kipps. The Story of a Simple Soul, 1905), *Der Traum* (Tono-Bungay, 1909), *Ann Veronica* (Ann Veronica, 1909), *Mr. Polly steigt aus* (The History of Mr. Polly, 1910).

Die Zeitmaschine / The Time Machine. An Invention

Der Roman aus dem Jahr 1895 zählt zu den bekanntesten Anti-Utopien des 19. Jh.s und hat die Gattung Science Fiction mitbegründet. Im Mittelpunkt des Romans steht ein wenig individualisierter und namenlos bleibender englischer Gentleman, der Zeitreisende (›time traveller‹), der seine Erfindung, eine Zeitmaschine, nutzt, um in die ferne Zukunft zu reisen. In seiner Grundstruktur folgt der Roman dem Muster der Abenteuererzählung, denn der Zeitreisende gerät in der Zukunft wiederholt in gefährliche Situationen. Zudem wird er zum Retter der kindlich-naiven Weena, die er vor dem Ertrinken bewahrt und die deshalb eine Zeit lang seine anhängliche Begleiterin wird.

In erzähltechnischer Hinsicht weist *The Time Machine* die Struktur einer Rahmenerzählung auf. Der Rahmenerzähler, dem der Zeitreisende von seinen Erfahrungen in der Zukunft berichtet hat, tritt allerdings nur zu Beginn und am Ende des Romans kurz in Erscheinung. Auffällig sind die häufigen Hinweise des Binnenerzählers (des Zeitreisenden) auf seine eigenen unzutreffenden Hypothesen über das, was er in der Zukunft sieht. Diese Bemerkungen können als Kritik am spekulativen Charakter wissenschaftlicher Thesen und Folgerungen gelesen werden.

Das Bild von der Zukunft, das der Zeitreisende entwirft, ist ausgesprochen düster und erinnert damit an so bekannte Anti-Utopien des 20. Jh.s wie Aldous Huxleys *Brave New World* oder George Orwells *Nineteen Eighty-Four*. Im Jahr 802 701 hat sich die Menschheit in zwei Spezies mit unterschiedlichem Aussehen und entgegengesetzten Lebensweisen gespalten: Die kindlich-verspielten, hedonistischen und körperlich schwachen Eloi, die sich vegetarisch ernähren, leben auf der Erdoberfläche, während die stärkeren Morlocks, die den Zeitreisenden durch ihr Aussehen wie auch durch ihre Lebensweise an Tiere erinnern, unterirdisch und in völliger Dunkelheit leben. Zudem ernähren sie sich vom Fleisch der Eloi und brechen damit eines der grundlegenden menschlichen Tabus. Die Eloi repräsentieren eine durch Untätigkeit und mangelnde Herausforderungen degenerierte Menschheit, der es an intellektueller Neugier, Durchhaltevermögen und nicht zuletzt an jenem Erfindergeist mangelt, der auch die Zeitmaschine erst möglich gemacht hat und den deshalb der Zeitreisende in besonders hohem Maße zu verkörpern scheint. Die Morlocks hingegen erscheinen als Endresultat von Verrohung und dem Verlust ethischer Prinzipien. Die unterirdisch lebende Spezies wird für den Zeitreisenden zu einer ernsten Gefahr, vor allem, als sie sich seiner Zeitmaschine bemächtigt.

Nachdem es dem Zeitreisenden gelungen ist, die Zeitmaschine zurückzuerobern und mit ihrer Hilfe den Morlocks knapp zu entfliehen, reist er noch weiter in die Zukunft. Ist er im Jahr 802 701 zum Zeugen des Verfalls der Menschheit geworden, so besucht er nun die Erde, wie sie in Millionen von Jahren aussehen wird: Er sieht zunächst eine Welt, die u. a. von riesigen krabbenartigen Wesen bevölkert ist und auf der die Menschheit ausgestorben zu sein scheint, und dann sogar eine Zukunft, in der es wohl nicht einmal mehr tierisches Leben gibt und in der die Sonne im Begriff ist, zu verlöschen. Der Roman endet mit einem Kommentar des Rahmenerzählers, in dem dieser feststellt, dass der Zeitreisende bei einer neuerlichen Reise (mit unbekanntem Ziel) bereits seit drei Jahren verschollen sei, was die Gefahren der Zeitreise abermals unterstreicht.

Die Spekulationen über die Entwicklung der Menschheit und des Planeten Erde insgesamt speisen sich aus einem Dialog mit naturwissenschaftlichen und insbesondere evolutionsbiologischen Theorien, wie sie vor allem von Charles Darwin, Thomas Henry Huxley und Jean-Baptiste de Lamarck vertreten wurden. Die Darstellung der zukünftigen Aufspaltung der Menschheit in zwei Spezies verweist zudem kritisch auf mögliche Konsequenzen der Verschärfung der Klassengegensätze im 19. Jh., in dem in den stetig anwachsenden Städten die Arbeiterschicht oft in Slums lebte, während die Mittelschicht zu neuem Reichtum gelangte.

Verschiedene Bezüge zur antiken Mythologie unterstreichen das Thema des evolutionären Verfalls der Menschheit: Während die weiße Sphinx vor allem auf das Rätselhafte der zukünftigen Welt verweist, fungiert das Feuer (gemäß der antiken Mythologie das Geschenk des Prometheus an die Menschen) als Symbol für menschlichen Erfindungsgeist und das Besiegen atavistischer Ängste. Durch die Fähigkeit, ein Feuer zu entzünden, demonstriert der Zeitreisende seine Überlegenheit gegenüber den Eloi und Morlocks, die diese Fähigkeit verloren haben. Der Roman erlangte einen hohen Bekanntheitsgrad, zu dem nicht zuletzt mehrere Verfilmungen beitrugen (u.a. aus den Jahren 1960, Regie: G. Pal, und 2002, Regie: S. Wells). MARION GYMNICH

Walter Pater
* 4. August 1839 in London (Großbritannien)
† 30. Juli 1894 in Oxford (Großbritannien)

1858–1862 Studium am Queen's College, Oxford; 1864 Wahl zum Classical Fellow am Brasenose College; ab 1865 Tätigkeiten als Tutor und Lektor; Essays und Studien zu Themen aus Geschichte, Kunst, Philosophie, Biologie, Psychologie und Archäologie; einflussreicher Literatur- und Kunstkritiker sowie Romancier; wegweisend für den britischen Ästhetizismus.

    Weiteres Werk: Die Renaissance. Studien in Kunst und Poesie (The Renaissance. Studies in Art and Poetry, 1873).

Marius der Epikureer / Marius the Epicurean. His Sensations and Ideas

Der einzige vollendete Roman des Autors erschien im Jahr 1885 und war ursprünglich als Teil einer Trilogie projektiert. Angesiedelt im Italien des zweiten nachchristlichen Jh.s unter der Herrschaft Mark Aurels, schildert das Werk die spirituelle Suche des jungen Marius. Sein Weg führt ihn nach dem Tod seiner Mutter von der elterlichen Villa seiner Kindheitstage zum Studium nach Pisa und schließlich nach Rom. Die Beschreibung seiner Entwicklung ist zwar verbunden mit einigen realen historischen Ereignissen, enthält jedoch nur wenige Sequenzen, die die Handlung vorantreiben. Der Roman besticht vielmehr durch die Ausbreitung der kontemplativen, introvertierten Weltsicht des Protagonisten aus auktorialer Erzählperspektive. Marius und seine Gedankenwelt scheinen zumeist losgelöst von den externen Handlungsereignissen zu sein, so dass sein Innenleben zum eigentlichen Gegenstand des Werks wird. Die Figur des Marius dient als Medium, durch dessen Wahrnehmung dem Leser die historischen Bedingungen der Epoche und deren Einfluss auf die Entwicklung des Individuums, sozusagen als sein ›Habitat‹, zugänglich gemacht werden.

    Geprägt von Verlusterfahrung und dem Wissen um die Vergänglichkeit menschlichen Lebens, prüft Marius unterschiedliche Glaubens- und Denksysteme. Er lässt die Naturreligion seiner Kindheit hinter sich und verwirft die Philosophie Epikurs, Heraklits, des Aristippos von Kyrene und der Stoa, um schließlich im Christentum einem Ideal von Nächstenliebe näher zu kommen. Allerdings überzeugt seine Hinwendung zum Christentum nicht. Für Harold Bloom liegt das Ziel von Marius' spiritueller Suche folglich weniger in der Erkenntnis von Wahrheit als in der Überwindung zwischenmenschlicher Entfremdung und dem Erlernen von Empathie.

Marius' Werdegang wird mitbestimmt von Freunden und Wegbegleitern. In Pisa führt die Freundschaft mit Flavian, einem Ästheten ›avant la lettre‹, zu seiner Auseinandersetzung mit den dunkleren Seiten des Epikureismus und leitet wichtige poetologische Überlegungen ein. Doch nach dem Tod Flavians wird Marius bewusst, dass es der Hedonismus und dessen Auskostung der Gegenwart ihm den gewünschten Sinn dauerhafter Erfüllung nicht vermitteln können. Marius reist nach Rom, wo er in anfänglicher Bewunderung mit dem Stoizismus des Mark Aurel vertraut wird, doch verweigert ihm auch diese Doktrin eine Antwort auf die Frage nach der Überwindung menschlichen Leidens und Grausamkeit, versinnbildlicht in den blutigen Kämpfen im Amphitheater. Seine Freundschaft mit Cornelius öffnet ihm die Augen für das Christentum. Marius opfert sein Leben für diesen Freund, nicht zuletzt um dessen Zukunft mit Cecilia, der einzigen weiblichen Figur des Romans, zu sichern und stirbt als christlicher Pseudo-Märtyrer.

Kennzeichnend für den Roman ist seine hybride Form. Er kann als typischer spätviktorianischer Geschichtsroman verstanden werden, der die eigene Epoche mit der frühchristlichen durch zum Teil explizite Querverweise parallelisiert und dadurch den für beide als typisch empfundenen religiösen Skeptizismus und Bedarf nach einer spirituellen Neuorientierung reflektiert. In seiner Darstellung individueller Charakterformung folgt er außerdem einigen Konventionen des Bildungsromans. Alternativ wurde er als Autobiographie Paters gelesen oder als dessen Versuch, seine Auffassung der Menschheitsgeschichte in der Biographie eines Individuums zu verdichten. Hinzu kommt die Möglichkeit, das Werk angesichts der extensiven Erörterung philosophischer und weltanschaulicher Fragen als essayistischen Text zu verstehen.

Paters Zeitgenossen rezipierten den Roman teilweise als apologetisches Korrektiv der als skandalös empfundenen hedonistischen Positionen, die er in *Studies in the History of the Renaissance*, 1873 (*Die Renaissance. Studien in Kunst und Poesie*), vertreten hatte. Obwohl sein Schüler Oscar Wilde den Roman nur gedämpft lobte und T. S. Eliot ihn später als inkohärent verurteilte, war er bedeutsam für eine Folgegeneration von Autoren, für W. B. Yeats »das einzige große Prosawerk der modernen englischen Literatur«. JULIA STRAUB

Oscar Wilde

* 16. Oktober 1854 in Dublin (Irland)
† 30. November 1900 in Paris (Frankreich)

(d. i. Oscar Fingal O'Flahertie Wills Wilde) – Studium in Dublin und Oxford; 1881 erster Gedichtband; eine Vortragsreise in die USA (1882) festigte seinen Ruf als geistreicher, provokanter Redner; 1892–1895 gefeierter Bühnenautor; Dandy und Epigrammatiker, Verfechter des Ästhetizismus, herausragender Vertreter des Fin de Siècle; verfasste Kunstmärchen, einen Roman, Kurzgeschichten und kulturkritische Essays; kunstvolle Selbstinszenierung und paradoxe Aphorismen maskierten ein radikales Eintreten für die Freiheit des Individuums und für die Autonomie der Kunst; wegen homosexueller Neigungen zu zwei Jahren Gefängnis mit Zwangsarbeit verurteilt; lebte ab 1897 unter dem Namen Sebastian Melmoth in Frankreich.

Weitere Werke: *Das Gespenst von Canterville* (*The Canterville Ghost*, 1887), *Lord Arthur Saviles Verbrechen und andere Erzählungen* (*Lord Arthur Savile's Crime*, 1891), *Salome* (*Salomé*, 1893), *Ein idealer Gatte* (*An Ideal Husband*, 1895), *De Profundis* (*De Profundis. Epistola: in Carcere et Vinculis*, 1905).

Das Bildnis des Dorian Gray / The Picture of Dorian Gray

Der erste und einzige Roman des Autors, 1891 erschienen, ist eines der meistgelesenen Werke aus dem 19. Jh. und wurde vielfach in andere Medien adaptiert. Er sorgte bereits 1890 als Fortsetzung im *Lippincott's Monthly Magazine* für Furore, denn er bot dem zeitgenössischen Publikum Anlass zur moralischen Entrüstung: Im Mittelpunkt des Textes stehen der attraktive Titelheld, dessen männlicher Körper im Text als Objekt des Begehrens gesehen wird, sowie sein Mentor Lord Henry Wotton, der einem schamlosen Hedonismus und Nonkonformismus mit provozierenden Aphorismen das Wort redet (»The only way to get rid of temptation is to yield to it«, »Der einzige Weg, eine Versuchung loszuwerden, ist ihr nachzugeben«). Anstoß nahmen die Kritiker vor allem an dieser Theorie der rücksichtslosen Selbstentfaltung und Triebbefriedigung.

Am Beginn der Handlung wird der junge, attraktive Dorian Gray im Atelier des Malers Basil Hallward porträtiert. Von den Äußerungen des Dandys Lord Henry verführt, ist Dorian bereit, seine Seele zu verpfänden, damit an seiner Stelle das Bildnis altere und seine Schönheit bestehen bleibe. Des folgenden Identitätsverlusts wird er sich erstmals bewusst, als die junge Schauspielerin Sybil Vane, mit deren Liebe er spielt, Selbstmord begeht und er in der Folge grausame Züge auf seinem porträtierten Gesicht entdeckt. Danach verliert Dorian sämtliche moralischen Hemmungen und führt 20 Jahre lang ein rücksichtsloses, ausschweifendes Leben. Jedoch nicht seine physische Erscheinung, sondern das Bild verzeichnet die Spuren seines körperlichen und moralischen Verfalls. Eines Tages von Basil Hallward wegen seines skandalösen Lebenswandels zur Rede gestellt, zeigt Dorian dem entsetzten Maler das Porträt. Dabei wird er von plötzlichem Hass auf Hallward ergriffen und erschlägt ihn. In den Opiumhöhlen des Londoner Ostens, wo er daraufhin Vergessen sucht, trifft er auf James Vane, der den Tod seiner Schwester Sybil rächen will. Zwar kommt sein Verfolger bei einem Jagdunfall ums Leben, doch Dorian lässt die Vergangenheit nicht mehr los. Eines Tages sticht er auf das in einem Dachzimmer verborgene Porträt ein, um dem Spiegelbild seines Inneren nicht länger standhalten zu müssen. Damit zerstört er jedoch sich seine physische Existenz: Das Porträt nimmt seine vormalige Schönheit wieder an, Dorians toter Körper aber ist so entstellt, dass er nur anhand der Ringe an seinen Fingern identifiziert werden kann.

Der Roman erprobt Wildes Diktum »life imitates art« an der Narzissfigur Dorian. Dorians Selbstverliebtheit und Lord Henrys epikuräische Maximen wecken den Wunsch nach einer Lebensführung als lebendes Kunstwerk außerhalb der gesellschaftlichen Regeln und Konventionen. Dieses Doppelleben scheint eine schrankenlose Lebenserfahrung zu ermöglichen, doch am Ende decken Ethik und Religion die Grenzen des ästhetizistischen Lebensprogramms auf, und Dorian wird für seine Verbrechen mit dem Tod bestraft. Trotz der poetischen Gerechtigkeit bleibt eine gewisse Ambivalenz bestehen, da die Figur über weite Strecken ein Sympathieträger ist und ihre Verfehlungen vom Erzählerkommentar in den Kontext legitimer menschlicher Bedürfnisse nach freier Entfaltung der Persönlichkeit gestellt werden. Die phantastische Beziehung zwischen Porträt und Porträtiertem spiegelt die Identitätskrise des Protagonisten und verweist auf eine brüchige innere Einheit des Individuums. Mit dieser Adaption des Doppelgängermotivs entwickelt der Roman eine neuartige moderne Auffassung von Identität, die nicht mehr von einer unveränderbaren psychischen Charakteressenz ausgeht, sondern das Subjekt als eine Aneinanderreihung von wandelbaren Empfindungen interpretiert.

Dorians Versuch einer totalen Ästhetisierung seiner Welt thematisiert die im Fin de Siècle brisante Frage nach Rolle und Funktion der Kunst, indem dualistische Setzungen wie Kunst und Leben, Ästhetik und Moral, Individuum und Gesellschaft gegeneinander ausgespielt werden. Doch die Einschätzung der gegensätzlichen Kunstauffassungen bleibt uneindeutig. Gegen den vom Maler vertretenen moralischen Ernst trug Wilde im Vorwort zur Buchausgabe des Romans das Konzept des L'art pour l'art vor. Dort stellte er in aphoristischen Sentenzen eine gesellschaftliche Relevanz der Kunst in Abrede: »So etwas wie ein moralisches oder ein unmoralisches Buch gibt es nicht. Bücher sind entweder gut oder schlecht geschrieben. Das ist alles.« Doch das konventionelle Ende der Romanhandlung scheint die behauptete Autonomie der Kunst zu dementieren.

Dorians Genusssucht und Erlebnishunger, seine radikale Ich-Bezogenheit, die Fetischisierung von Jugend und Körperlichkeit wie auch die Lust an schönen Dingen zeigen den Einfluss des industriellen Kapitalismus, der eine zunehmende, der christlich-puritanischen Ethik widersprechende Konsumhaltung hervorrief. Der Protagonist ist inzwischen selbst zu einem Mythos geworden. *The Picture of Dorian Gray* ist der erste große homoerotische Roman der englischen Literatur; denn Narzissmythos und Doppelgängerthema sind auch als verdeckte Hinweise auf die Problematik der Unterdrückung von Homosexualität lesbar. Der Kultstatus, der Oscar Wilde heute aufgrund der Strafverfolgung seiner Homosexualität anhaftet, hängt eng mit der Rezeption von *The Picture of Dorian Gray* zusammen. Der Roman wurde vom ›gay‹ und ›queer criticism‹ der letzten Jahrzehnte im Hinblick auf seinen homoerotischen Subtext gelesen und sein Autor als zentrale Figur einer modernen homosexuellen Identität interpretiert. Mit diesem biographischen Interpretationsmodell wird das Gemälde zu einem Zeichen für eine verborgene zweite Existenz, die in der viktorianischen Zeit mit einem Tabu belegt war. RENATE BROSCH

Bunbury oder Ernst sein ist wichtig. Eine triviale Komödie für ernsthafte Leute / The Importance of Being Earnest. A Trivial Comedy for Serious People

Die vierte und letzte Gesellschaftskomödie des Autors, 1895 uraufgeführt und veröffentlicht und noch im 21. Jh. ein Bühnenerfolg, führt mit dem programmatischen Untertitel »A Trivial Comedy for Serious People« die Ironisierung des ›Ernsts‹ der Titelaussage fort.

Die Hauptlinie der Handlung ermöglicht zwei jungen Männern die Transformation eines verheimlichten Doppellebens in ein gesellschaftlich anerkanntes ›happy ending‹. Jack Worthing lebt auf dem Land als ruhiger, respektabler Gentleman und vergnügt sich in der Stadt unter dem Namen ›Ernest‹. Diese Doppelrolle gibt Anlass zu komischen Missverständnissen und Komplikationen. Der durch Adoption reiche Findling Worthing hat sein Mündel Cecily Cardew im Landhaus in Woolton untergebracht und als Alibi für seine amourösen Eskapaden in London einen angeblich dort lebenden, missratenen Bruder namens Ernest erfunden. Unter diesem Namen hat er sich in Gwendolen Fairfax verliebt, die Cousine seines Freundes Algernon Moncrieff. Ansatz zur Enthüllung von Jacks Identität ist eine Widmung in seinem Zigarettenetui, die sein Freund Algernon entdeckt.

Eine reizvolle Doppelung besteht darin, dass Algernon seinerseits eine Person, nämlich den Pflegefall Bunbury, erfunden hat, der ihm als humanitärer Vorwand dient, wenn er sich der Londoner Gesellschaft entziehen will. Als Algernon während Jacks Abwesenheit auf dessen Landsitz unter dem Namen ›Ernest‹ erscheint, verliebt sich Cecily, die schon immer heimlich für den unbekannten Ernest geschwärmt hat, in ihn. Nach Jacks Rückkehr erklärt er seinen Bruder Ernest für tot, was zu einiger Verwirrung führt, fühlen sich doch sowohl Cecily als auch Gwendolen, denen es letztlich ausschließlich darauf ankommt, einem Mann namens Ernest zu heiraten, als Verlobte des Ernest Worthing. Jack muss sich zunächst vor Cecily mit dem Totgesagten aussöhnen, und auch Algernon lässt seinen fiktiven Freund Bunbury sterben. Der Generalbeichte der jungen Männer folgt die baldige Aussöhnung, und der weihevolle Pfarrer Chasuble ist bereit, Jack auf die Schnelle umzutaufen. Doch dazu kommt es nicht, denn mit Hilfe der Gouvernante Prism stellt sich heraus, dass Jack, der in einer Reisetasche auf der Victoria Station gefunden wurde, in Wirklichkeit Algernons verloren geglaubter Bruder ist und tatsächlich Ernest heißt. Mit dem Tableau dreier sich umarmender Paare – denn auch Miss Prism und der Pfarrer Dr. Chasuble haben sich gefunden – endet das Stück.

Die Handlung bezeichnete Wilde selbst, wie auch manche zeitgenössischen Theaterkritiker, als dürftig und farcenhaft. Die verwickelten Hindernisse und Komplikationen, die konstruierten Zufälle der Auflösung wie auch der epigrammatische Schlagabtausch der Dialoge verrät den Einfluss der ›Comedy of Manners‹ der Restorationszeit. Eine realistische

Illusionsbildung wie im ›Theater der fehlenden vierten Wand‹ ist in Anbetracht der satirisch zugespitzten Verhaltensweisen, hohen Künstlichkeit der Dialoge und mangelnden psychologischen Motivierung und Entwicklung der Figuren nicht zu erwarten. In seinem Essay »The Decay of Lying« hatte sich Wilde gegen den Realismus als Gestaltungsprinzip ausgesprochen, und in »The Truth of Masks« ging er auf die Artifizialität als Bedingung der Kunst ein. *The Importance of Being Earnest* wandte sich vom mimetischen Anspruch des ›well made play‹ ab und präsentierte stilisierte Handlungsräume (Algernons »morning room« und das Manor House) und manierierte und maskierte Figuren, deren Handlungs- und Redeweise eine einzige Inszenierung darstellt. Synchrones Sprechen in epigrammatischer Monologmanier und parallele Verhaltensweisen der Paare unterstreichen zudem die im Stück vorhandene Vermischung von Maske und Identität, Rolle und imaginativer Persönlichkeit.

Beide männlichen Hauptfiguren verkörpern die von Wilde selbst gelebte und in seinen Schriften programmatisch vorgestellte Figur des Dandy, eine Persönlichkeit, die einen hedonistisch elitären Lebensstil mit provokativ frivolen Äußerungen verbindet (»Wir sollten alle unbedeutenden Dinge des Lebens sehr ernst nehmen, und alle ernsten Dinge des Lebens mit aufrichtiger und gewollter Oberflächlichkeit«). Ihre Nonchalance färbt bereits in der Eröffnungsszene die Behandlung des Themas ›Ehe‹ und lässt Fragen nach dem Stellenwert der mehrfachen Eheschließungen am Ende aufkommen. Wilde tilgte sogar einige Realitätsbezüge, wie etwa eine drohende Verhaftung wegen beträchtlicher Schulden an das Restaurant des Savoy Hotel. Dadurch wird eine gesellschaftskritische Interpretation im Hinblick auf eine sozial begründete Entfremdung erschwert, wie schon G. B. Shaw feststellte. Doch mit der Persiflage konventioneller Verhaltensweisen durch satirische Überhöhung, z.B. des Heiratsantrags und der Überprüfung durch die zukünftige Schwiegermutter, entlarvt das Theaterstück anschaulich den viktorianischen Nexus von Heirat und Geschäft. Der glückliche Ausgang wird durch die Inversion der traditionellen Behandlung von Schein und Wirklichkeit vollzogen: Die erfundene Rolle unter dem Pseudonym ›Ernest‹ erweist sich im Handlungsrahmen als ›wahre‹ Identität, so dass die trivialisierende und nonkonformistische Perspektive der beiden Dandys dramatisch überhöht und geadelt wird. Die mit der Heirat geglückte Integration in die Gesellschaft wird dadurch selbst als artifizielle, unernste Konstruktion entlarvt.

Die implizite Kritik an den viktorianischen Konventionen tat dem kommerziellen Erfolg am St. James's Theatre keinen Abbruch. Das Vermeiden von Realitätsbezügen kann auch im Sinne einer Verdrängung Wildes gelesen werden, der zur selben Zeit zugleich als Dramatiker gefeiert wie auch durch seine kaum verheimlichte Homosexualität in Misskredit geraten war. Noch im selben Jahr der Uraufführung wurde *The Importance of Being Earnest* wegen des Gerichtsprozesses gegen Wilde aus dem Programm genommen. RENATE BROSCH

Robert Louis Stevenson

* 13. November 1850 in Edinburgh/Schottland (Großbritannien)
† 3. Dezember 1894 in Apia (Samoa)

Jurastudium in Edinburgh; verfasste Essays, Reisebeschreibungen, Erzählungen, Romane; Kritiker des zeitgenössischen Realismus; häufiger Wechsel des Wohnorts, u.a. aufgrund gesundheitlicher Probleme; lebte ab 1888 in der Südsee.

Weitere Werke: *Die Schatzinsel* (*Treasure Island*, 1881–1882), *Die Entführung* (*Kidnapped*, 1886), *Der Master von Ballantrae* (*The Master of Ballantrae*, 1888–1889), *Die Ebbe* (*The Ebb-Tide*, 1894), *Die Herren von Hermiston* (*Weir of Hermiston*, 1896).

Der seltsame Fall von Dr. Jekyll und Mr. Hyde / The Strange Case of Dr. Jekyll and Mr. Hyde

Die Erzählung erschien 1886 in einer preisgünstigen Ausgabe als sogenannter ›shilling shocker‹ und erfreute sich sofort größter Beliebtheit, zu der auch eine Dramatisierung (1888) durch den bekannten Schauspieler Richard Mansfield beitrug. Ihr zentrales Motiv der gespaltenen Persönlichkeit fiel im spätviktorianischen England, in dem bereits seit einigen Jahren Vorstellungen von psychischer und moralischer Devianz, von der drohenden ›Vertierung‹ des städtischen Subproletariats sowie der Bedrohlichkeit der experimentellen Wissenschaften diskutiert worden waren, auf fruchtbaren Boden. Die Faszination des Stoffs bewirkte, dass das Muster von Dr. Jekyll und Mr. Hyde zur Erklärung der Mordserie an Londoner Prostituierten herangezogen wurde, die gewöhnlich mit dem Namen ›Jack the Ripper‹ verbunden wird. Hier verknüpften sich das bekannte Schauermotiv vom gewissenlosen Wissenschaftler, die vermeintliche Bedrohung durch atavistische Regression und die soziale Problematik der städtischen Degeneration zu einer Paradeversion der für das späte 19. Jh. charakteristischen Variante des Schauerromans, des sogenannten ›urban gothic‹.

Die multiperspektivisch angelegte Erzählung beginnt mit dem Bericht einer Begebenheit, in der ein gewisser Mr. Hyde durch äußerst rüdes Verhalten auffällt, durch den Rechtsanwalt und Freund von Dr. Jekyll, Gabriel Utterson. Hier, wie im größten Teil der Erzählung, geht es darum, die Identität eines den Einzelerzählern unbekannten, allgemein verhassten, letzten Endes aber unbeschreibbaren jungen Mannes zu bestimmen, der als Edward Hyde bekannt ist und der offensichtlich zu Dr. Jekyll eine enge Beziehung pflegt, so eng sogar, dass Dr. Jekyll ihn zum Erben seines nicht unbeträchtlichen Vermögens bestimmt hat. Besorgt um den guten Ruf des Doktors, bemühen sich seine Freunde (neben Utterson besonders der frühere Studienkollege Dr. Hastie Lanyon), diesen Mr. Hyde kennenzulernen. Ihre Begegnungen mit Hyde werden in den subjektiven Darstellungen der beiden Freunde, besonders Uttersons, der sich zum ›Mr. Seek‹ erklärt, als besonders unangenehm beschrieben. Hyde wird als missgestaltet, hässlich, affenartig und gar satanisch dargestellt, seine ungeklärte Beziehung zu Jekyll treibt die Freunde zu verschiedenen Spekulationen, die aber niemals deutlich ausgesprochen werden, wie überhaupt die Freundesgruppe sich als verschwiegene Gemeinschaft von unverheiratet gebliebenen älteren Gentlemen darstellt. Man vermutet, Hyde sei Frucht einer ›Jugendsünde‹ oder gar Objekt bzw. Mitwisser einer sexuellen Devianz des hochrespektablen Bürgers Jekyll: Ob er als unehelicher Sohn oder als homosexueller Liebhaber imaginiert wird, in beiden Fällen wird Erpressung als treibende Kraft hinter der engen Beziehung von Jekyll und Hyde vermutet.

Die Situation kompliziert sich, als Mr. Hyde beim Mord an einem hochgeachteten Parlamentsmitglied beobachtet wird und dann anscheinend untertaucht. Die Anstrengungen, seiner habhaft zu werden, werden allerseits verstärkt, führen aber zunächst zu keinem Ergebnis, bis sich Mr. Hyde in einer Notsituation Dr. Lanyon offenbart. Vor den Augen des Arztes nimmt er ein Elixier zu sich, das ihn in Dr. Jekyll verwandelt. Lanyon, erklärter Vertreter eines medizinischen Positivismus, überlebt diese Offenbarung nur um wenige Tage. Sein Augenzeugenbericht gelangt in Form eines Briefes postum an Gabriel Utterson, der diesen wiederum erst nach dem Tod von Dr. Jekyll eröffnet. Erst im letzten Drittel der Erzählung werden nun die seltsamen Begebenheiten und die Unerklärlichkeiten des ersten Teils ›erklärt‹. Vor allem das als letztes Kapitel angehängte Memorandum Dr. Jekylls soll Licht in das Geschehen bringen und erklären, was eigentlich nicht vorstellbar ist: dass Dr. Jekyll und Mr. Hyde ein und dieselbe Person sind. Diese Persönlichkeitsspaltung, von Dr. Jekyll in langjähriger Forschung durch chemische Substanzen herbeigeführt, wird in seiner Ich-Erzählung als Lösung eines anthropologischen Grundproblems dargestellt: »dass der Mensch in Wirklichkeit nicht einer ist, sondern zwei.« Der Versuch der experimentellen Abtrennung des ›internen Anderen‹ muss schließlich für gescheitert erklärt werden; Dr. Jekyll bleibt nichts anderes, als die Welt durch Selbstmord von diesem Übel wieder zu befreien.

Die verschachtelte Erzählsituation mit einem zunächst auktorialen Erzähler, der dann von den in Ich-Form verfassten Darstellungen Lanyons und schließlich Jekylls selbst abgelöst wird, betont zunächst die Außenperspektive auf Hyde. Hier wird in den verschiedenen scheiternden Versuchen, ihn zu beschreiben, die absolute Abhängigkeit jeglichen Erzählvorgangs von der Wahrnehmung der Erzähler vorgeführt: Niemand kann Hyde wirklich beschreiben, die herangezogenen Beschreibungsmuster des Atavismus und der moralischen bzw. städtischen Degeneration liegen ausschließlich im Auge des Betrachters. Der Verdacht der subjektiven Perspektivierung fällt somit auch auf Jekylls postumen Bericht, der so gesehen ebenfalls als radikal unzuverlässig angesehen werden muss. Auch die kulturell so wirkmächtige ›Erklärung‹ der Persönlichkeitsspaltung in einen guten, moralisch und sozial angepassten und einen bösen bzw. animalisch-triebhaften Anteil muss so einer Revision unterzogen werden. SUSANNE SCHOLZ

Arthur Conan Doyle
* 22. Mai 1859 in Edinburgh/Schottland (Großbritannien)
† 7. Juli 1930 in Crowborough/Sussex (Großbritannien)

Medizinstudium in Edinburgh; kurzlebige Praxen in Plymouth und Southsea; begann aus Patientenmangel mit dem Schreiben; verfasste ab 1887 Geschichten mit der Detektivfigur Sherlock Holmes; enorme Popularität in den 1890er Jahren; zahlreiche historische Romane; politisch-soziales Engagement; 1902 geadelt; ab 1912 Science-Fiction; Wende zum Spiritualismus; Schlüsselfigur in der Geschichte des Detektivromans.

Weitere Werke: *Der Hund von Baskerville* (*The Hound of the Baskervilles*, 1902), Sir Nigel (*Sir Nigel*, 1905).

Sherlock Holmes

Auf die 1891/92 erschienenen zwölf Detektivgeschichten *The Adventures of Sherlock Holmes* (*Die Abenteuer von Sherlock Holmes*, 2005, G. Haefs) folgten 1893 *The Memoirs of Sherlock Holmes* (*Die Memoiren des Sherlock Holmes*, 2005, N. Stingl). Nachdem Doyle, dem die erste Serie von Holmes-Geschichten finanziellen Erfolg gebracht hatte, den Meisterdetektiv zum Schluss der zweiten Serie aus Überdruss an der Figur im November 1893 in der Schweiz umkommen ließ, setzte ein Entrüstungssturm ein. Doyle ließ seinen Protagonisten deshalb 1904 mit dem Hinweis, er habe sich doch retten können, in *The Return of Sherlock Holmes* (*Die Rückkehr des Sherlock Holmes*, 2005, W. Schmitz) wieder auferstehen. 1917 erschien die Sammlung *His Last Bow* (*Seine Abschiedsvorstellung*, 2005, L. Giger) und 1927 *The Case-Book of Sherlock Holmes* (*Sherlock Holmes' Buch der Fälle*, 2005, H. Wolf). Insgesamt handelt es sich um 56 Kurzgeschichten.

Holmes' Fälle reichen von der Verhinderung von Skandalen bis zur Aufdeckung von Morden. Der nicht an finanziellem Gewinn interessierte Detektiv, der sich als ›Berater‹ bezeichnet und stets dem Gentlemanideal verpflichtet bleibt, will – obwohl er nicht nach den Ursachen von Kriminalität fragt – zur Wiederherstellung einer heilen bürgerlichen Welt jenseits offiziellen staatlichen Handelns beitragen. Die Geschichten folgen einem fixen Aufbauschema. Auf eine Szene in Holmes' Wohnung in der Baker Street, wo ihn Klienten aufsuchen und er selbst eine erste Probe seiner geistigen Fähigkeiten geben kann, folgt – meist mit der Arbeit von Scotland Yard kontrastiert – seine Aufklärungstätigkeit, die in eine den Täter entlarvende und dessen Schuldbekenntnis provozierende Szene mündet, ehe Holmes seinem verblüfften Begleiter Watson die falschen Fährten und die richtigen Schlüsse erläutert, die nach Aussage des Autors in der medizinischen Krankheitsdiagnostik des Dr. Bell, Doyles Lehrer an der Universität von Edinburgh, ihr Vorbild hatten.

Während die ersten beiden Detektiverzählungen Doyles mehrsträngige, wenn auch kurze Romane waren, ermöglichte das 1891 gegründete *Strand Magazine* die Publikation abgeschlossener, aber durch das Personal miteinander verknüpfter und in Fortsetzungen erscheinender Kurzgeschichten von fünf- bis sechstausend Wörtern. Zur neuen Publikationspolitik des *Strand Magazine* gehörten zudem Illustrationen: Holmes ist der bohemienhafte, mit unverwechselbaren Merkmalen ausgestattete, künstlerisch dilettierende, Opium rauchende, nicht verheiratete Meisterdetektiv – auch graphisch einprägsam vermittelt.

Doyle, der eigentlich historische Romane schreiben wollte, hatte bereits im Kurzroman *The Study in Scarlet*, 1887 (*Eine Studie in Scharlachrot*, 2005, G. Haefs), die Figur des Holmes vorgestellt, dessen Kenntnis der Sensationsliteratur seinem Begleiter Dr. Watson als immens groß erschien und der E. A. Poes und E. Gaboriaus Detektive bei seiner Erläuterung der »Wissenschaft der Deduktion« als Stümper bezeichnete. Diese ›Wissenschaft‹, die erneut in einem Kapitel des Romans *The Sign of Four*, 1890 (*Das Zeichen der Vier*, 2005, L. Giger), erläutert wird und die späteren Falllösungen zugrunde liegt, basiert auf der naturwissenschaftlich-empirisch genauen Beobachtung von Fakten, die in einer durch Gesetzmäßigkeiten (auch im sozialen Bereich) bestimmten Welt gültige Schlüsse zulässt. Nur deshalb ist es dem Detektiv möglich, sich wie Poes Dupin imaginativ in andere Personen hineinzuversetzen und deren Gedankengänge nachzuvollziehen. Doyle knüpfte an Poes intellektuellen Anspruch an, führte aber mit dem gebildeten, doch geringer befähigten Dr. Watson auch einen Vermittler zwischen Rezipienten und Detektivheld ein, einen Frager in dialogischen Situationen, der Holmes zur Preisgabe seiner Schlüsse veranlasst. Wenn sich Doyle auch (wie Poe) der Techniken der zeitlich-kausalen Umstellung und der Spannung erzeugenden elliptischen Handlungspräsentation bediente, legte er doch mehr Gewicht auf die szenisch-dialogische Vermittlung der Lösung, die nicht mehr nur vom Lehnstuhl aus erfolgt, sondern mit physischem Einsatz an verschiedenen Orten geleistet wird.

Obwohl Poes Detektivgeschichten ab 1850 in England von Juristen und Unterhaltungsschriftstellern rezipiert wurden, verhinderten die

Vorliebe der Verlage und Leihbüchereien für die Romanform zunächst eine breitere Aufnahme des als Begründer der Gattung geltenden Amerikaners. Erst als sich mit der Schulreform von 1871 das Lesepublikum erweiterte und neue Verfahren die Massenproduktion von Druckerzeugnissen, vor allem von Magazinen für die gehobene Unterhaltung, ermöglichten, konnte sich in England die Gattung der Kurzgeschichte weiterentwickeln. Trotz der Reorganisation der Detektivabteilung bei Scotland Yard (1878) und des Schwindens der Vorbehalte gegenüber der häufig der ›Spionage‹ verdächtigten Polizei wurde Doyles Privatdetektiv, der den Vertretern von Scotland Yard überlegen ist, in der Öffentlichkeit berühmt. Hinzu kam, dass der intellektuelle Anspruch der neuen Detektivliteratur offensichtlich größere Anziehungskraft bewies als die sogenannten Sensationsromane einer Mrs. Braddon oder eines Wilkie Collins.

Doyle wurde von vielen spätviktorianischen und edwardianischen Autoren – wie etwa dem Realisten A. Morrison – nachgeahmt. Gegen die Übersteigerung des Superdetektivs, der ähnlich bei A. Christie wieder auftaucht, entstand bald als Gegenreaktion die Figur des großen Verbrechers (E. W. Hornungs Raffles) bzw. die des unscheinbaren, menschlichen und tiefsinnigen Priesterdetektivs in G. K. Chestertons *Father Brown Stories*. Während die Doyle'sche Struktur der Detektivgeschichte in den Erzählungen der 1930er und 1940er Jahren zum ›Kreuzworträtsel-Typus‹ führte, präsentierte die US-amerikanische Form der ›hard-boiled novel‹ (R. Chandler, D. Hammett) eine neue Variante. UWE BÖKER

Thomas Hardy

* 2. Juni 1840 in Higher Bockhampton/Dorset (Großbritannien)
† 11. Januar 1928 in Max Gate/Dorchester (Großbritannien)

1856–1872 Ausbildung und Tätigkeit als Baumeister und Restaurator; Agnostizismus durch Lektüre von Darwin, T. H. Huxley, H. Spencer, J. S. Mill, Schopenhauer u. a.; wachsende Berühmtheit, zahlreiche Ehrungen; außerordentliche Bedeutung als Romancier und Lyriker; sein Prosawerk (1870–1897: 14 Romane, 50 Kurzgeschichten) schildert das bedrohte ländliche Leben im fiktiven ›Wessex‹; zunehmende finanzielle Unabhängigkeit ermöglichte die Abwendung von den moralischen und technischen Restriktionen des (Fortsetzungs-)Romans; das lyrische Werk (1898–1928) umfasst etwa 950 Gedichte; Thematisierung zentraler Aspekte des Übergangs vom (Spät-)Viktorianismus zur Moderne: die Bedeutung des Einzelschicksals angesichts einer indifferenten Natur und einer von fragwürdigen Konventionen (Sozialstruktur, Stellung der Frau, Bildung, Moral) bestimmten Gesellschaft.

Weitere Werke: Das lyrische Werk (1898–1928), *Fern vom Treiben der Menge* (*Far from the Madding Crowd*, 1874), *Auf verschlungenen Pfaden* (*The Return of the Native*, 1878), *Der Bürgermeister von Casterbridge* (*The Mayor of Casterbridge*, 1886), *Herzen in Aufruhr* (*Jude the Obscure*, 1884–1895).

Tess / Tess of the d'Urbervilles. A Pure Woman Faithfully Presented

Der populärste der ›düsteren‹ Romane des Autors, der ursprünglich den Titel *Too Late, Beloved* (Zu spät, Geliebte) tragen sollte, entstand 1888 bis 1891 und erschien zunächst in einer von Hardy selbst gravierend entschärften – für die spätere Buchpublikation wieder restaurierten – Form in der Zeitschrift *The Graphic*. Der Untertitel kündigt eine anti-viktorianisch konzipierte Protagonistin an, deren Geschichte sich in sieben ›Phasen‹ vor dem Hintergrund des fiktiven ›Wessex‹ vollzieht und die sich als negativer Bildungsroman beschreiben lässt.

In der scheinbaren Idylle des Dorfes Marlott erfährt John Durbeyfield, der Vater der Protagonistin Tess, er sei ein Nachfahre der d'Urbervilles, einer der ältesten Familien Englands. Dieses Wissen führt zu hochfliegenden Vorstellungen vom nun möglichen sozialen Aufstieg, in der Realität jedoch zum Untergang der Familie. Ein Unfall, bei dem eines ihrer Pferde getötet wird, vermindert das ohnehin geringe (und durch Durbeyfields Alkoholkonsum geschmälerte) Einkommen. Tess muss zum Unterhalt beitragen und wird nach Tantridge, dem Sitz der d'Urbervilles, geschickt. Bei diesen vermeintlichen Verwandten handelt es sich in Wahrheit um eine neureiche Familie, die den alten Namen lediglich gekauft hat. Die Hoffnung, Tess auf diese Weise verheiraten zu können, erfüllt sich nicht. Lediglich die von der Mutter durchaus einkalkulierte Verführung durch den Frauenhelden Alec d'Urberville findet statt.

Hardys ›ungenaue‹ Gestaltung der (in der Rezeption höchst umstrittenen) Szene verdeutlicht seine gegenüber traditionellen Behandlungen des Stoffs völlig andere Akzentsetzung: Entscheidend ist nicht der moralische, sondern der soziale Bruch, der durch die Schwangerschaft entsteht. Tess kehrt zunächst nach Marlott zurück. Nach dem Tod ihres Kindes verdingt sie sich in Talbothays, im Tal der großen Meiereien. Hier, in einer Umgebung höchster Sensualität und Fruchtbarkeit, lernt sie den ätherischen Pfarrerssohn Angel Clare kennen, der von allen Mägden umschwärmt wird (in einer der zunächst gestrichenen erotisch aufgeladenen Szenen trägt er vier von ihnen nacheinander durchs Wasser). Tess stimmt seinem Heiratsantrag nach langem Zögern zu, ohne ihm ihre ›Vorgeschichte‹ zu erzählen (ein Brief, in dem sie dies nachholt, erreicht Angel nicht). Die Heirat findet unter unheilvollen Vorzeichen statt. In der Hochzeitsnacht in einem teilweise verfallenen Gebäude (einem ehemaligen Sitz der d'Urbervilles) beichtet Angel Tess eine frühere sexuelle Eskapade. Ihre Hoffnung, er würde ihr ihre Vergangenheit verzeihen, erfüllt sich nicht. Obwohl er ihre geringe Schuld erkennt, kann Angel sich nicht zu einem solchen Schritt durchringen (seine innere Ambivalenz kommt jedoch in einer langen Schlafwandelszene zum Ausdruck). Die Kluft zwischen beiden erweist sich als unüberwindbar.

Angel versucht, sich in Brasilien eine Existenz aufzubauen; Tess geht nach Flintcomb Ash, eine als Gegensatz zu Talbothays konzipierte Farm, wo sie – wie eine »Fliege auf einem Billardtisch« – härteste Feldarbeit leisten bzw. der mechanischen Dreschmaschine bis zur Erschöpfung zuarbeiten muss. Nun taucht Alec d'Urberville wieder auf, der geläutert als Prediger über Land zieht, durch Tess aber wieder ›rückfällig‹ wird. Zur gleichen Zeit ändert Angel nach einem Gespräch mit einem »toleranten Fremden« in Brasilien seine Einschätzung des Geschehens und kehrt zurück. Tess lebt inzwischen in Sandbourne mit Alec zusammen, dem sie sich verpflichtet fühlt, weil er ihrer Familie nach Durbeyfields Tod ein Unterkommen in Tantridge angeboten hatte. Angel spürt Tess in Sandbourne auf und bittet sie um Vergebung. Die für Tess ausweglose Situation führt zu einem Mord: Tess ersticht Alec und flieht mit Angel. Ihre Liebe »erfüllt« sich (so der Titel der letzten ›Phase‹) in der ›geborgten‹ Zeit von fünf Tagen in der Abgeschiedenheit eines verlassenen Hauses im ›New Forest‹ (das nichts mit der Familiengeschichte zu tun hat). Tess wird in Stonehenge gefangen genommen und in Wintoncester durch den Strang hingerichtet.

Der Roman wurde mehrfach verfilmt (1979 von Roman Polanski und 1998 für den englischen Fernsehsender ITV) und erfuhr sehr unterschiedliche Interpretationen. Er erscheint als Tragödie, wenn als Maßstab nicht dient, was die Figuren erreichen, sondern was sie beabsichtigen. So begründete Hardy selbst im Vorwort zur Wessex-Ausgabe (1912) die Würde und ›Fallhöhe‹ seiner Charaktere. Betont man jedoch die Folgerichtigkeit, mit der das aus Zufällen, unbedeutenden Details und geringen menschlichen Schwächen geknüpfte ›Netz der Ereignisse‹ in die Vernichtung führt, so entsteht der Eindruck einer genauso planvollen wie sinnlosen, lediglich ›mutwilligen‹ Vernichtungsmaschinerie. Die historisierenden Deutungen heben besonders zwei Themen hervor: die sozialen Veränderungen (erzwungene Migration der Landbevölkerung) als Folge der Zerstörung der agrarischen Lebensweise und die restriktiv-lustfeindliche viktorianische Doppelmoral, die Männern und Frauen unterschiedliche Freiräume zugesteht. Unter anderen Bedingungen hätten die Ereignisse nicht zu Tess' Tod geführt, sondern zu einer allgemeinen Bildung ihrer Persönlichkeit beigetragen – als »liberal education«, wie es die Erzählstimme nennt. CHRISTOPH SCHÖNEICH

George Gissing

* 22. November 1857 in Wakefield/Yorkshire (Großbritannien)
† 28. Dezember 1903 in Ispoure bei St-Jean-Pied-de-Port/Basses Pyrénées (Frankreich)

(d. i. George Robert Gissing) – 1872 Stipendiat am Owens College in Manchester; nach Haftstrafe 1876 für ein Jahr in den USA, erste Kurzgeschichten; danach Lebensunterhalt als Privatlehrer in London, häufige Wohnungswechsel; ab 1879 sozialkritische Romane, beeinflusst von Schopenhauer und Leopardi; Themen: materielle und geistige Verarmung, Fragen künstlerischer Produktivität; ab 1890 Hinwendung zu Themen der Mittelschicht; drei Italienreisen, enge Verzahnung des literarischen Werks mit eigener Biographie; konsequente Illusionslosigkeit; Betonung geistig-moralischer Werte; 22 Romane, ca. 120 Kurzgeschichten, Essays, Artikel.

Weitere Werke: Die Unterwelt (The Nether World, 1889), Zeilengeld (New Grub Street, 1891), Im Exil geboren (Born in Exile, 1892), Die Privatnotizen von Henry Ryecroft (The Private Papers of Henry Ryecroft, 1903).

Die überzähligen Frauen / The Odd Women.
In Three Volumes

Der zwölfte, 1893 erschienene Roman des Autors behandelt in 31 Kapiteln das Problem des Frauenüberschusses: Um 1890 gab es allein in London mehrere hunderttausend Frauen, die mangels (passender) Männer nicht heiraten konnten und damit dem viktorianischen Eheideal entsagen mussten. Fünf unverheiratete Frauen stehen im Mittelpunkt dieses Ende der 1880er Jahre spielenden Werks; im Kern geht es um die Entscheidung für eine Sicherheit versprechende Ehe oder für eine berufliche Tätigkeit, die neben ökonomischer Unabhängigkeit von einem Mann auch Selbstverantwortung bedeutet.

Alice und Virginia Madden müssen sich wegen schwindender Ersparnisse nach dem Verlust ihrer Stellen als Hauslehrerin und Gesellschafterin erneut auf die Suche nach Arbeit machen. Ihre weniger gut ausgebildete jüngere Schwester Monica fürchtet sich vor einem ähnlichen Schicksal und nimmt den Heiratsantrag eines älteren Mannes an, der ihr finanzielle Sicherheit bietet. Doch schon nach einem Jahr verlässt sie ihn wegen seiner krankhaften Eifersucht. Verflochten mit den Geschicken der drei Schwestern sind die von Mary Barfoot und Rhoda Nunn: Sie widmen ihre Kraft jungen ledigen Frauen, die sie für ein unabhängiges Leben in emotionaler wie ökonomischer Freiheit zu Bürofachkräften ausbilden, seinerzeit eine Männerdomäne. Voller Tatendrang wollen sie nicht die Männer entthronen, sondern beide Geschlechter von allem befreien, was ihre Beziehungen zueinander auslaugt und ihre Menschlichkeit verbiegt, nötigenfalls auch von der Ehe. Eines Tages taucht Marys Cousin Everard auf, Befürworter der freien Liebe, den bald Leidenschaft und Streit mit Rhoda verbinden; diese erfährt dabei, was ihr Liebe bedeutet und was es heißt, sich selbst treu, aber auch ehe- und kinderlos zu bleiben. The Odd Women ist einer der wenigen viktorianischen Romane, die deutlich mit der Frauenbewegung sympathisieren. Zudem ist er ein Antidot zu den sentimentalen Liebesgeschichten der Zeit.

Mit der Frauenfrage thematisiert der Roman den neuen Anspruch der Frauen auf Gleichstellung mit den Männern, auf Gleichbehandlung in Öffentlichkeit, Partnerschaft und Ehe; sie bedeutet zudem eine scharfe Infragestellung des überkommenen weiblichen Idealbildes von der abhängigen, passiven Ehefrau und Mutter. Rechtlichem Fortschritt seit 1850 zum Trotz wird in den 1880ern die Ehe zum zentralen Punkt der Geschlechterdiskussion. Für fortschrittliche ›neue‹ Frauen wie Gissings Romanheldin Rhoda Nunn sind die erweiterten Berufs- und Lebensperspektiven ein Segen; im doppelten Wortsinn unvermögende, ›alte‹ Frauen wie Alice und Virginia Madden sehen jedoch keine gesellschaftliche oder ökonomische Alternative zur Ehe. ›Überzählig‹ auf dem Heiratsmarkt, sind ihre Aussichten auf ein leidliches eigenes Einkommen schlecht: Hauslehrerin oder Begleiterin sind zwei mögliche Karrieren, die ihnen offenstehen. Die gesellschaftlichen Veränderungen in der zweiten Hälfte des 19. Jh.s – Industrialisierung, Urbanisierung, kleinere Familien – machen es immer weniger wahrscheinlich, dass eine arme, unverheiratete Frau in die Familie von Verwandten aufgenommen wird und sich ihren schmalen Lebensunterhalt mit Hausarbeit oder Kleinhandwerk verdient. Gissing war dieses soziale Problem durch Zeitungsberichte bekannt; damit vertraut war er auch durch das Schicksal seiner Schwestern Ellen und Margaret, die ihn zu den »odd women« Alice und Virginia Madden angeregt haben mögen: Sie nahmen, trotz Ermunterungen durch George, am Aufbruch ihrer Zeit nicht teil und verbrachten unzufrieden, wenn auch finanziell abgesichert, in Wakefield ein altjüngferliches Leben, konventionell, mit gelegentlichen Versuchen, Haus- oder Schulunterricht zu erteilen.

Befördert durch die Neue Frauenbewegung der frühen 1970er Jahre, erlebte der Roman dank mehrerer Taschenbuchausgaben mit jeweils hohen Auflagen eine nachhaltige Renaissance. Bis heute wurde *The Odd Women* in fünf Sprachen übersetzt; 1992 wurde eine dramatisierte Fassung erfolgreich uraufgeführt; 1998 erschien die erste kritische Ausgabe. In der Zuspitzung auf gebrochene, neu zu (er)findende Geschlechterrollen und -identitäten ist dieser Roman Gissings Hauptwerk und sein feministisches Bekenntnis, ohne dass er eindeutige Antworten auf die Fragen der Zeit gibt. WULFHARD STAHL

Arthur Wing Pinero

* 24. Mai 1855 in London (Großbritannien)
† 23. November 1934 in London (Großbritannien)

Nach juristischer Ausbildung zunächst Schauspieler; begann am Lyceum Theatre Stücke zu schreiben; berühmt für seine Farcen; ab Ende der 1880er Jahre auch ernste, zum Teil sehr erfolgreiche ›social plays‹; führender Repräsentant des ›new drama‹; ab 1910 nahm sein Bühnenerfolg rapide ab.

Die zweite Mrs. Tanqueray / The Second Mrs. Tanqueray. A Play in Four Acts

Das Schauspiel, das 1893 am Londoner St. James's Theatre uraufgeführt wurde, stellt ein Hauptwerk des sogenannten ›new drama‹ dar. Nachdem populäre Melodramen das britische Theater für den Großteil des 19. Jh.s dominiert hatten, begann in den 1890ern eine Bewegung hin zu ›literarischeren‹ Stücken, die sich bewusst an höhere Gesellschaftsschichten wandten. Als ›problem play‹ dieser Dekade untersucht The Second Mrs. Tanqueray typischerweise das Schicksal einer ›Frau mit Vergangenheit‹ in der gehobenen Gesellschaft.

Paula Ray hatte bereits mehrere Liebhaber gehabt, als der verwitwete Aubrey Tanqueray sie heiratet und ihr so die Chance gibt, ein moralisch einwandfreies Leben zu führen. Ihr Kampf um gesellschaftliche Anerkennung gestaltet sich jedoch äußerst schwierig, was besonders ihre Beziehung zu Aubreys Tochter Ellean verdeutlicht. Als Klosterschülerin verkörpert diese die sprichwörtliche viktorianische Moral, und obwohl der Stiefmutter an ihrer Liebe viel gelegen ist, nimmt die Entfremdung zwischen den beiden zu. Daher wird Paula eifersüchtig auf Elleans gutes Verhältnis zu ihrem Vater und lädt aus Trotz Lord und Lady Orreyed ein: Auch Orreyed hat eine Frau mit zweifelhaftem Ruf geheiratet, sich aber im Gegensatz zu Tanqueray auf das ›Niveau‹ seiner Frau begeben.

In der Gegenwart dieses Paars wird Paula klar, wie weit sie ihr früheres Leben hinter sich gelassen hat. Gleichzeitig ist Ellean plötzlich bereit, auf sie zuzugehen. Eine Wendung zum Guten ist aber trotzdem ausgeschlossen, da sich Ellean bei einer Paris-Reise in einen ehemaligen Liebhaber ihrer Stiefmutter, Captain Ardale, verliebt hat. Paula sagt ihrem Mann die Wahrheit, obwohl sie die Folgen absehen kann. Während Ellean Ardale seinen Lebenswandel leicht vergeben konnte, wirft sie – dem viktorianischen Weiblichkeitsstereotyp folgend – Paula vor, für immer sichtbar verdorben zu sein. Diese ordnet sich der Doppelmoral unter und begeht Selbstmord. Auch wenn Ellean ihre Vorwürfe danach bitterlich bereut, macht das Schauspiel insgesamt klar, dass Paula keinen Platz in einer Gesellschaft finden kann, deren Verhaltensnormen sie nicht einmal in Kleinigkeiten genügt.

In den 1890er Jahren erhielt die Frage nach akzeptablen Frauenrollen durch die emanzipatorische ›new woman‹-Bewegung neue Dringlichkeit. Mit The Second Mrs. Tanqueray wurde das Thema – auch unter dem Einfluss von Ibsens Dramen – zum ersten Mal ins Zentrum eines literarisch orientierten Theaterstücks gestellt. Gerade vor dem Hintergrund der meist sehr viel radikaleren Melodrama-›Abenteurerin‹ ist jedoch festzuhalten, dass Pineros Darstellung der Protagonistin letztlich konventionell bleibt. In ästhetischer Hinsicht ist das Stück ähnlich gespalten. Einerseits deutet es in der Konzeption des Bühnenraums auf das moderne realistische Drama voraus. Andererseits setzt die Handlungsstruktur die Tradition der französischen ›pièce bien faite‹ fort. George Bernard Shaw fühlte sich denn auch herausgefordert, mit Mrs. Warren's Profession, 1898 (Frau Warrens Gewerbe, 1926), ein radikales Gegen-Stück zu schreiben. Trotzdem war The Second Mrs. Tanqueray ein großer Bühnenerfolg, was sicher auch mit der meisterhaften Leistung der bis dahin fast unbekannten Mrs. Patrick Campbell in der Titelrolle zusammenhing. Im 20. Jh. wurde das Drama mehrfach verfilmt. WALTER KLUGE / MERLE TÖNNIES

George Bernard Shaw

* 26. Juli 1856 in Dublin (Irland)
† 2. November 1950 in Ayot St. Lawrence/Hertfordshire (Großbritannien)

1871 Angestellter in einem Maklerbüro; 1879–1883 fünf Romane; ab 1882 Engagement in der sozialistischen Bewegung und in progressiven Kampagnen (Frauenwahlrecht, irische Selbstregierung, Abschaffung der Zensur); 1889 Mitverfasser und Herausgeber der *Fabian Essays in Socialism*; 1885–1898 Buch-, Musik- und Theaterkritiker; Parteinahme für Henrik Ibsen und Richard Wagner; ab 1892 mehr als 50 Dramen; Reden, Essays zu Politik, Wirtschaft, Kunst, Geschichte, Religion, autobiographische Skizzen; Begründer des englischen Ideen- und Diskussionsdramas; 1897–1903 Mitglied des Londoner Stadtrats; Kritik an Demokratie und Parlamentarismus; Entwicklung der ›life force‹-Philosophie; 1911 Rückzug aus dem Vorstand der Fabian Society; 1914 Skandal um das Pamphlet »Common Sense about the War«, gesellschaftliche Ächtung; 1925 Literaturnobelpreis.

    Weitere Werke: *Helden* (*Arms and the Man*, 1894), *Candida* (*Candida*, 1898), *Mensch und Übermensch* (*Man and Superman*, 1903), *John Bulls andere Insel* (*John Bull's Other Island*, 1904), *Major Barbara* (*Major Barbara*, 1907), *Pygmalion* (*Pygmalion*, 1913), *Die heilige Johanna* (*Saint Joan*, 1924).

Frau Warrens Beruf / Mrs. Warren's Profession

Das Schauspiel wurde bereits 1894 verfasst, dann aber von der Zensur verboten, so dass es erst 1902 zu einer privaten Uraufführung kommen konnte. Gedruckt erschien *Mrs. Warren's Profession* bereits 1898 als eines der drei ›Plays Unpleasant‹, aber das Aufführungsverbot wurde in Großbritannien erst 1925 aufgehoben. Die New Yorker Premiere führte 1905 zu einem Sturm der Entrüstung in der Presse und zu einem Prozess gegen den Regisseur Arnold Daly. In seiner direkten Auseinandersetzung mit dem Thema Prostitution war Shaw seiner Zeit weit voraus, die nur romantisierte Darstellungen der ›gefallenen Frau‹ auf der Bühne duldete. Genau diese Stücke (speziell Pineros *The Second Mrs. Tanqueray*) betrachtete Shaw aber als ›sozial schädlich‹. Deshalb entwickelte er die Form des ›problem play‹, die er in seinem typischerweise sehr ausführlichen Vorwort zum publizierten Text offensiv vorstellte: Ein Drama soll den grundlegenden Konflikt zwischen dem menschlichen Willen und der Umwelt in Parabelform darstellen.

Es überrascht deshalb nicht, dass die Charaktere trotz Shaws Zielsetzung, sie als »menschliche Wesen« zu gestalten (Vorwort), eher als Typen erscheinen. Die Tochter der Titelfigur, die nach ihrem überdurchschnittlich abgeschlossenen Mathematikstudium in Cambridge bei ihrer Mutter zu Gast ist, weist alle Züge der ›new woman‹ auf, die auf der britischen Bühne seit den 1880er Jahren zunehmend als vermännlichte Emanze karikiert wurde. Nur die Bewertung ist bei Shaw diametral entgegengesetzt, denn Vivies Unabhängigkeit soll das Publikum beeindrucken. Sie erfährt zufällig, dass ihre Mutter (mit der sie ihr Leben lang nur wenig Kontakt hatte) etwas zu verbergen hat. Zur Rede gestellt, gibt Mrs. Warren zu, als Prostituierte gearbeitet zu haben, um der Ausbeutung durch schlecht bezahlte Arbeit oder eine lieblose Heirat zu entgehen, und dann zur Bordellchefin aufgestiegen zu sein. Ihre Argumentation folgt Shaws Verteidigung des Stücks in seinem Vorwort: Wenn es keine anderen Möglichkeiten für Frauen gibt, ist Prostitution der einzige Weg, die Selbstachtung zu wahren, und alle gesellschaftliche Ächtung ist reine Heuchelei. Vivie lässt sich überzeugen und idealisiert ihre Mutter konventionell-viktorianisch: »Du bist stärker als ganz England.« So endet der zweite Akt mit einer scheinbar ungebrochen melodramatischen Segnungsszene zwischen Mutter und Tochter.

Im dritten Akt hört Vivie dann aber zufällig von Croft, einem skrupellosen Geschäftspartner der Mutter, dass die Bordellbetriebe weiterhin (d.h. aus reinem Profitstreben) florieren und dass sie selbst von dem Gewinn gelebt hat. Daraufhin reist sie sofort nach London und steigt in die Kanzlei einer Freundin ein, um ihr Leben in Zukunft ausschließlich der Arbeit zu widmen. Nachdem sie bereits Crofts pragmatischen Heiratsantrag abgelehnt hat, weist sie hier auch alle anderen sozialen Kontakte zurück. Weder wird sie mit dem künstlerisch veranlagten Praed nach Italien gehen, noch mit dem verschwenderischen jungen Frank, in den sie in gewisser Weise verliebt war, eine Beziehung eingehen. Als letzten Lebensentwurf lehnt sie Mrs. Warrens Angebot von leicht verdientem Luxus ab. Sie wird ihren eigenen Weg gehen, der frei von dem Streben ihrer aus den unteren sozialen Schichten stammenden Mutter nach gesellschaftlicher Respektabilität sein wird. Dem zentralen Satz vom Ende des zweiten Akts steht am Schluss des Stücks Vivies vernichtendes Urteil gegenüber: »Du bist im Herzen eine konventionelle Frau.« Für sie (und für Shaw) ist Mrs. Warren jetzt Teil des heuchlerischen kapitalistischen Systems geworden, das das Stück anklagt.

Die Abgrenzung des ›problem play‹ vom etablierten ›well-made play‹ der Zeit vollzieht sich nicht nur auf inhaltlicher, sondern auch auf formaler Ebene. Shaw lenkt Aufführung und Rezeption durch ausführliche Regieanweisungen und Charakterisierungen der Figuren. Dabei versinnbildlicht bereits die Wahl eines unter freiem Himmel liegenden Gartens als Handlungsort für den ersten Akt die Zurückweisung des geschlossenen Settings der Salonkomödie (und der meisten ›well-made plays‹). Die vier Akte des Stücks durchbrechen dann explizit die Spannungskurve der traditionellen Fünfakter: Nach dem zweiten Akt scheint der Plot durch Vivies und Mrs. Warrens Versöhnung eigentlich zu einem befriedigenden Abschluss gebracht zu sein. Dieses bewusst konventionelle ›Ende‹ ist aber für Shaw erst der Beginn von Vivies Lernprozess, der sie in völlige Vereinsamung führt. Das Stück appelliert damit primär an die rationalen Fähigkeiten der Zuschauer, die selbst nach einer Lösung auf gesamtgesellschaftlicher Ebene suchen sollen. Vielleicht liegt es an diesem Charakter einer »dramatischen Predigt« (Daly), dass dem Werk auch dann kein allzu großer Bühnenerfolg beschieden war, als das Thema das Publikum nicht mehr schockierte. MERLE TÖNNIES

Samuel Butler

* 4. Dezember 1835 in Langar/Nottinghamshire (Großbritannien)
† 18. Juni 1902 in London (Großbritannien)

Ab 1854 Studium der Klassischen Philologie in Cambridge; 1859 Bruch mit dem Vater; 1859–1864 Schafzucht in Neuseeland; ab 1874 *Notebooks* als brillante Sudelbücher; Evolutions- und Gedächtnistheorie in Auseinandersetzung mit Darwin; Religions- und Kunstkritik, Reiseberichte, Homer-Übersetzungen; scharfsinniger und -züngiger Aphoristiker; unbequemer Anti-Viktorianer; Inbegriff des mit Elternhaus und Epoche hadernden Schriftstellers.

Weiteres Werk: *Erewhon oder jenseits der Berge* (*Erewhon, or Over the Range*, 1872).

Der Weg allen Fleisches / The Way of All Flesh

Der 1903 postum erschienene Roman hat eine lange Vorgeschichte: Kurz nach Veröffentlichung seiner satirischen Utopie *Erewhon* (1872) begann Butler auf Drängen seiner ›Geistesfreundin‹ Eliza Mary Ann Savage einen autobiographischen Roman, an dem er, unterstützt von ihrem Rat, mit Unterbrechungen bis 1884 arbeitete. Unzufrieden mit dem Erreichten, plante er eine spätere Überarbeitung, zu der es jedoch nie kam. Kurz vor seinem Tod erlaubte er seinem Nachlassverwalter, das Manuskript zu veröffentlichen. Unter Rückgriff auf Butlers ursprünglichen Arbeitstitel edierte D. F. Howard das Werk 1964 neu unter dem vollen Titel *Ernest Pontifex, or The Way of All Flesh. A Story of English Domestic Life*.

In Form eines fiktiven Augenzeugenberichts behandelt das Buch ein Lieblingsthema Butlers: einen typisch viktorianischen Vater/Sohn-Konflikt. Als langjähriger Freund der Familie Pontifex schildert der reife und distanzierte Erzähler Edward Overton zunächst summarisch die Schicksale dreier Generationen dieser Familie: vom Dorfzimmermann John Pontifex über dessen Sohn George, einen selbstherrlichen Verleger religiöser Schriften, bis zu Johns Enkel Theobald, der in das Amt des Geistlichen und eine konventionelle Ehe mit der biederen Pfarrerstochter Christina Allaby gedrängt wird. Das herrische Wesen seines Vaters steigert sich bei Theobald zu offenem Despotismus. Dessen Sohn Ernest, Hauptfigur der Geschichte, wird so rigoros erzogen, dass er dem Vater lebenslang entfremdet bleibt.

Wie Theobald wird Ernest gegen seinen Willen für die geistliche

Laufbahn bestimmt, die er nach freudlosen Jahren an der Roughborough School des pedantischen Dr. Skinner und seinem Studium in Cambrige als Hilfsgeistlicher in London beginnt. Dort kommt es zur unvermeidlichen Katastrophe: Unter dem Einfluss seines leichtfertigen Kollegen Pryer verliert Ernest neben seinen gesamten Ersparnissen auch den Rest seiner religiösen Überzeugungen. Als er sich in einer Stunde des Aufbegehrens der vermeintlichen Prostituierten Miss Maitland nähert, wird er wegen Beleidigung verklagt und zu sechs Monaten Gefängnis verurteilt. Bar aller Mittel und Illusionen entsagt er fortan allen gesellschaftlichen Ambitionen. Er heiratet Ellen, das frühere Dienstmädchen der Familie, und versucht, sich als Schneider eine neue Existenz aufzubauen. Bescheidene Erfolge werden rasch überschattet von der Alkoholabhängigkeit Ellens, die ihm inzwischen zwei Kinder geboren hat und der er zeitweise hörig wird. Erst als er erfährt, dass sie bereits mit dem früheren Kutscher der Familie verheiratet ist, gelingt es ihm, sich endgültig von ihr zu lösen. Überraschenderweise erhält er an seinem 28. Geburtstag von Overton ein Vermögen ausbezahlt, für das eine ihm von seiner verständnisvollen Tante Alethea hinterlassene Summe den Grundstock gelegt hat. Zum ersten Mal ist Ernest wirklich unabhängig. Er beschließt, sich künftig ganz der Literatur zu widmen.

Trotz unverkennbarer autobiographischer Parallelen sind die Figuren und Situationen dieses Romans mehr als ein bloßer Niederschlag persönlicher Erfahrungen des Autors. Des Öfteren vereinigt Butler Züge verschiedener realer Vorbilder in einer Romanfigur oder zerlegt ein historisches Modell in verschiedene fiktionale Gestalten. So werden Charakteristika seines Vaters (dessen wahrer Natur das fiktionale Abbild nicht immer gerecht wird) auch in George Pontifex erkennbar. Der Protagonist selbst wird in zwei Altersstufen gleichzeitig verkörpert: durch Ernest und den Erzähler Overton; seine beiden Schwestern verfließen im Roman zu einer einzigen, wenig sympathischen Gestalt. Alethea stellt eine Synthese aus Butlers Mutter und Miss Savage dar; seinen australischen Freund Charles Paine Pauli spaltet Butler in eine positive (Towneley) und eine negative (Pryer) Komponente auf.

Zur Darstellung gelangen so weniger das Individuelle als das Typische und Exemplarische. Dem entsprechen auch die allegorischen Züge des Buches. Sie zeigen sich in den ›sprechenden‹ Namen der Figuren und Institutionen (Pontifex, Roughborough) ebenso wie in den komplementären Kontrastpaaren, die verschiedene Seins- und Empfindungsweisen veranschaulichen. Hierzu gehören neben dem Persönlichkeits-Duo Overton/Ernest (der gereifte und der jugendlich naive ›Held‹) vor allem polare Typen wie Miss Snow/Miss Maitland (Prostituierte/Jungfrau), Pryer/Mr. Hawke (High/Low Church), Towneley/Mr. Shaw (Ober-/Unterklasse), John/Theobald Pontifex (idealer/fragwürdiger Familienvater).

Auch wenn das das Werk in der allegorischen Tradition Spensers und Bunyans steht, bricht es inhaltlich mit allen traditionellen Wertvorstellungen. Der Scharfblick für die Brüchigkeit viktorianischer Ideale, gekoppelt mit Butlers Engagement für den Darwinismus, macht diesen Roman, den G. B. Shaw als »eines der großen Bücher der Welt« pries, zugleich zu einem zeitkritischen Dokument und einem der bekanntesten englischen Bildungsromane. Humorvoll gezeichnete Nebenfiguren wie etwa Ernests Londoner Hauswirtin Mrs. Jupp erinnern an Dickens' Cockney-Szenen. Hinzu kommen formale Neuansätze der Erzähltechnik: Als einer der ersten englischen Erzähler durchleuchtet Butler Bewusstseinsprozesse seiner Figuren auf eine Weise, die mitunter (etwa in Kapitel 29) an Édouard Dujardin oder Henry James denken lassen. Nicht zuletzt dadurch erregte das Buch das Interesse des jungen Joyce, dessen A Portrait of the Artist as a Young Man (1916) manche Ähnlichkeit mit Butlers Roman aufweist. Obwohl er als künstlerische Gesamtleistung durchaus kein Meisterwerk darstellt, gilt er aufgrund seiner erzähltechnischen wie ideologiekritischen Pionierleistung als einer der wichtigsten englischen Romane des 19. Jh.s. WILHELM FÜGER

Henry Rider Haggard

* 22. Juni 1856 in West Bradenham/Norfolk (Großbritannien)
† 14. Mai 1925 in London (Großbritannien)

1875–1881 Kolonialverwalter und Farmer in Südafrika; danach Rechtsstudium in London, aber hauptberuflich Schriftsteller; 34 Abenteuer- und historische Romane, Sachbücher, Autobiographie *The Days of My Life* (1926); 1912 für sein politisches Engagement in den Ritterstand erhoben; Prägung des Romanwerks durch die Afrika-Erfahrung, Interesse an vergangenen Zivilisationen und am Okkulten.

Weiteres Werk: *Sie* (*She*, 1886).

König Salomons Schatzkammer / King Solomon's Mines

Der Roman entstand 1885 als Beweis für die Behauptung des Autors, er könne eine ebenso erfolgreiche Abenteuerromanze wie Robert Louis Stevensons *Schatzinsel* (1883) schreiben. Das Werk ist dem Hauptpublikum für dieses Genre, »großen und kleinen Jungen«, gewidmet und fand hier ebenso großen Anklang wie bei den Kritikern. Der Bestseller legte den Grundstein für Haggards Karriere als einer der beliebtesten englischen Schriftsteller seiner Zeit. Der bis heute populäre Roman mischt südafrikanisches Lokalkolorit mit der Faszination alter Kulturen und einer Schatzsuche.

Der Ich-Erzähler Allan Quatermain ist ein Großwildjäger mittleren Alters, der nach eigenem Bekunden mit dem Gewehr besser umgehen kann als mit der Schreibfeder. Er begleitet den hünenhaften Sir Henry Curtis und den in komischer Übertreibung auf sein Aussehen bedachten Captain Good auf der Suche nach Sir Henrys verschollenem Bruder. Dieser hatte sich zwei Jahre zuvor auf den Weg zu den sagenhaften Diamantminen König Salomons gemacht, zu denen auch Quatermain eine Schatzkarte besitzt, die aus dem späten 16. Jh. stammt, d. h. aus einer früheren Phase des europäischen Kolonialstrebens. Unter den afrikanischen Dienern der Expedition sticht Umbopa hervor, der in Statur, Alter und Gesinnung Sir Henry ebenbürtig ist. Bereits auf dem Weg in das fiktive Kukuanaland, wo sich die Mine Salomons befinden soll, ist die Gruppe zahlreichen Gefahren ausgesetzt. Bei einer Elefantenjagd wird ein junger Zulu getötet, als er Good retten will; in einer Wüste entgeht die Gruppe nur knapp dem Verdursten; im eiskalten Gebirge erfriert ein weiterer Diener. Als sie das Gebiet der Kukuana erreicht haben, enthüllt Umbopa, dass er in Wirklichkeit Ignosi heißt und der rechtmäßige König des Landes ist. Der grausame Herrscher Twala hatte seinen Vater einst mit Hilfe der uralten Stammeshexe Gagool entmachtet.

Es entbrennt ein blutiger Bürgerkrieg, in dem die Engländer Ignosi zum Sieg verhelfen. Danach betreten sie Salomons Diamantminen, die von eindrucksvollen Kolossen einer untergegangen Hochzivilisation bewacht werden (dazu inspirierten Haggard Ruinenfunde in Zimbabwe im Jahr 1871). Unter Zwang öffnet Gagool die geheime und reich gefüllte Schatzkammer, aber nur, um sie den Engländern zur Falle werden zu lassen. Gagool bezahlt ihren Verrat mit dem Tod; die Engländer können sich retten, den Weg in die Kammer jedoch nicht wiederfinden. Mit einigen wenigen, aber sehr wertvollen Diamanten verlassen sie die Kukuana und finden auf dem Rückweg nach Durban Sir Henrys Bruder.

Der Roman kann mit seinem spannenden Handlungsaufbau und seinen Figuren, vor allem dem Ich-Erzähler, noch immer überzeugen. Die Protagonisten sind mutige Gentlemen, die alle Gefahren und Leiden tapfer überstehen. Der abgeklärte Quatermain zollt aber nicht nur dieser Heldenhaftigkeit Tribut: Er ist unnötigem Blutvergießen abgeneigt und betont stets die Tragik menschlicher Verluste, was der Abenteuererzählung eine melancholische Note verleiht. Der Roman trägt deutliche Merkmale imperialistischer und eurozentrischer Gesinnung: So werden Afrikaner nur als schön beschrieben, wenn ihre Züge europäisch wirken, und die Engländer können ›naive‹ Ureinwohner durch Errungenschaften wie Gewehre und künstliche Gebisse sowie überlegenes Wissen, z. B. über eine Sonnenfinsternis, beeindrucken. Als Good sich in die ihm ergebene Kukuanerin Foulata verliebt, wird diese ›Mesalliance‹ zwischen Weiß und Schwarz dadurch verhindert, dass die junge Frau im Kampf gegen Gagool stirbt. Andererseits wird Ignosi als gleichwertiger Gegenpart zu Sir Henry gezeichnet, der seinerseits Ignosis Truppen in einheimischer Tracht anführt. In Südafrika hatte Haggard den Zulukrieg und den Niedergang dieses Volkes erlebt, und seine Sorge um das Aussterben afrikanischer Lebensweisen wird in *King Solomon's Mines* deutlich artikuliert. Beim Abschied von seinen englischen Freunden betont Ignosi, dass er sein Land in Zukunft vor allen Weißen, ob Händlern oder Missionaren, schützen werde.

Der Roman zählt zu den Werken, die populäre Vorstellungen über das britische Empire wesentlich geprägt haben. Er bezieht auch zur Diskussion der Geschlechterrollen im ausgehenden 19. Jh. Stellung. Generell kompensierte der viktorianische Abenteuerroman mit seiner Betonung maskuliner Ideale Verunsicherungen, die ein neuer, emanzipierter Frauentyp auslöste, und auch Quatermain hebt ausdrücklich hervor, dass in seiner Geschichte kein einziger »Unterrock« vorkäme; in der Handlung finden sich tatsächlich nur wenige afrikanische Frauenfiguren, die auf marginale und stereotypische Rollen der aufopferungsvollen Geliebten oder Hexe festgelegt sind.

Der Roman wurde mehrfach, z. T. recht frei, adaptiert; die erste Ton-Verfilmung von 1937 (Regie: R. Stevenson und G. Barkas) gilt noch immer als die gelungenste; Hollywood griff den Stoff zuletzt 1985 auf (*King Solomon's Mines*, Regie: J. Lee Thompson). Als archetypischer Held des Empire tritt Quatermain, den Haggard selbst in 14 weiteren Romanen (u.a. *Allan Quatermain*, 1885) verwendete, auch in der Comic-Reihe *League of Extraordinary Gentlemen* auf. BARBARA KORTE

Rudyard Kipling
* 30. Dezember 1865 in Bombay (Indien)
† 18. Januar 1936 in London (Großbritannien)

Sohn einer Kolonialbeamtenfamilie in Britisch Indien; Popularität durch frühe Gedichte und Kurzprosa mit angloindischer Thematik; danach bis 1897 in Vermont (USA); erfolgreichste Schaffensphase im letzten Jahrzehnt des 19. Jh.s; Aufstieg zum bekanntesten Schriftsteller des Empires; 1907 erster englischer Nobelpreisträger für Literatur; konservative Positionen, pro-imperialistische Berichterstattung im Burenkrieg und die mitgetragene jingoistische Vereinnahmung seines Werks leiteten mit Beginn des 20. Jh.s den Niedergang seiner Reputation ein.

Weitere Werke: *Kleine Geschichten aus den Bergen* (Plain Tales From the Hills, 1888), *Balladen aus dem Biwak* (The Barrack-Room Ballads, 1892, 1896 und 1903), *Über Bord* (Captains Courageous, 1897), *Staaks & Genossen* (Stalky & Co., 1899), *Kim* (Kim, 1901).

Das lyrische Werk

Obwohl einer Umfrage zufolge Kiplings Gedicht »If« (1910), in dem R.W. Emersons Ideal der ›Self-reliance‹ gefeiert wird, immer noch zu den in England bekanntesten gehört, erschließt sich ein Großteil der Kipling'schen Lyrik nur noch literaturhistorisch. Die Gedichte, die in der ersten Lebenshälfte Kiplings Ruhm begründeten, sind in Sujetwahl und Form mehrheitlich untrennbar mit der Epoche des britischen Empire verbunden. Das verleiht ihnen eine kulturhistorische Bedingtheit, die jedoch nicht darüber hinwegtäuschen sollte, dass Kipling einer der populärsten Dichter seiner Zeit war und mit William Shakespeare und Charles Dickens verglichen wurde. Seine Gedichte galten als besonders volksnah und fanden aufgrund der alltagsrelevanten Themen, der Verwendung von Umgangssprache und Dialekt sowie ihres ausgeprägten Rhythmus Eingang in Tageszeitungen, Soldatenstuben, Pubs und Music Halls. Kiplings Dichtung entfaltet ihre volle Wirkung erst im gesprochenen Vortrag. Viele der ihr entlehnten Schlagworte und Redewendungen erlangten aufgrund ihrer beinah sprichwörtlichen Verwendung im allgemeinen Sprachgebrauch eine eigenständige Bedeutung. Angesichts einer um 1900 weltweit vorherrschenden imperialistischen Denkart strahlte Kiplings Dichtung auch über England und das britische Empire hinaus auf die USA, Frankreich und Deutschland aus.

Während seiner Schulzeit begann Kipling Artikel, kleine Geschichten und Gedichte für das Schulmagazin *United Services Chronicle* zu schreiben. Einige Gedichte aus dieser Zeit schickte der 15-jährige nach Indien an seine Mutter, die ihn förderte und die Verse unter dem Titel *Schoolboy Lyrics* (1881) veröffentlichte. Die Bände *Echoes, by Two Writers* (1884) – eine von Rudyard und seiner Schwester verfasste Sammlung von Parodien bedeutender Dichter des 19. Jh.s – und der Familienband *Quartette* (1885) zeugen von der literarisch-künstlerischen Aufgeschlossenheit, die bei den Kiplings herrschte. Als Rudyard im Alter von 16 Jahren die Stelle als Assistant Editor der *Civil and Militar Gazette* in Lahore antrat, setzte er seine dichterischen Bemühungen intensiv fort. Die zu jener Zeit entstandenen Alltagsgedichte erschienen in der *Gazette* unter Pseudonym als Zeilenfüller und wurden später im Gedichtband *Departmental Ditties* (1885) zusammengefasst. Die eingängigen und selbstbewusst vorgetragenen Gedichte trafen den Geschmack der Anglo-Inder, denn sie erzählen mit Anteilnahme vom Leben und Arbeiten dieser selbstgenügsamen Gemeinde: von mangelnder Unterstützung aus dem fernen Mutterland und ausbleibender Anerkennung, von lokalen Vorkommnissen und Skandalen, von Einsamkeit und Heimweh sowie über administratives Fehlverhalten und Liebeshändel.

Barrack-Room Ballads (1892) ist Kiplings erste englische Sammlung und zugleich die erfolgreichste überhaupt. Sie enthielt 13 Gedichte, die ursprünglich im *Scots Observer* erschienen waren, sowie einige verstreute Texte. Der Band hatte unmittelbaren Erfolg und erlebte Dutzende Auflagen zu Kiplings Lebzeiten. Balladen wie »Gunga Din« oder »The Young British Soldier« begründeten mit ihrer Authentizität und Volkstümlichkeit Kiplings Ruf als Soldatendichter und Sänger des Empire. Eines der bekanntesten Gedichte der Sammlung war die als Frage-Antwort-Dialog gestaltete Ballade »Danny Deever«, ein erschütternder Bericht über die Exekution eines Soldaten durch den Strang vor angetretenem Regiment. Mit seinem tiefen Verständnis für das harte Los des einfachen Soldaten, seiner kenntnisreichen und prägnanten Darstellung und dem folkloristischen Gestus gewann Kipling ein breites Publikum unterschiedlicher sozialer Schichten, die zum Teil ohne literarische Vorbildung waren. Dazu trug auch sein Gebrauch eines rauen Cockney-Dialekts bei. »Shillin' a Day« oder das zu einer populären Walzer-Melodie geschriebene »Mandalay« waren typische Gedichte, die Kipling zeitweilig den Ruf eines Music Hall-Dichters einbrachten.

Kiplings Vermonter Gedichtsammlung The Seven Seas (1896) besteht aus vermischten Texten und einer zweiten Serie von Soldatenballaden, allerdings nachdenklicher im Ton und weniger eingängig als die früheren. Daneben bilden das Meer, der moderne, die Welt verbindende Schiffsverkehr und die Männer, die diese Technik bedienen, eine thematische Klammer. Ein typisches Beispiel ist das Gedicht »McAndrew's Hymn« (1893) – ein dramatischer Monolog über ein Dampfschiff und seinen Ingenieur, dem jegliches Ästhetische fremd zu sein scheint. Dialektgebrauch und technisches Fachwissen verschmelzen darin zu einer neuartigen sprachlichen Qualität. Als Publikum fasste Kipling eine vorwiegend männliche Leserschaft ins Auge, die durch Überzeugung, Arbeit und institutionelle Zugehörigkeit einem ›Greater Britain‹ verpflichtet war. Ihnen galt der patriotische Ton, der mit Eindringlichkeit in Gedichten wie »A Song of the English« (1893), »The Flowers« (1895) und »Song of the Cities« angeschlagen wurde. Kipling zeigte sich in dieser Phase als poetischer Erbe einer zurückgezogenen Außenseiter-Poesie, die an Robert Burns erinnert, und zugleich als Fortsetzer der etablierten englischen Dichtungstradition eines Robert Browning. Gleichzeitig trat er mit Gedichten wie »The Story of Ung« und »In the Neolithic Age« als Barde vergangener Zeiten auf. Viele Gedichte orientieren sich in Ton und Gestus am Alten Testament, zu dem Kipling eine innige Beziehung pflegte. Daher rühren sowohl der Hymnen-Charakter als auch ein gelegentlicher ›alttestamentarischer‹ Zorn.

Aus der Dichtung der 1890er Jahre ragen Einzelgedichte und Balladen heraus wie »The Ballad of East and West« (1889) und »The English Flag« (1891). Sie wurden zu wahren ›Ohrwürmern‹, was ihren Gehalt allerdings bisweilen entstellte. In der bekannten Ballade, in der Kultur übergreifende maskuline Tugenden in einem fernen Grenzkonflikt des Empire gefeiert werden, war es paradoxerweise die Eröffnungszeile des Refrains »Oh, East is East, and West is West, and never the twain shall meet,« die zum Stereotyp unüberwindbarer Rassenunterschiede verkam. Im zweiten Gedicht war es das kritische Verdikt über eine rein anglozentristische Weltsicht »And what should they know of England who only England know?«, das seiner idealistischen Komponente entkleidet und einem imperialistischen Ganzheitsdenken dienstbar gemacht wurde. Am Ende jener Dekade trat Kipling mit imperialistischer Dichtung hervor, deren bedeutendstes Zeugnis das Gedicht »Recessional« (1897) zum ›Diamond Jubilee‹ von Königin Victoria ist. Mit der beschwörenden Formel »Lest we forget« versucht Kipling, seinen Landsleuten mögliche Bedrohungen der imperialen Größe Englands und die damit verbundene Verantwortung bewusst zu machen. Das Gedicht »The White Man's Burden« (1899), das anlässlich der US-amerikanischen Expansion auf den Philippinen verfasst wurde, idealisiert die weltweite imperialistische Mission der westlichen Zivilisation.

Die verhaltene Aufnahme des Bandes The Five Nations (1903) signalisiert ein nachlassendes Interesse an Kiplings Dichtung. Die sogenannten ›Service Songs‹ aus dem Burenkrieg belegen seinen umstrittenen Status als überzeugter Imperialist in einer sich politisch verändernden Welt. Jedoch erlangte das Gedicht »The Absent-Minded Beggar« (1899), aus dessen Erlös Kipling die britischen Truppen in Südafrika unterstützte, in vertonter Form große Popularität. Im Band The Years Between and Poems from History (1919) veröffentlichte Kipling insbesondere Kriegsdichtung. Als letzte Ausgabe einer Reihe von ›Inclusive Editions‹ erschien The Definite Edition of Rudyard Kipling's Verse (1940), die trotz des Titels weder endgültig noch hinreichend autorisiert ist.

Kiplings Lyrik entwickelte sich parallel zu seinen Kurzgeschichten, zu denen oft ein thematischer Zusammenhang besteht. Bislang wenig beachtet wurden die Gedichte, die Kipling in seine Prosatexte einarbeitete oder ihnen voranstellte. Sie ersetzen die häufig der orientalischen Folklore entlehnten Sprichwörter und Redewendungen, die er anfangs gern verwendete. Nicht wenige seiner Verse basieren auf Übertragungen orientalischer Dichter. Kiplings poetische Stärke liegt im scheinbaren Vereinfachen von Sprache und Struktur sowie im virtuosen Gebrauch selbst komplizierter oder wenig gebräuchlicher Formen wie Binnenreim und Blankvers.

Trotz erkennbarer Einflüsse bedeutender Dichter des 19. Jh.s ist eine Klassifizierung der Kipling'schen Lyrik schwierig, weshalb T. S. Eliot diesbezüglich eher von ›Versen‹ als von ›Dichtung‹ sprach. Ihre scharfe Abgrenzung vom Ästhetizismus der 1880er und 1890er Jahre brachte ihr viel öffentliche Zustimmung, aber auch politisch oder ästhetisch motivierte Ablehnung ein. Die Gedichte mit militärischem oder imperialistischem Inhalt wurden immer wieder vehement attackiert. Das lyrische Spätwerk ist nicht frei von antisemitischen und anti-deutschen Ausfällen. Einstige Kritikpunkte wie Vulgarität, Normen verletzender Sprachgebrauch und niedere Sujetwahl wurden späterhin, ins Positive verkehrt, zu Kiplings Markenzeichen. STEFAN WELZ

Das Dschungelbuch. Das zweite Dschungelbuch / The Jungle Books

Die in zwei Büchern in den Jahren 1894 und 1895 veröffentlichte Kurzgeschichtensammlung markiert einen literarischen Höhepunkt im Werk des angloindischen Erzählers. Sie entstand in dessen zeitweiliger amerikanischen Wahlheimat Brattleboro und umfasst 16 Tiergeschichten für Kinder. Thematisch sind diese von den Studien seines Vaters, John Lockwood, zur indischen Kultur inspiriert; literarisch und erzähltechnisch zeigt sich der Einfluss der exotisch-phantastischen Erzählungen Rider Haggards und des Kurzprosastils von Robert Louis Stevenson. In der genauen Beschreibung der Lebenswelt der Tiere und deren Anthropomorphisierung vereinen die Texte sowohl realistische als auch phantastische Momente.

Das erzählerische Zentrum bilden neun lose miteinander verknüpfte Geschichten über den indischen Jungen Mowgli und dessen Dschungelleben. Nach einem fehlgeschlagen Angriff des hinterhältigen Tigers Shere Khan, bei dem das Menschenkind von seinen Eltern getrennt wird, findet es Aufnahme beim Seeonee Wolfsrudel. Vor dem einberufenen Rat der Wölfe fordert Shere Khan die ihm entgangene Beute ein, doch die Fürsprache des gutmütigen Bären Baloo und die Klugheit des Panthers Bagheera wenden die Stimmung zugunsten Mowglis. Er darf bei dem Wolfsrudel bleiben, wo er die Geheimnisse des Jagens sowie die Gebräuche und Sprachen der Dschungeltiere erlernt. Bagheera steht ihm dabei als Beschützer zur Seite, Baloo lehrt ihn das »Gesetz des Dschungels«.

Shere Khans Intrigen führen zu Mowglis Ausschluss aus dem Wolfsrudel. Er geht zu den Menschen ins Dorf und bereitet sich auf den entscheidenden Kampf mit dem Tiger vor, den er schließlich durch Mut und List bezwingt. Die Revanche ist nur eines der gefahrvollen Abenteuer, die er zu bestehen hat. So entführt ihn die gesetzlose Affenhorde des Bandar-log in eine versunkene Stadt, aus der er erst dank der Hilfe der Pythonschlange Kaa befreit wird. Später kehrt er auf der Suche nach einem Schatz an den Ort zurück. Andere Geschichten erzählen von den Zeiten der Dürre und Mowglis Kampf gegen räuberische Wildhunde. Die Machenschaften eines böswilligen Jägers, der die Dorfbewohner gegen Mowgli und seine leiblichen Eltern aufhetzt, zwingen den Jungen, die Ansiedlung mit Hilfe seiner Tierfreunde zu zerstören.

Mowglis Autorität unter den Dschungeltieren erklärt sich sowohl aus seinen Taten als auch aus seinen menschlichen Eigenschaften wie dem furchtlosen Blick, der Beherrschung des Feuers und dem Besitz eines Messers. Das Erwachsenwerden macht ihm sein Menschsein stärker bewusst, weshalb er sich mit 17 Jahren für die Rückkehr in die Zivilisation entscheidet – im schmerzlichen Bewusstsein, fortan zwischen zwei Welten hin und her gerissen zu sein.

Dieser lose geknüpfte Erzählstrang wird durch Einschübe von Geschichten unterbrochen, in deren Mittelpunkt zumeist Tiere stehen. Darunter befinden sich so bekannte wie »Rikki-Tikki-Tavi«, in der ein mutiger kleiner Mungo den Kampf mit zwei Kobras aufnimmt, oder »The White Seal«, in der das heranwachsende weiße Robbenjunge Kotick seine von Jägern bedrohten Artgenossen zu einer sicheren Insel führt.

Während sich die exotischen Darstellungen vom Lernen und Kämpfen an ein erlebnishungriges Lesepublikum richten, weisen das »Gesetz des Dschungels« wie auch Mowglis Zwitterstatus zwischen Menschen- und Tierwelt über gängige Muster der Abenteuerliteratur hinaus. Das ethisch-biologistische ›Gesetz‹ regelt durch Hierarchie, Gehorsam, Solidarität und Furcht das idealisierte Zusammenleben der Tiere. Kiplings Vorstellungen lassen sich dabei nicht auf darwinistische Grundsätze reduzieren, sondern erscheinen als ethisch gerechtfertigte, unabänderliche Naturnotwendigkeit, die der Kompliziertheit und Unberechenbarkeit menschlicher Verhältnisse entgegensteht. Unübersehbar ist die moralisierend-didaktische Absicht des Autors, durch den positiven Rekurs auf Verhaltensweisen wie Unterordnung, Pflichtbewusstsein und Selbstbeherrschung den britischen Imperialismus zu idealisieren. Das Insistieren auf diesen Werten spiegelt Kiplings Sorge um den Verfall des »British Empire« und den Niedergang männlicher Tugenden wider. Die Eingängigkeit seines Moralisierens wird durch die den Prosatexten vor- oder nachgestellten Gedichte (»Songs«) effektvoll verstärkt.

Der Aufstieg der *Dschungelbücher* zu einer der bekanntesten Tier- und Kindergeschichtensammlungen des 20. Jh.s zeigt, dass im Verlauf der Rezeptionsgeschichte die inhärente Idee des imperialistischen Sendungsbewusstseins in den Hintergrund getreten ist. Dazu trugen zahlreiche Filmadaptionen, die jedoch häufig vom Original abweichen, ebenso bei wie die frei nachempfundene Cartoon-Version der Walt Disney Productions. WILFRIED DITTMAR / STEFAN WELZ

Bram Stoker
* 8. November 1847 in Clontarf bei Dublin (Irland)
† 20. April 1912 in London (Großbritannien)

(d.i. Abraham Stoker) – Schwere gesundheitliche Probleme in der Kindheit; 1864–1870 Studium der Geschichte, Literatur, Mathematik und Physik am Trinity College in Dublin; Athlet und Fußballer; 1886–1890 Studium der Rechtswissenschaften in London; Beamter bei der Dienstaufsichtsbehörde in Dublin; 27 Jahre lang Manager und Privatsekretär des Schauspielers Henry Irving (1838–1905), gemeinsam ausgedehnte Reisen; verfasste Romane und Erzählungen.

Dracula. Ein Vampirroman / Dracula
Als der Autor um 1895 begann, den Vampirroman zu schreiben, der nach seiner Veröffentlichung im Jahr 1897 zum berühmtesten der Gattung wurde, schloss er sich einer weit zurückreichenden Tradition an: »Die ältesten Vampyren, wovon wir Nachricht haben, waren bei den Griechen zu Hause«, schreibt Carl von Knoblauch zu Hatzbach 1791 im *Taschenbuch für Aufklärer und Nichtaufklärer*. Er war einer von vielen Autoren, die sich im 18. Jh. vom rationalistischen Standpunkt aus mit den europäischen Volksüberlieferungen von Vampiren oder ›Nachzehrern‹ beschäftigten. In der Tat sind die Lamien, Strigen und Harpyien der griechisch-römischen Dämonologie sowie die leichenfressenden Ghoule orientalischer Überlieferungen die Vorfahren der Vampire des neuzeitlichen europäischen Aberglaubens. In der Dichtung und den Erzählungen der Romantik erscheinen die ersten Vampire, allerdings noch nicht mit allen charakteristischen Zügen ausgestattet und eher in verschleierten Andeutungen: in Coleridges unvollendeter Verserzählung *Christabel* etwa ist es die unheimliche Dame Geraldine, in Byrons 1816 entstandenem Novellenfragment der Protagonist Augustus Darvell. Angeregt von Byron, publizierte der Arzt William Polidori 1819 seine Erzählung *The Vampyre*, die eine Welle von Vampirnovellen und -dramen auslöste. 1872 schließlich veröffentlichte Sheridan Le Fanu eines der wenigen Meisterwerke dieser Gattung, *Carmilla*, eine Erzählung über einen lesbischen Vampir, die Stoker sehr beeindruckte.

Dracula schöpfte aber nicht nur aus der in ganz Europa und besonders in Serbien verbreiteten Überlieferung von ›Untoten‹, die aus dem Grab aufstehen, ihren Opfern nächtlicherweise durch einen Biss in die Kehle das Blut aussagen und sie so dazu verdammen, nach ihrem Tod ebenfalls Vampire zu werden, sondern verband diese Tradition mit den sagenhaften, ebenfalls vor allem auf dem Balkan verbreiteten Berichten über den historisch verbürgten Vojevoden Vlad, genannt ›Tepez‹ (der Pfähler), der in der ungarischen Überlieferung ›Dracole‹ heißt. Auf die schauerlichen Legenden, die sich um diesen in der zweiten Hälfte des 15. Jh.s in der Walachei lebenden blutrünstigen Tyrannen ranken, wurde Stoker von dem Budapester Orientalisten Arminius Vambrey aufmerksam gemacht. In *Dracula* fasste er nun die verschiedensten Dichtungsmotive, abergläubischen Überlieferungen, Details aus der niederen Mythologie und aus historischen Legenden zusammen zu einem Schauerroman, der so populär wurde, dass man den Namen des Protagonisten weithin mit dem Wort ›Vampir‹ gleichsetzt, und der den Beginn einer wahren Flut von ›Dracula-Romanen‹ markiert. Von Stoker selbst erschien zwei Jahre nach seinem Tod eine weitere Vampirerzählung, *Dracula's Guest* (*Draculas Gast*, 1968, W. H. Bergner), die wohl ursprünglich als erstes Kapitel des Hauptwerks geplant war.

Graf Dracula, seit 400 Jahren ein ›Untoter‹, der seinen Sarg nur zwischen Sonnenuntergang und Sonnenaufgang verlassen darf, kein Spiegelbild und keinen Schatten hat, bittet den jungen englischen Rechtsanwalt Jonathan Harker zu sich nach Transsylvanien (lateinischer Name für Siebenbürgen), um mit ihm über den Ankauf eines Grundstücks in England zu verhandeln. In dem düsteren Karpatenschloss fühlt sich Harker bald als Draculas Gefangener und beobachtet mit wachsendem Entsetzen die unheimlichen und grässlichen Vorfälle, die sich dort abspielen. Dracula verlässt nachts das Schloss, indem er, manchmal einer Eidechse, manchmal einer Fledermaus ähnlich, senkrecht an der Mauer hinabkriecht; er gerät beim Anblick von Blut in Raserei, scheint mit den Naturgewalten verbündet zu sein und Macht über eine Meute von Wölfen zu haben. Harker wird selbst beinahe ein Opfer des Vampirismus, als sich ihm drei weibliche Vampire nähern, um ihren blutsaugerischen Biss zu applizieren. Doch nachdem er in einem verfallenen Grabgewölbe dem Geheimnis des ›Untoten‹ auf die Spur gekommen ist, gelingt es ihm, zu entkommen. Bevor er nach England zurückkehren kann, ist bereits Graf Dracula auf einem Schoner dort eingetroffen, um sich neuer Opfer zu bemächtigen und mit ihnen die Reihen seiner teuflischen Scharen zu füllen. Er sucht sie zunächst in Harkers Bekanntenkreis: Den geisteskranken Renfield, einen Zoophagen, der von Harkers Freund Dr. Seward betreut wird, versucht er sich zum Diener zu machen, und Lucy Westenraa, die Freundin von Harkers Braut Mina Murray, rekrutiert er als Erste für den Vampirismus.

Dr. Seward ahnt, dass hier Dinge vorgehen, von denen sich die aufgeklärte Medizin des 19. Jh.s nichts träumen lässt, und zieht seinen alten Lehrer, den niederländischen Professor van Helsing, zu Rate. Dieser Über-Wissenschaftler, der mit allen Wassern medizinischer wie okkulter Kenntnisse gewaschen ist, wird zum großen Gegenspieler des Über-Dämons Dracula. Zwar gelingt es ihm im Fall Lucy Westenraa noch nicht, das Netz von Abwehrmaßnahmen gegen den Vampir dicht genug zu ziehen, der an Kreuzen und Kränzen aus Knoblauchblüten vorbei immer wieder den Weg zu Lucys Halsschlagader findet, doch dann treibt van Helsing Dracula allmählich in die Enge, unterstützt von dem inzwischen zurückgekehrten Harker, von Dr. Seward, Lucys Verlobtem Arthur Holmwood und dessen amerikanischem Freund Quincey Morris. Zunächst entreißen sie Lucy, die mit ihren blutsaugerischen Aktivitäten bereits den Londoner Norden unsicher macht, dem Vampirismus, indem sie ihrer Leiche einen Pfahl ins Herz treiben, den Kopf abschneiden und den Mund mit Knoblauch füllen: Eine Seele ist vor der ewigen Verdammnis des ›Untot-Seins‹ gerettet. Dann machen sie Dracula die tägliche Rückkehr zu seinen Ruhestätten – Särgen, die in England deponiert und mit der Erde seiner Heimat gefüllt sind – unmöglich, indem sie Hostien in die Särge legen. Sein nächstes Opfer, die inzwischen mit Harker verheiratete Mina, kann Dracula nur noch durch einige Bisse an die Grenze zwischen jungfräulicher Reinheit und vampirischen Gelüsten treiben, dann muss er England fluchtartig verlassen und sich, im letzten seiner Särge liegend, in die Heimat einschiffen. Dort, in der Nähe seines Schlosses, stellen ihn die Verfolger im moralischen Auftrag der gesamten zivilisierten Welt und treiben auch ihm den erlösenden Pfahl ins Herz. Zwar verliert Quincey Morris im Kampf gegen die den Sarg verteidigenden Zigeuner sein Leben, doch am Ende sind Nacht und Grauen bezwungen.

Effektvoll ist Stokers Roman vor allem wegen seiner Mischung aus naturalistischer Schilderung und bigotter Betulichkeit. Seine Figuren vergießen viele Tränen, sind aber in kritischen Situationen hart wie James Bond. Die ganze Gruselmythologie des Vampirismus wird massiert und kalkuliert eingesetzt. Das spielerische Element des Buchs und zugleich auch seine Komik liegen gerade darin, dass die pseudomythologischen Grundregeln vom Leser akzeptiert werden müssen, damit die innere Logik der Erzählung sich entfalten kann. Nur an wenigen Stellen scheint das erotische Motiv durch, das sexuelle Element des zum blutsaugerisch-sadistischen Biss pervertierten liebenden Kusses. Was in der ›schwarzen Romantik‹ noch poetische Komponente des Vampir-Motivs war, ist bei Stoker Gruselkabinett, von sehr eindringlicher Wirkung allerdings, die nicht zuletzt durch die Erzähltechnik erzielt wird: Der Leser erfährt das ganze Geschehen aus Tagebucheintragungen und Briefen, die von den Beteiligten kontinuierlich und jeweils kurz nach den neuesten Vorfällen geschrieben worden sind und in denen sich die Spannung der entscheidenden Augenblicke unmittelbar spiegelt.

Während die Trivialliteratur des 20. Jh.s noch mehrere Vampirerzählungen verzeichnet, ist die Gestalt des Grafen Dracula als des Super-Vampirs bei Stoker endgültig gestaltet; nur H. C. Artmann zitierte den rumänischen Blutsauger 1966 noch einmal in der Stilübung *dracula, dracula, ein transsylvanisches abenteuer* herbei. Gleich nach dem Erscheinen von Stokers Roman wurde Dracula zur Hauptfigur zahlreicher Bühnenstücke, vor allem aber nahm der Film sich seiner an: Von Fritz Murnaus *Nosferatu, eine Symphonie des Grauens* (1921) über die Filme von Tod Browning und Terence Fisher bis zu Roman Polanskis *The Fearless Vampire Killers*, 1967 (*Tanz der Vampire*), und darüber hinaus blieb Dracula ein Thema, dem der Film immer neue Nuancen abgewann, indem er, ähnlich wie bei Krimis und Western, einige inhaltliche und dramaturgische Grundmuster zum Ausgangspunkt für neue Varianten machte.

Der Roman selbst ist allein im englischen Sprachbereich in weit über einer Million Exemplaren verbreitet, und zumindest die ersten vier Kapitel, in denen Harker seinen nervenzermürbenden Aufenthalt im Schloss des Grafen Dracula beschreibt, sind mit Sicherheit ein Glanzstück der ›schwarzen Literatur‹. JÖRG DREWS

Joseph Conrad

* 3. Dezember 1857 in Berdičev (Ukraine)
† 3. August 1924 in Bishopsbourne/Kent (Großbritannien)

(d.i. Józef Teodor Konrad Naleçz Korzeniowski) – Wuchs nach dem Tod der Eltern bei seinem Onkel in Polen auf; fuhr 1874–1894 zur See (u.a. nach Südostasien und Afrika); ab 1886 britischer Staatsbürger; litt zeitlebens an Depressionen und Krankheiten; gilt mit zahlreichen Kurzgeschichten, Erzählungen und Romanen als Vorreiter der literarischen Moderne in England.

Weitere Werke: *Almayers Wahn* (Almayer's Folly, 1895), *Der Bimbo von der ›Narcissus‹* (The Nigger of the ›Narcissus‹, 1897), *Lord Jim* (Lord Jim, 1899/1900), *Taifun* (Taiphoon, 1902), *Nostromo* (Nostromo, 1904), *Der Geheimagent* (The Secret Agent, 1907), *Spiel des Zufalls* (Chance, 1912).

Herz der Finsternis / Heart of Darkness

Die 1898 bis 1899 auf dem Höhepunkt der britischen wie europäischen Empire- und Kolonialbegeisterung verfasste Erzählung ist die Geschichte eines Frevels: des millionenfach an Afrika begangenen Frevels der Kolonisierung. Gleichzeitig zeigt die schmale, dichte, bild- wie themenreiche, aus keinem Kanon der Weltliteratur wegzudenkende, aber noch immer hochkontroverse Kurznovelle die Conrad'sche Erzählkunst auf einem frühen Gipfel. Erzähltechnisch handelt es sich hier um eine doppelte Rahmennovelle. Die an Bord einer in der geschichtsträchtigen, an Invasions- wie Empireassoziationen so bezugsreichen Themse-Reede vor Anker wartenden Segeljolle von dem versierten Seefahrer Charles Marlow fesselnd vorgetragene Geschichte wird von einem ungenannten zweiten Erzähler nacherzählt.

Dabei ist die Fabel so schlicht wie ungeheuerlich. Der noch erkenntnishungrige Marlow bewirbt sich erfolgreich bei einer Kolonialgesellschaft auf dem europäischen Festland um eine Anstellung als Dampfbootkapitän in einer zwar nicht näher gekennzeichneten, aber an Küste, Fluss und Landkartenfarbe (gelb: belgisch) unschwer als Kongo zu identifizierenden Kolonie. Bereits bei seiner Ankunft und in der Hauptstation der Kompanie macht er erste Erfahrungen mit der Inkompetenz, Verschwendung und Menschenverachtung der Kolonialherrschaft, die erste Innenstation fällt am ehesten durch Schlendrian auf. Überall erreicht ihn aber die Kunde von einem wirtschaftlich erfolgreichen, regelmäßig das beste Elfenbein liefernden, dabei idealistischen, eloquenten, angeblich tadellosen, aber mittlerweile auf seinem vorgelagerten Vorposten erkrankten Handelsagenten namens Kurtz, zu dem er nun vorzudringen versucht.

Nach Wartung des ihm anvertrauten Boots macht er sich auf die langwierige Expedition ins Landesinnere, wobei der keksdosenähnliche Kahn mit teils einheimisch-widerwilliger, teils europäisch-schießwütiger Besatzung auf dem ungeheuren Strom ein Sinnbild des kolonialen Wahnwitzes abgibt. Fährnissen und Ängsten zum Trotz – sein Vorgänger starb bei Auseinandersetzungen mit den Einheimischen –, stößt Marlow zum kargen, exponierten, verwahrlosten Kurtz'schen Außenposten vor und wird seiner letzten Illusionen beraubt: Das Haus des von den Einheimischen vergötterten Kurtz umgeben Pfähle, auf denen zum Haus hin gerichtete Kopfjagdtrophäen aufgespießt sind. Das von Kurtz gelieferte Elfenbein stammt aus Raubzügen. Auch schwer krank lechzt er nach den nächtlichen, feuer- und trommelbegleiteten Ritualen der Afrikaner. Das Vorbild ist zum Vorwurf, der Feingeist zum Schreckgespenst geworden. Die Grenzen zwischen Zivilisation und Barbarei werden porös, die Begrifflichkeit an sich hinfällig. Über dem Projekt Kolonisierung schwebt ein stupendes Fragezeichen. Marlow bringt den körperlich wie seelisch fast Skelettierten flussabwärts, wobei dieser aber stirbt. Seine letzten Worte lauten, so mehrdeutig wie kennzeichnend: »The horror! The horror!« Marlow ist im doppelten Sinne Nachlassverwalter.

Die Erzählweise ist einerseits prägnant-gedrungen, anderseits bewusst retardierend. Das Retardieren erzeugt eine ungeheure Spannung, die Prägnanz lässt vielfach Raum für Spekulationen. Das Werk gedeiht am Kontrast zwischen dem Reflektierten der Darstellung und dem Rüden des Dargestellten. Thematisch ist die Novelle eine fünffache Expedition in die Finsternis. In erster Linie bricht der Leser zu einer Reise ins Wesen einer von Grausamkeit, Heuchelei und Mutwillen beherrschten Kolonialherrschaft auf. Das Werk reiht sich somit mit den Schriften Roger Casements und André Gides in die profiliertesten Verurteilungen des belgischen Kongos ein. (Dem britischen Empire attestiert Marlow Besseres.) Zweitens tastet sich Marlow erzählend in die Unsicherheiten der eigenen Position vor. Das Zögernde, Fragende, gelegentlich Überzeichnete der Binnenerzählung entspricht seinem Hadern. Seine Schwierigkeiten, das Erlebte einzuordnen, entspringen aber einer dritten Finsternis: derjenigen Europas, in dessen kolonialträchtigster

Flussmündung er ja erzählt, das ihm aber nicht das adäquate Denkgerüst liefert. Darüber hinaus stößt das Werk in die Schatten der Kurtz'schen Persönlichkeit vor. An ihm offenbaren sich der dünne Firnis der Zivilisation sowie die Ranküne der Wildnis. Kurtz ist der Typus eines Menschen, der an ungewohnter Machtfülle scheitert, der durch Rhetorik die innere Leere überkleistert. Noch grundlegender aber ist eine letzte Finsternis, die sich auftut, wenn seine Position einmal als gesellschaftsbestimmend postuliert wird. Kurtz, so Marlow, habe die Erde in Stücke zertreten, an ihm zerschelle der Glaube an die Zivilisation und die Menschheit. Aber was kommt danach und stattdessen? In den letzten Blicken des gesetzlos ohne Zwänge, ohne Glauben, ohne Ängste Lebenden liest Marlow eine tiefe, hoffnungsleere Verzweiflung. Das Grauen des anbrechenden 20. Jh.s kündigt sich an.

So kolonialorientiert das Werk auch ist, so beziehungsreich ist es auch. Kurtz, so wird suggeriert, hat durchaus eine Nähe zum Künstler, zum Musiker, zum radikalen Politiker. Auch deshalb hat der brisante Stoff schon früh Mitkünstler angeregt. Als erster wagte sich Orson Welles 1940 – vergeblich – an eine Verfilmung. Das Werk liegt aber sowohl Herzogs Film *Aguirre* (1972) als auch Coppolas *Apocalypse Now* (1979) zugrunde. Die Kette der intertextuellen Referenzen in der Literatur reicht von Eliots *The Hollow Men* (1925) über V. S. Naipauls *A Bend in the River* (1979) bis hin zu Timothy Findleys *Headhunter* (1993). Die Kritik am Werk entzündet sich an den narrativen Positionen eines von Mann zu Männern, von einem Kolonisten zu anderen Kolonisten, ausschließlich aus europäischer Sicht erzählten, fast keine afrikanische Innensicht gestattenden Texts. Das Werk ist eine Anklage gegen den Kolonialismus, aber eine, die noch mit Beschränktheiten der eigenen Epoche behaftet ist, gegen die ebenso legitim angegangen werden darf. Vor allem Chinua Achebe warf der Novelle perspektivische Einseitigkeit vor: Die Einheimischen seien enthumanisiert, ihrer Sprache und Kultur beraubt. Auch Feministinnen finden an der Darstellung der Frauenfiguren kaum Gefallen.

Indes darf nicht übersehen werden, dass Marlow kein zuverlässiger Erzähler ist und dass sein Erzählen eine Abkehr von der damals gängigen Abenteuerliteratur eines Haggard oder Henty beinhaltet. Die das Werk durchziehende Metaphernkette um Licht, Dämmerung und Finsternis fällt keineswegs zugunsten Europas aus. Eine zweite Kette um Fernglas, Nebel und Blindheit betont bewusst das Subjektive der Wahrnehmung. Fest steht: Der damals als ›weißer Fleck‹ auf der Karte Afrikas bezeichnete Kongo wird hier in einprägsamen Farben ausgemalt. Der Kraus'sche Satz, wonach es einen dunklen Kontinent gegeben habe, der Entdecker aussandte, wird in dieser fesselnd angelegten, meisterhaft mit den Metaphern von Licht und Finsternis jonglierenden Novelle unauslöschlich bestätigt. RICHARD HUMPHREY

Gedruckt auf chlorfrei gebleichtem, säurefreiem und alterungsbeständigem Papier

Bibliografische Information der Deutschen Nationalbibliothek
Die Deutsche Nationalbibliothek verzeichnet diese Publikation
in der Deutschen Nationalbibliografie; detaillierte bibliografische
Daten sind im Internet über http://dnb.d-nb.de abrufbar.

ISBN 978-3-476-04057-2

Dieses Werk einschließlich aller seiner Teile ist urheberrechtlich geschützt. Jede Verwertung außerhalb der engen Grenzen des Urheberrechtsgesetzes ist ohne Zustimmung des Verlages unzulässig und strafbar. Das gilt insbesondere für Vervielfältigungen, Übersetzungen, Mikroverfilmungen und die Einspeicherung und Verarbeitung in elektronischen Systemen.

© 2015 J.B. Metzler'sche Verlagsbuchhandlung
und Carl Ernst Poeschel Verlag GmbH in Stuttgart
In Lizenz der Kindler Verlag GmbH
www.metzlerverlag.de
info@metzlerverlag.de

Gestaltung: Finken & Bumiller, Stuttgart
(Umschlagfoto: picture-alliance / Arcaid)
Satz: Dörlemann Satz, Lemförde
Druck und Bindung: Kösel, Krugzell · www.koeselbuch.de

Printed in Germany
Verlag J.B. Metzler, Stuttgart